현업 기획자가 알려주는

XR
기획 스쿨

현업 기획자가 알려주는
XR 기획 스쿨

초판 1쇄 발행 2024년 11월 20일

지은이 배연수

기획 · 편집 도은주, 류정화
마케팅 조명구

펴낸이 윤주용
펴낸곳 초록비공방

출판등록 2013년 4월 25일 제2013-000130
주소 서울시 마포구 동교로27길 53 308호
전화 0505-566-5522 팩스 02-6008-1777

메일 greenrainbooks@naver.com
인스타 @greenrainbooks @greenrain_1318
블로그 http://blog.naver.com/greenrainbooks

ISBN 979-11-91266-62-2 (03320)

어려운 것은 쉽게 쉬운 것은 깊게 깊은 것은 유쾌하게

초록비책공방은 여러분의 소중한 의견을 기다리고 있습니다.
원고 투고, 오탈자 제보, 제휴 제안은 greenrainbooks@naver.com으로 보내주세요.

VR, AR, MR 프로젝트
기획 실무 완벽 가이드

현업 기획자가 알려주는

XR

기획 스쿨

배연수 지음

초록비책공방

현실을 넘어 XR로: 기획자가 여는 새로운 세상

━━ 실무자의 시선에서 보는 XR 프로젝트 기획

여러분이 이 책을 읽고 있다는 것은 XR에 관심이 있다는 뜻이겠죠? 아마도 다양한 이유로 이 책을 펼쳤을 것입니다. 곧 XR 프로젝트를 맡게 될 예정이거나 이미 XR 실무를 진행하는 분도 있을 것입니다. 혹은 순수하게 XR 트렌드에 관심이 있어 찾아본 분도 있겠죠. 어떤 이유에서든 여러분은 아마 XR 기술이 실제 비즈니스 환경에서 어떻게 적용되는지 궁금할 것입니다. 사실 시중의 XR 관련 서적들은 크게 세 가지 유형으로 나눌 수 있습니다.

첫째, 메타버스를 주제로 XR 기술의 사회 · 경제적 영향력을 거시적 관점에서 다루는 책들. 둘째, 유니티, 언리얼 등 게임 엔진을 활용한 개발 방법을 소개하는 기술서적. 셋째, XR 환경에서의 사용자 경험UX 디자인에 초점을 맞춘 책들입니다. 하지만 이러한 책들은 각 분야에서는 깊은 통찰을 제공하지만 정작 XR 프로젝트를 기획하고 이끌어가는 기획자들에게는 아쉬움이 남습니다.

저는 XR 실무에서 가장 중요한 역할은 '기획'이라고 생각합니다. XR에서 기획자는 기술, 디자인, 비즈니스를 유기적으로 아우르며 프로젝트를 이끄는 중추적 존재라 할 수 있죠. 그래서 이 책은 XR 기획자의 시선에서 출발합니다. 실무에 막 뛰어들었거나 기획에 도전하려는 분들에게 XR 기술을 어떻게 현장에서 활용하고 사업적 가치와 연계할 수 있을지 제 경험을 바탕으로 이야기 나누려고 합니다.

XR을 이해하고 실무에 적용하기 위해서는 많은 정보와 노하우가 필요합니다. 이 책이 XR 기술을 활용한 프로젝트 기획에 있어 국내 여러 상황을 잘 반영한 실무 지침서가 되기를 바랍니다. 또한 'XR이란 무엇인가?', '어떻게 활용할 수 있는가?', '어떻게 적용해야 하는가?'와 같은 핵심 질문들에 대한 답을 찾을 수 있기를 바랍니다. 더불어 XR 기술이 단순한 트렌드가 아닌 실질적인 가치를 창출할 수 있는 혁신적인 기술임을 인식하는 데 도움이 되길 희망합니다.

—— 왜 지금 XR인가?

여러분 중에는 XR에 관해 관심이 있어 더 깊이 알고 싶은 분들도 있지만, 의도치 않게 XR과 연관되어 알아보게 된 분도 있을 것입니다. "내가 왜 이런 걸 해야 하지? 내가 하는 일은 XR과는 상관 없는데…"라고 생각하는 분도 있을 겁니다.

하지만 저는 XR을 사랑하는 사람으로서 지금이 바로 여러분이 XR을 배우고 경험할 절호의 기회라고 말씀드리고 싶습니다. 커리어 확장이란 관점에서 볼 때, XR은 여러분에게 새로운 가능성과 기회를 제공할 수 있습니다.

우리는 디지털 시대에서 한 단계 발전하여 가상현실^VR, 증강현실^AR, 혼합현실^MR이 물리적 현실과 융합된 시대에 살고 있습니다. 쉽게 말해 우리가 살아가는 현실 세계에 디지털 기술로 만들어진 가상의 요소들이 더해지고 있는 것이지요.

XR 기술은 현실과 가상을 이어주는 역할을 하고 있습니다. 이러한 기술은 우리 주변에서 빠르게 확산되고 있습니다. 이 흐름 속에서 우리는 2차원을 넘어 3차원, 그리고 더 높은 차원을 적극적으로 활용할 줄 알아야 합니다. 특히 콘텐츠 기획자라면 XR로의 전환을 유의미하게 바라보아야 할 때입니다. 다양한 크리에이터들의 등장으로 '평면' 콘텐츠 제작의 진입장벽이 낮아지면서 경쟁은 더욱 치열해졌습니다. 이런 상황에서 생존하려면 새로운 전략이 필요한데, 그 해답이 바로 XR에 있습니다. XR로의 전환을 통해 여러분은 '평면'에서 '공간', 즉 3차원의 디지털 스페이스와 가상공간으로 영역을 확장할 수 있습니다.

서비스 기획자들에게도 XR은 새로운 기회의 장을 열어줍니다. 웹이나 모바일 기반 서비스들이 포화 상태에 이른 지금, XR은 사용자 경험을 혁신적으로 변화시킬 수 있는 돌파구가 될 수 있습니다.거의 모든 산업 분야에서 XR 기술은 서비스의 질을 한 단계 끌어올릴 수 있는 잠재력을 가지고 있습니다. 따라서 서비스 기획자들은 XR 기술을 통해 어떻게 기존 서비스를 개선하고 새로운 가치를 창출할 수 있을지 고민해야 할 것입니다.

—— 이 책과 친해질 만한 사람들

이 책은 프로젝트의 성공적인 초기 설정 방법을 배우고, 기술적 요소와 비즈니스 목표를 연결하는 능력을 키우고자 하는 분들에게 초점을 맞춥니다. 실무 사례와 기획 팁을 통해 현장에서 바로 활용할 수 있는 인사이트를 제공하며, XR 프로젝트가 성공할 수 있도록 방향을 제시합니다. 특히 프로젝트의 성패를 좌우하는 중요한 기획 단계에서 기획자들이 맡아야 할 역할과 책임을 명확히 이해하도록 도와줍니다. XR 산업에 관심을 가지고 새로운 도전을 하려는 사회초년생과 학생들에게도 이 책은 유용한 가이드가 될 것입니다.

차례

1부 ┃ **프로젝트 시작 전, Warm Up!**

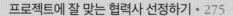

XR과 메타버스의 구분: 이 책의 범위

이 책은 XR 기술에 초점을 맞추고 있으며, 소위 '메타버스'라고 불리는 광범위한 개념의 모든 요소를 다루지는 않습니다. XR은 메타버스의 구성 요소 중 하나이지만, 이 책은 현실과 직접적으로 연결되는 XR 기술과 응용에 집중합니다.

이책에서 다루는 것은
- XR 전용 하드웨어(HMD, 컨트롤러, 모바일 디바이스 등)를 활용한 경험
- 현실 세계와 직접적으로 상호작용하는 증강현실^{AR} 기술과 응용 사례
- 사용자의 실제 움직임을 추적하며 몰입형 경험을 제공하는 가상현실^{VR} 기술과 응용 사례
- 현실과 가상을 경계 없이^{seamless} 통합하는 혼합현실^{MR} 기술과 응용 사례이고,

이책에서 다루지 않는 것은
- PC 환경에서 구현되며, 모니터로 보고, 키보드와 마우스로 조작하는 가상 세계
- 현실과 직접적인 접점이 없거나 희미한 모바일 앱 기반 콘텐츠나 서비스
- 대형 스크린을 활용, 크로마키 합성 촬영을 대체하는 목적의 XR 스튜디오
- 로블록스, 제페토, 이프렌드와 같은 유형의 소셜 메타버스 서비스입니다.

이러한 주제를 다루지 않는 이유는 PC나 모바일 기반 소셜 메타버스 서비

스에 관한 책은 충분히 많은 반면, 현실과 가상을 연결하는 XR 기술의 실무적 관점을 다룬 책은 상대적으로 부족하기 때문입니다. 따라서 이 책은 XR 기술의 실제 응용과 프로젝트 기획에 초점을 맞춰 차별화된 가치를 제공합니다.

XR 프로젝트의 종류: 콘텐츠, 서비스, 솔루션

XR 프로젝트의 종류는 '콘텐츠', '서비스', '솔루션'으로 구분할 수 있습니다. 그러나 업계에서는 혼용되어 사용되며, 때로는 같은 프로젝트라도 상황에 따라 다르게 불리기도 합니다. 예를 들어 한 산업에서는 '콘텐츠'로 인식하는 프로젝트를 다른 산업에서는 '서비스' 또는 '솔루션'으로 볼 수 있습니다. 이러한 모호성은 XR 기술의 다양한 적용 방식과 해당 분야의 특성에 기인합니다. 따라서 이 셋의 구분은 엄격한 규칙이 아니라 효율적인 의사소통을 위한 제안으로 봐야 합니다. 콘텐츠, 서비스, 솔루션은 그 자체로 여러 의미와 적용 범위를 가질 수 있으며, 실제 프로젝트에서는 유연하게 적용될 수 있습니다.

콘텐츠 XR 분야에서 '콘텐츠'는 가상의 경험을 통해 사용자에게 새로운 재미와 정보를 전달하는 데 주로 사용됩니다. 콘텐츠는 정해진 시나리오에 따라 제공될 수 있고, 정해진 시나리오가 없더라도 정해진 범위 내에서 자유롭게 체험할 수 있습니다. 게임, 공연, 영상 매체, 교육 등의 장르와 분야에서 활용됩니다. 콘텐츠는 때때로 서비스와 결합하여 '콘텐츠 서비스'라고 불리기도 하고, 솔루션과 결합하여 '콘텐츠 솔루션'이라고 불리기도 합니다. 서비스와 결합할 경우 사용자 관점의 성격이 강조되고, 솔루션과 결합할 경우 공급자 관점의 성격이 강해지는 경향이 있습니다.

서비스 XR 분야에서 '서비스'는 사용자에게 가상의 도구를 통해 유익함을 제공하고 생활 및 업무 전반에서 사용자의 성과를 향상시키는 데 활용됩니다. 서비스는 사용자의 상호작용을 증진시키거나 새로운 형태의 정보 제공 방식을 탐색하는 데 초점을 맞춥니다. 콘텐츠의 형태로 제공될 수도 있고 웹이나 앱 애플리케이션과 같은 형태로 제공될 수도 있습니다. 쇼핑, 관광, 교육, 엔터테인먼트 등 다양한 산업 분야에서 서비스를 활용할 수 있습니다.

솔루션 XR 분야에서 '솔루션'은 특정 문제를 해결하기 위해 설계된 구체적인 제품이나 시스템을 의미합니다. B2C 분야보다는 기업 간 거래[B2B]에서 더 많이 사용됩니다. 일반 소비자 입장에서 '솔루션'은 '콘텐츠'나 '서비스'라는 용어에 비해 낯설게 느껴질 수 있습니다. 즉 서비스는 일반 사용자에게 제공되는 성격이 강한 반면, 솔루션은 한정된 사용자에게 맞춤형으로 제공된다는 점에서 차이가 있죠. '커피 서비스'가 커피를 제공받는 느낌이라면, '커피 솔루션'은 커피를 만드는 사람들을 위한 도구로 느껴지는 것처럼요.

위와 같은 구분 방식을 염두에 두고 상황과 맥락에 따라 용어를 유연하게 적용하는 센스가 중요합니다. 여러 용어의 사용이 독자 여러분께 혼란을 줄 수 있다는 점을 고려하여 이 책에서는 전반적으로 '프로젝트'라는 포괄적인 용어로 통일하여 내용을 전개하고자 합니다.

1부

프로젝트 시작 전,
Warm Up!

XR은 갑자기 새로 나타난 기술이 아닙니다. 가상현실^{VR}, 증강현실^{AR}, 혼합현실^{MR}, 메타버스, 실감형, 몰입형 등의 이름으로 오랜 시간 우리 주변에 있었습니다. 기술의 발전과 시대적 흐름에 따라 최근에야 주목받게 된 것이죠. XR 등장 배경에 대해 간단하게라도 알게 되면 XR이 어떤 과정을 거쳐 현재의 모습이 된 것인지, 어떤 방식으로 활용되고 있는지 이해가 쉬워질 겁니다.

1부에서는 XR 프로젝트 시작 전 필요한 기본 지식을 쌓습니다. XR이라는 신세계와 그 효능을 알아보고, VR, AR, MR의 역사와 발전 과정을 살펴볼 것입니다. 또한 XR의 기본 속성과 형태를 파악하고, XR 프로젝트의 필요성과 도입 타당성을 평가하는 방법을 배웁니다. 이를 통해 여러분은 XR의 세계를 전체적으로 조망하고 XR 기획자로서의 첫걸음을 내딛는 데 필요한 기본적인 지식을 갖추게 될 것입니다.

XR이라는 신세계, 무엇인가요?

XR이라는 단어를 들으면 뭔가 미래적이고 복잡한 기술이 연상되지 않나요? 하지만 XR, 즉 '확장된 현실Extended Reality'은 우리 일상에서 이미 접하고 있는, 그리고 가까운 미래에서는 더욱 친숙해질 기술입니다.

먼저, XR은 큰 카테고리로서 가상현실Virtual Reality(이하 VR), 증강현실Augmented Reality(이하 AR), 혼합현실Mixed Reality(이하 MR)을 포괄하고 있습니다. 이 기술들이 모두 '현실'이라는 단어를 포함하고 있는 것처럼 XR 기술은 '현실'의 다양한 속성을 활용하고 변형하여 새로운 경험을 만들어 냅니다. 사용자 관점에서 볼 때 XR의 주된 목적은 새로운 현실을 생성하거나 기존의 현실을 강화·변화시키거나 새로 생성된 것과 기존 것을 복합하는 것입니다.

가령 VR은 완전히 다른 세계를 창조해 줍니다. 사용자는 이 가상

의 세계에서 마치 현실처럼 경험할 수 있어요. 게임, 여행, 교육 등
다양한 분야에서요. AR은 현실 위에 디지털 레이어를 추가하여 증
강된 정보나 그래픽을 통해 현실의 경험을 풍부하게 만들어 줍니다.
MR은 VR과 AR의 중간에서 현실과 가상의 경계를 모호하게 만들
어 두 세계가 상호작용을 하게끔 해줍니다.

현실의 확장이 주는 놀라운 변화들

코로나19 팬데믹으로 우리의 생활 방식은 크게 변화했습니다. 사
회적 거리 두기와 원격 근무/학습이 일상화되면서 사람들은 물리적
인 제약에서 벗어나 디지털 공간에서 상호작용을 강화했죠. 그리고
코로나19가 끝난 지금도 그 현상은 유지되고 있으며, 그 결과 XR은
그 가치를 최대로 발휘하게 되었습니다.

게임, 영화, 음악 이벤트 등 엔터테인먼트 산업에서는 XR이라는
표현 방식을 통해 장르적 쾌감과 몰입감을 극대화합니다. 학생들은
XR 기술을 활용하여 복잡한 과학 원리나 역사적 사건을 직접 체험
하며 학습하는 경험을 얻습니다. 여러 연구에 따르면 XR 몰입형 기
반 학습은 학습 효과를 크게 향상합니다.

기업들은 AR을 활용하여 실제 환경에 가상의 광고나 제품을 표
시함으로써 소비자와의 상호작용을 강화하고 있습니다. 또한 VR
과 AR은 원격 업무 환경에서 팀원들과의 커뮤니케이션을 강화하

거나 복잡한 데이터를 시각화하여 업무 효율을 높이는 데 크게 기여하고 있습니다.

　이처럼 XR은 단순한 기술적 발전을 넘어 사회 전반에 광범위한 영향을 미치고 있습니다. 이 기술의 활용에 따라 우리의 생활 방식, 학습 방법, 그리고 사회 구조까지도 변화될 수 있습니다. 위에서 언급한 사례들은 다양한 예시 중 일부에 불과합니다. 현재의 빠른 발전 속도를 고려하면 XR 기술은 가까운 미래에 일상적으로 사용될 것이며 이는 사람들의 상호작용, 정보 전달 및 접근, 현실 경험 방식에 혁신적인 변화를 불러올 것입니다.

XR, 어디에 어떻게 좋다는 거야?

XR 기술의 이점을 이해하기 위해 '무엇이든지, 언제든지, 어디든지, 누구든지'라는 네 가지 관점에서 살펴보겠습니다.

- **다양한 체험의 이점(무엇이든지)**: XR은 현실에서는 접근하기 어렵거나 불가능한 상황을 제시하여 한계가 없는 다양한 체험을 가능하게 해줍니다.

- **시간의 이점(언제든지)**: XR은 시간에 구애받지 않고 언제든지 접근할 수 있는 가상의 환경이나 객체를 제공합니다.

- **공간의 이점(어디든지)**: XR은 지리적, 공간적 제약 없이 어디에서나 (장비만 있다면) 가상의 세계에 진입할 수 있습니다.

- **개방성의 이점(누구든지)**: XR은 다양한 배경을 가진 사람들이 가상 공간에서 만나 협업하고 소통할 기회를 제공합니다.

정리하면, XR 기술은 사용자가 현실에서는 경험할 수 없는 새로운 가능성을 '가상'에서 탐색할 수 있게 해줍니다. 이제 XR 기술의 세부 카테고리인 VR, AR, MR이 어떻게 이러한 이점을 구현하는지 알아보겠습니다.

VR: 사용자에게 가상의 몰입 경험 제공

VR은 우리를 완전히 새로운 '공간'과 '세계관'으로 안내합니다. 사용자가 가상 환경에 깊이 빠지면 현실과 구분하기 어려울 정도로 몰입하게 됩니다.

- **교육/훈련에서 성취도를 극대화**: 사용자가 완전히 새로운 환경에 몰입하게 되면 학습과 훈련 과정에서 성취도를 높일 수 있습니다. 복잡한 과학적 개념이나 언어 학습, 응급 처치와 같은 실습까지, VR은 실제와 유사한 조건에서 체험 학습을 가능하게 하여 이해도와 기억력을 향상시킵니다.

- **장르적 쾌감**˚을 배가시킬 수 있는 **연출 방식 도구**: 영화, 게임, 가상 콘서트와 같은 엔터테인먼트 콘텐츠에서는 사용자를 단순한 관람자에서 콘텐츠의 일부로 활동하는 참여자로 만들어 전통적인 엔터테인먼트 경험을 넘어선 장르적 쾌감을 경험하게 합니다.

- **다양한 내용을 전개할 수 있는 특별 장소**: 또한 VR은 사용자를 과거의 역사적 사건 현장, 먼 우주, 심지어 미래의 세계로 이끕니다. 이러한 가상의 특별한 장소에서 사용자는 새로운 지식을 습득하고, 다양한 시나리오를 경험함으로써 현실에서는 불가능한 깊이 있는 학습과 탐험을 할 수 있습니다.

- **생산성을 향상시킬 수 있는 도구**: VR은 업무 환경과 생산성 향상에도 적극적으로 활용될 수 있습니다. 가상 회의, 제품 디자인 및 프로토타이핑, 복잡한 기계 조작 훈련 등에서 VR을 통한 몰입 경험은 작업의 효율성을 크게 개선하며, 창의적인 아이디어와 협업의 가능성을 확장합니다.

○   장르적 쾌감(Genre Pleasure)은 특정 장르의 작품이 해당 장르의 전형적인 특징을 충실히 따르거나 창의적으로 변주할 때 관객이나 사용자가 느끼는 만족감을 의미합니다.

AR: 사용자에게 (현실 기반) 증강 정보 제공

AR 기술은 현실 세계에 디지털 레이어를 추가합니다. 이 레이어는 우리가 일상에서 마주치는 실제 '무언가'와 연결되어 있죠.

- **현실의 '무언가'에 대한 정보 제공자의 역할**: AR은 실세계의 객체나 장소에 관련된 추가 정보를 실시간으로 제공합니다. 예를 들어 스마트폰으로 거리의 조각상을 비추면 AR을 통해 그 조각상의 역사와 뒷이야기를 실시간으로 확인할 수 있습니다. 또한 복잡한 작업이나 학습 과정에서 시각적 가이드를 제공하여 보조 도구로 활용됩니다. 수리 기술자가 복잡한 기계를 다룰 때 AR 형태의 시각적 가이드로 특정 부품의 위치를 정확히 파악할 수도 있습니다.

- **현실의 '무언가'가 준비되지 못했을 때 대체 도구로서의 역할**: 현실에 무언가가 실제로 존재하지 않을 때, 그것을 가상으로 대체해 보여줍니다. 예를 들어 가구점에서는 실제 가구 대신 AR을 사용해 고객이 자신의 집 안에 가상으로 배치해 볼 수 있게 해줍니다.

- **현실의 '무언가'에 다른 속성을 결합하는 도구로서의 역할**: AR은 현실 세

계의 객체에 가상의 속성을 추가함으로써 새로운 경험을 만들어 냅니다. 가령 자동차 딜러숍에서 고객이 실제 차량에 여러 가지 색상을 가상으로 적용해 볼 수 있게 해주면 고객은 실제로 색상을 변경하지 않고도 자동차의 외관을 쉽게 탐색하고 결정할 수 있습니다.

MR: 사용자에게 (현실 기반) 증강 정보 및 경험 제공

MR은 VR의 '가상 세계 기반의 깊은 몰입감'과 AR의 '현실 세계 기반의 정보 확장성'이라는 두 가지 특성을 통합하여 사용자에게 현실과 가상을 유기적으로 결합한 증강 정보와 경험을 제공합니다.

- **현실과 가상의 완벽한 융합**: 가상의 객체를 현실 세계에 자연스럽게 융합시켜 마치 가상의 객체가 실제로 존재하는 것처럼 느끼게 해줍니다. 그러면 사용자는 가상 객체와 실시간으로 상호작용하면서 현실 세계에서는 얻기 어려운 새로운 정보와 경험을 제공받을 수 있습니다.

- **고도의 인터랙티브 경험**: 사용자의 움직임에 따라 가상 객체가 실시간으로 반응하고 변화합니다. 더 나아가 이 가상 객체들은 현실 세계의 물리적 속성에도 반응하는 '지능형 객체'로 작동하여 현실 세계의 물리법칙에 따라 상호작용합니다. 이는 현실과 가상의 경계를 더욱 모호하게 만들어 더욱 자연스러운 증강 경험과 정보를 습득할 수 있습니다.

가상의 객체(적군)가 현실의 놀이 기구에 올라가
공격하는 모습

가상의 객체(블럭)들이 현실의 집기를 이해해
흩어져 있는 모습

가상의 객체(댄서)가 현실의 공간을 인식하며
춤을 추고 있는 모습

현실에 반영된 가상의 증강 정보가 현실 상황을 인식해
실시간 반영하는 모습

출처: 최성광 대표(VR CRWEW) 유튜브

ESG 가치 실현을 위한 도구로서의 XR

ESG(환경, 사회, 거버넌스)는 기업의 지속 가능성과 사회적 책임을 평가하는 중요한 기준으로 자리 잡았습니다. XR 기술은 이러한 ESG 가치를 실현하는 데 있어 큰 역할을 할 수 있습니다.

환경(Environment) 측면

XR 기술은 물리적 이동의 필요성을 줄임으로써 환경 보호에 기여할 수 있습니다. 가상 회의, 원격 교육, 가상 이벤트 등을 통해 출장이나 통근으로 인한 탄소 배출을 줄일 수 있습니다. 제품 디자인이나 건축 설계 과정에 XR을 활용하면 실제 프로토타입 제작에 필요한 자원 낭비를 줄일 수 있습니다.

사회(Social) 측면

XR은 교육, 의료, 문화 등 다양한 분야에서 사회적 불평등을 해소하는 데 기여할 수 있습니다. 지리적, 경제적 제약으로 양질의 교육이나 의료 서비스에 접근하기 어려운 사람들에게 XR은 새로운 기회를 제공합니다. 또한 가상 환경에서의 훈련과 적응을 통해 장애인이나 고령자 등 사회적 약자들의 사회 참여를 돕고 더 나은 삶을 영위할 수 있도록 지원할 수 있습니다.

거버넌스(Governance) 측면

XR 기술은 기업의 의사 결정 과정에서 투명성과 효율성을 높일 수 있습니다. 가상 회의나 원격 협업 도구를 통해 이해관계자들의 참여를 확대하고, 의

사 결정 과정을 개선할 수 있습니다. XR을 활용한 데이터 시각화와 분석은 기업 경영에 있어 중요한 통찰을 제공하고, 위험 관리와 전략 수립에 도움이 됩니다. 이는 기업 지배구조의 투명성과 책임성 강화에도 기여합니다.

이처럼 XR 기술은 ESG 가치 실현을 위한 도구로서 매우 유용하지만 현실적으로 기업들은 XR 기술을 ESG의 도구로 광범위하게 활용하고 있지는 않습니다. 실무자의 관점에서 저는 XR은 ESG 실현을 위한 기술 중 가장 큰 잠재력을 가지고 있다고 봅니다. 환경 보호, 사회적 형평성 증진, 기업 거버넌스 개선 등 ESG의 모든 측면에서 혁신적인 해결책을 제시할 수 있기 때문입니다. 앞으로 더 많은 기업과 조직들이 XR 기술의 잠재력을 인식하고 ESG 전략의 핵심 도구로 활용하기를 기대합니다.

XR 탄생, 그리고 성장

앞서 말했듯 XR은 '확장된 현실'을 의미하며 VR, AR, MR을 포괄하는 용어로 사용됩니다. 하지만 여기서 주의해야 할 점이 있습니다. XR은 하나의 기술을 의미하는 것이 아니라 여러 기술을 포괄하는 말이므로 그 발전 역사를 살펴보려면 VR, AR, MR의 개별적인 역사와 발전 과정을 이해해야 한다는 것입니다.

가상현실의 역사

사람들이 환상 속 세계를 꿈꾸기 시작한 시점은 생각보다 오래되었습니다. 여러분도 알다시피 문학작품에서는 서사의 극적 아이템으로서 아주 오래전부터 구상되고 활용되어 왔죠.

1950~1960년대에는 VR의 개념이 태동하고 초기 기술 개발이 시작된 시기입니다. 모턴 하일리그Morton Heilig가 센소라마Sensorama를 개발하여 시각, 청각, 후각, 촉각 등 다양한 감각을 자극하는 몰입형 경험을 제공했죠. 이는 VR 기술의 선구적인 시도로 평가받고 있습니다.

1965년에는 컴퓨터 과학자 이반 서덜랜드Ivan Sutherland가 얼티밋 디스플레이Ultimate Display에 대한 자신의 비전을 발표하며, 사용자가 실제 현실과 구별할 수 없을 정도로 정교한 가상 세계를 구현하는 것을 목표로 제시했습니다. 그의 논문은 이후 VR 기술 발전의 청사진이 되었습니다.

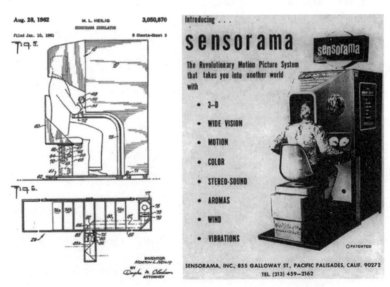

최초의 가상 몰입 시스템인 센소라마와 실험 제품 프레젠테이션에 나온 기술 표와 사진
(출처: researchgate.net)

"궁극적인 디스플레이는 물론, 컴퓨터가 물질의 존재를 제어할 수 있는 방이 될 것입니다. 그런 방에 디스플레이된 의자는 앉기에 충분할 것입니다. 그런 방에 디스플레이된 수갑은 구속력이 있을 것이고, 총알은 치명적일 것입니다. 그런 디스플레이는 적절한 프로그래밍을 통해 문자 그대로 앨리스가 걸어 들어간 이상한 나라가 될 수 있을 것입니다."

- 이반 서덜랜드의 논문에서 발표한 비전

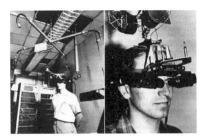
초기형 HMD 장치인 '다모클레스의 검'

1968년 이반 서덜랜드와 그의 학생 밥 스프롤Bob Sproull은 최초의 VR '헤드 마운티드 디스플레이Head Mounted Display'(이하 HMD)를 개발했습니다. 이 장치는 머리에 장착해 이용자의 눈 앞에 직접 영향을 제시할 수 있는 디스플레이 장치를 의미합니다. 후에 '다모클레스의 검The Sword of Damocles'이라는 비공식적 명칭으로 알려졌습니다.

이 HMD를 쓰면 사용자가 실제 배경에 겹쳐진 격자 모양의 표면을 볼 수 있었으며, 사용자의 머리 움직임에 따라 격자 모양이 실시간으로 변경되었습니다. 그러나 매우 무거워서 천장에 매달아야 했고, 작동을 위해서는 기계 팔이 필요했죠. 기술적인 한계로 실용화되지는 못했지만 VR 기술 발전의 중요한 이정표가 되었습니다.

1970년대에 들어서면서 VR 기술은 나사NASA와 군사 산업에서 주목받기 시작했습니다. 특히 VR 기술을 활용한 훈련 시뮬레이터의 연구와 개발이 활발히 이루어졌는데요. 항공우주 분야와 군사훈련에서 VR 기술의 잠재력이 인식되면서 관련 기술 개발에 투자도 많이 이루어졌습니다. 당시의 기술적 한계와 높은 비용 탓에 대중에게는 널리 알려지지 못했지만 이 시기의 연구와 투자는 이후 VR 기술의 발전에 중요한 기반이 되었습니다.

1980~1990년대에는 여러 기업이 VR 시장에 진입을 시도했고, 그중에서도 세가Sega와 닌텐도Nintendo와 같은 게임 회사들이 VR 장치를 출시하며 주목받았습니다. 하지만 당시의 기술 수준 역시 아직까진 미진하여 대중의 기대를 충족시키지 못했고, VR은 잠시 관심에서 멀어졌습니다. 그럼에도 연구와 발전은 멈추지 않았고, 기술적 한계를 극복하기 위한 노력은 다음 세대 VR 기술 발전에 밑거름이 되었습니다.

세가의 VR-1 게임 화면
(출처: segaretro.org)

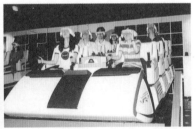

세가의 HMD VR-1을 착용하고 시뮬레이터에
탑승 중인 일본 관람객
(출처: SEGA 공식 facebooka)

대중 인식의 시작, 오큘러스 DK 출시

2010년대 들어 VR 기술의 패러다임이 크게 바뀌었습니다. 2012년 오큘러스 리프트의 개발 키트^{DK}가 크라우드 펀딩 플랫폼인 킥스타터^{Kickstarter}에서 기대 이상의 성공적인 펀딩을 받았고, 이는 VR 분야의 새로운 시대를 알렸습니다. 고가이며 사용하기에 번거로웠던 오큘러스의 DK는 VR 장비의 이미지를 완전히 바꾸어 사용자 친화적인 디자인과 합리적인 가격, 그리고 탁월한 성능으로 대중을 만족시켰습니다.

오큘러스의 성공은 게임 외에 교육, 의학, 디자인 등의 분야에서도 VR 활용을 촉진시켰습니다. 2014년 페이스북이 오큘러스를 인수하면서 VR의 상업적 가능성은 더욱 명확해졌죠. 이후 소니의 플레이스테이션 VR^{PlayStation VR}, HTC의 바이브^{Vive}, 구글의 데이드림^{Daydream} 등 글로벌 빅테크들이 VR 장비와 플랫폼을 출시하며 VR 기술 경쟁은 더욱 치열해졌습니다.

그중에서도 삼성의 '기어 VR'는 특별한 주목을 받았습니다. 스마트폰을 VR 디스플레이로 활용하는 이 장치는 저렴한 가격과 사용의 편리성으로 큰 인기를 끌었는데요. 스마트폰을 사용하는 동일한 방식의 구글 카드보드 또한 골판지 형태로 무료로 제공되어 인식 제고에 큰 역할을 했습니다.

○   제품 출시 전 개발자들에게 제공되는 하드웨어 및 소프트웨어 도구 키트. 개발자들은 이를 활용해 제품 출시 전 콘텐츠를 개발하고 테스트할 수 있습니다.

오큘러스와 협업하여 제작된 기어 VR은 사용자의 스마트폰을 장착하여 사용하는 기계로 대중에게 VR의 진입장벽을 낮춰주었다. (좌) 오큘러스 Rift DK1, (중) 오큘러스 Rift DK2, (우) 삼성의 기어 VR (출처: niora.net)

대중화로의 첫 걸음(오큘러스 퀘스트 시리즈 출시)

초기의 VR은 발전 속도에 비해 대중화의 문턱을 넘지 못했습니다. 대다수의 VR 장비가 고사양 PC가 있어야 했고, 사용자의 움직임을 실시간으로 추적하기 위한 별도의 전용 장비를 세팅해야 했죠. 장비와 설치 과정이 복잡하고 비용이 많이 들어 일반 사용자들에게는 접근이 어려웠어요. 그 결과 VR은 마니아층이나 전문 운영자가 있는 테마파크나 게임장에서 주로 경험되었고, 특정 기업이나 산업 현장의 특별한 용도로 한정되어 사용되었습니다.

그러던 차에 페이스북에서 오큘러스 퀘스트라는 혁신적인 제품을 출시했습니다. 이 제품은 스탠드얼론 기기°로 별도의 PC 없이 자체적으로 구동할 수 있었습니다. 가장 눈에 띄는 것은 가격이었

○   PC나 모바일 기기 등 외부 장치와 연결하지 않고 독립적으로 작동할 수 있는 VR 헤드셋

어요. 합리적인 가격에 VR 장비를 체험할 수 있다는 점에서 퀘스트는 폭발적인 인기를 끌었죠. VR의 접근성이 크게 개선되면서 일반 사용자들도 손쉽게 VR 장비를 소유하고 체험할 수 있게 되었고요.

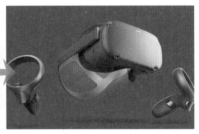

데스크톱 세트와 각종 유선 장비가 있어야만 했던 VR 시스템이 독립형으로 컴팩트해졌다.
(출처: (좌) 네이버 '차콜'의 블로그, (우) https://www.oculus.com/quest)

가상현실의 최신 동향과 미래 전망

가상현실 기술은 오큘러스 퀘스트 시리즈의 성공 이후 빠르게 진화하고 있습니다. 최근의 VR 기기들은 높은 해상도와 넓은 시야각, 향상된 모션 트래킹 기술을 탑재했으며 특히 무선 기술의 발전으로 케이블 없이 자유롭게 움직일 수 있는 VR 환경이 구현되고 있어 사용자의 편의성이 크게 향상되었습니다.

또한 5G 네트워크의 상용화로 클라우드 기반 VR 서비스의 가능성이 엿보이고 있습니다. 아직은 초기 단계이지만 이 기술이 성숙해지면 복잡한 환경도 가상으로 구현할 수 있을 것으로 기대됩니다. 실시간으로 원활하게 즐길 수 있는 수준의 서비스는 6G 시대에 가능해질 것으로 예상됩니다. 한편 AI 기술과의 융합으로 가상 환경 내 캐릭터들의 자연스러운 상호작용이 가능해지고 있어 게임뿐만 아니라 교육, 훈련 시뮬레이션 등 다양한 분야에서 활용되고 있습니다.

산업 측면에서도 VR의 활용도가 높아지고 있습니다. 원격 협업과 가상 회의 플랫폼들이 등장하면서 기업들은 물리적 제약 없이 효율적인 업무 환경을 구축할 수 있게 되었고, 교육 분야에서도 가상 캠퍼스, 실험실 등을 통해 몰입형 학습 경험을 제공하고 있으며, 의료 분야에서는 수술 시뮬레이션이나 원격 진료 등에 VR 기술이 활용되고 있습니다.

앞으로 VR 기술은 더욱 소형화, 경량화되어 일상생활에 깊숙이 파고들겠죠? 특히 햅틱 기술의 발전으로 촉각적 피드백이 정교해져 VR 경험의 실재감을 한층 높여줄 것입니다. 또한 AR 기술과의 융합을 통해 현실과 가상의 경계를 더욱 자연스럽게 넘나드는 경험을 제공할 것입니다.

증강현실의 역사

스마트폰 출현 이전, 초기 기술과 가능성 탐색

증강현실Augmented Reality 초기 사례로 자주 언급되는 것이 바로 라이먼 프랭크 바움L. Frank Baum, 1856~1919의 아이디어입니다. 〈오즈의 마법사)로 유명한 바움은 1901년 출간한 《The Master Key》라는 책에서 '캐릭터 메이커Character Marker'라는 안경을 소개했습니다. 이 안경을 쓰면 사람의 성격을 나타내는 문자, 예를 들어 좋은 사람은 'G', 나쁜 사람은 'E', 현명한 사람은 'W' 등이 이마에 표시됩니다. 비록 동화 속 이야기지만, 이는 현실 세계에 디지털 정보를 겹쳐 보여주는 현대 AR 기술의 기본 개념과 놀랍도록 유사합니다. 쉽게 떠올릴 수 있는 예로 〈드래곤볼〉의 스카우터를 들 수 있습니다.

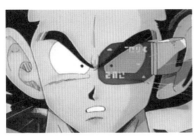

상대방을 인식, 측정 된 전투력을 스카우터(스마트 글래스)를 통해 확인할 수 있다. (출처: 드래곤볼)

1940년대 후반에서 1950년대 초반, 전투기의 HUDHead-Up Display가 개발되어 실전에 도입되기 시작했습니다. HUD는 중요한 비행정보를 조종석의 앞면에 투명하게 표시해 주는 기술로 조종사는 눈을 돌릴 필요 없이 중요한 비행정보를 한눈에 볼 수 있었죠. 당시에는 이 기술이 AR이라는 개념으로 인식되지는 않았습니다. 하지만 이러한 기술적 시도는 AR의 발전사에 있어 유의미한 연결점이 되었다고 볼 수 있습니다.

그 이후로 시간이 지나 1990년, 보잉사의 연구원 톰 카우델Tom Caudell이 복잡한 항공기 배선 조립 작업을 돕기 위해 AR 기술을 활용하는 연구를 진행하면서 '증강현실Augmented Reality'이라는 용어를 처음 사용했습니다. 그의 연구는 AR이라는 개념을 대중에게 소개하고, 산업 현장에서의 AR 기술 활용 가능성을 보여주었다는 점에서 의의가 있습니다.

이후 1992년, 루이스 로젠버그Louis Rosenberg가 '버추얼 픽스처Virtual Fixtures'라는 AR 시스템을 개발했습니다. 로젠버그는 당시 미국 공군 연구소에서 근무하고 있었던 로젠버그는 이 시스템을 원격 조작 로봇의 성능 향상에 활용하기 위해 고안했는데, 물리적 환경에 디지털 정보를 오버레이하여 사용자의 작업을 보조하는 것을 목표로 했습니다. 이 시스템은 사용자의 시야에 가상의 '고정물fixtures을 표시하여 복잡하거나 정밀한 작업을 수행할 때 가이드를 제공했습니다.

AR 헤드셋을 사용하여 비행기 배선을 하는 보잉 공장 작업자 (출처: Boeing)

버추얼 픽스처 시스템
(출처: wikimedia)

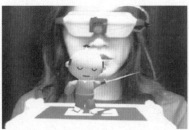

에이알툴킷을 통해 캐릭터를 증강하는 모습
(출처: www.researchgate.net)

더 아이 오브 저지먼트
(출처: Youtube - arhn.eu)

가상의 고정물들은 사용자가 정확한 위치에서 작업을 수행하도록 도와주는 역할을 했으며, 이를 통해 원격 조작 로봇의 성능을 향상시킬 수 있었죠. 이 시스템은 산업 분야에서 AR 기술의 활용 가능성을 보여준 초기 사례 중 하나로 평가받고 있습니다.

2000년대에 들어서면서 AR은 히로카즈 카토^{Hirokazu Kato}의 연구로 많이 알려졌습니다. 그가 만든 에이알툴킷^{ARToolKit}은 웹 카메라로 2D 바코드 같은 표식을 보고 그 위에 3D 그림을 그려주었습니다.

2007년에는 플레이스테이션 게임인 〈더 아이 오브 저지먼트^{The Eye of Judgement}〉가 나왔습니다. 이 게임은 AR의 실용성을 확실히 증명했어요. 카메라로 플레이어의 카드를 인식해 게임 속에서 그 카드의 캐릭터나 특징을 바로 보여주는 방식이었죠. 하지만 이러한 기술의 발전과 콘텐츠의 다양화에도 AR은 여러 기술적 한계와 사용자 경험의 불편함 때문에 진입장벽이 높다는 평가를 받았습니다.

스마트폰 출현 이후, 증강된 세상을 향한 큰 도약

AR 기술은 스마트폰의 등장과 함께 180도 바뀝니다. 기존의 AR은 특별한 장치나 환경이 필요했지만 스마트폰의 보급으로 거의 모든 사람이 'AR 작동 장치'를 손에 들고 있는 것과 같게 된 거죠. 이는 제작사나 개발자들에겐 엄청난 기회를 의미합니다. 대중에게 쉽게 다가갈 수 있게 되었으니까요.

스마트폰의 보급과 함께 AR 기술이 대중화되면서 마케팅, 교육,

헬스케어, 부동산, 엔터테인먼트 등 다양한 분야에서 AR을 활용한 콘텐츠와 서비스가 시도되고 발표되었습니다. 특히 상품 시연, 시뮬레이션, 교육적 활용으로 주목받은 결과, AR 기술은 단순

누구나 'AR 작동 장치'를 들고 다니게 되었다.
(출처: wikimedia-Marc Lee)

한 기술적 재미를 넘어 실제 비즈니스 가치와 사용자 경험 향상에 기여할 수 있음을 확인하게 되었죠.

AR 기술의 발전은 이미지 프로세싱 기술과 밀접하게 연관되어 왔습니다. 초기의 AR은 차량의 HUD에서 보는 것처럼 화면상에 단순한 디지털 레이어를 추가하는 형태였습니다. 이후에는 QR 코드나 2차원 이미지를 활용한 AR 콘텐츠나 서비스가 주를 이뤘습니다. 이는 특정한 이미지나 마커를 인식하여 그 위에 디지털 오브젝트나 정보를 표시하는 방식이었죠. 그러나 기술의 발전으로 AR은 환경과 공간을 직접 인식하고, 이를 3차원으로 재해석하는 능력을 갖추게 되었습니다.

모바일 AR 플랫폼의 진화와 생태계 성숙

2017년을 기점으로 AR 기술은 더욱 강력한 발전을 이루게 됩니다. 이 해에 글로벌 빅테크 기업인 애플과 구글이 각각 에이알키트

ARKit와 에이알코어ARCore를 발표했기 때문입니다. 이 두 기술은 iOS와 안드로이드 운영 체제에 기본으로 탑재된 AR 개발 플랫폼으로, 개발자들이 손쉽게 AR 애플리케이션을 만들 수 있도록 지원합니다.

에이알키트와 에이알코어의 등장은 AR 기술의 대중화와 생태계 성숙에 큰 영향을 미쳤습니다. 개발자들은 복잡한 AR 기술을 직접 구현할 필요 없이 이미 최적화된 도구를 사용하여 AR 경험을 만들 수 있게 되었으니까요. 이는 AR 애플리케이션 개발의 진입 장벽을 크게 낮추었습니다.

다양한 산업 분야에서 AR을 활용한 혁신적인 서비스가 등장하기 시작했습니다. 특히 〈포켓몬GO〉 게임과 이케아의 AR 서비스는 실제 세계와 가상 세계를 융합해 사용자에게 새로운 형태의 경험을 제공하여 AR의 가능성을 입증한 대표적인 사례로 꼽힙니다.

국민들에게 '증강현실' 기술을 알린 나이언틱의 〈포켓몬GO〉 (출처: pokemon.com)

가구를 가상 배치하여 구매 선택에 도움을 주는 이케아의 AR 앱 (출처: ikea.com)

MR의 등장과 대두: 실체와 가상의 통합된 세상

1994년 폴 밀그램Paul Milgram과 후미오 키시노Fumio Kishino는 논문 〈혼합 현실 시각 디스플레이의 분류Taxonomy of Mixed Reality Visual Displays〉에서 완전한 현실 환경과 가상 환경 사이의 중간 영역인 '현실-가상 연속체Reality-Virtuality Continuum' 개념을 소개했습니다.

이 연속체는 현실에서 가상까지의 스펙트럼을 나타내며 MR은 이 스펙트럼의 중간 지점에 위치합니다. 그러나 MR의 개념을 실현하려면 컴퓨팅 능력, 센서 기술, 디스플레이 기술 등의 발전이 필요한데 이 개념이 제시된 당시에는 MR을 완벽하게 구현하는 것이 불가능했죠. 최근에 들어서야 MR이 실제로 구현 가능한 기술로 주목받기 시작했습니다.

AR과 VR 기술은 각자의 영역에서 발전해 왔지만 두 기술을 효과적으로 통합하는 데는 시간이 필요했습니다. AR은 현실 세계에 가상의 객체 및 관련 정보를 불러올 수는 있었지만 그것들이 현실의 속성과 상황을 실시간 반영하여 상호작용하는 데는 한계가 있었습니다. 반면 VR은 완전한 가상의 세계를 만들어 그 안에서의 디테일한 상호작용은 가능했지만 현실 세계와 접점을 가질 수 없었습니다. 이는 사용자가 자신의 실제 환경과 연결성을 잃어버리게 하는 아쉬운 부분이었습니다.

이 아쉬운 점이 MR로의 결합을 이끌었습니다. 사용자들은 익숙한 현실 환경과의 연결을 유지하면서도 가상 요소가 더해진 증강

MR의 콘셉트를 잘 보여주는 메타 퀘스트3의 홍보영상 카피
(좌) Blend digital object(디지털 객체 혼합), (우) into your physical space(당신의 물리적 공간)

된 현실을 체험하고 싶어 했는데요. 아마도 자신의 생활 공간과 연동되는 기술에 더 편안함을 느끼기 때문이 아닌가 싶습니다. 실제로 MR은 AR의 현실 기반 특성과 VR의 몰입감을 결합해 실제와 가상의 경계를 허물고 두 세계가 보완적으로 작용하는 환경을 만들어 낼 수 있었습니다. 그리고 이는 기술적 진보와 장비의 혁신이 있었기에 가능했습니다.

기술적 진보

컴퓨터 프로세싱 능력의 대폭적인 향상, 센서 기술과 인공지능의 빠른 발전 덕분에 MR은 과거에는 불가능했던 방식으로 현실과 가상을 통합할 수 있었습니다. 이에 대한 관심은 급속도로 커졌습니다. 하나씩 살펴보면, 컴퓨터 프로세싱 능력의 향상은 MR 기기가 복잡한 가상 세계를 실시간으로 렌더링하고 현실 세계와의 데이

마이크로소프트의 홀로렌즈 (출처: Microsoft) | 매직리프의 매직리프 원 (출처: Magic Leap)

터 통합을 가능하게 했습니다. 그래서 사용자는 물리적 환경에 놓인 가상 객체와 상호작용할 때 지연 없이 자연스러운 반응을 경험할 수 있게 되었죠.

인공지능[AI] 기술은 MR의 발전을 이끈 주역입니다. AI 기술은 MR 환경에서의 객체 인식, 공간 이해, 사용자의 의도 예측 등을 획기적으로 향상시켜 가상 객체가 실제 환경과 물리적 법칙에 어우러지게 함으로써 사용자가 현실 세계와 가상 객체 간의 상호작용을 직관적으로 이해할 수 있게 해주었습니다.

또한 센서 기술의 발전으로 사용자의 움직임을 정확히 추적하고 현실 세계의 3D 공간을 상세히 매핑할 수 있게 되자 MR 기기는 사용자의 움직임과 시선을 정확하게 해석하고 가상 객체를 현실 공간에 매끄럽게 '안착'시킬 수 있게 되었습니다.

마지막으로 전용 장비의 등장도 빼놓을 수 없습니다. MR 기술의 발전과 함께 전용 장비들이 등장하면서 MR 경험의 질이 크게 향상되었습니다. 2016년 마이크로소프트가 출시한 홀로렌즈^{HoloLens}와 2018년 스타트업 매직리프^{Magic Leap}가 선보인 매직리프 원^{Magic Leap One}은 MR 기술의 실제적인 구현을 보여주는 중요한 이정표였죠. 이 기기들은 현실 세계에 고해상도 홀로그램을 투영하고 독특한 광학 기술을 사용해 산업, 교육, 의료 등 다양한 분야에서 MR의 실용적 활용 가능성을 보여주었고, 대형 기술 기업들이 MR 시장에 본격적으로 뛰어들게 만드는 계기가 되었습니다.

소비자용 MR 디바이스의 보급

MR의 부상과 주목은 단지 소비자의 필요와 소프트웨어의 발전에만 그치지 않고 있습니다. 이 모든 걸 사용자가 효과적으로 활용할 수 있도록 해주는 핵심은 결국 사용자 디바이스인데요. 최근의 디바이스들, 특히 오큘러스 퀘스트 시리즈 중 최신작인 '오큘러스 퀘스트3'는 상위 모델인 퀘스트 프로에 적용되었던 풀 컬러 패스스루 기능^{Full color pass-through○}을 지원하는 환경 인식 카메라를 탑재함으로써 실제 환경을 더욱 선명하고 자연스럽게 3차원으로 재현해 사용자에게 보여줍니다. 이 기능은 사용자가 MR 세계를 한층 더 강화된 형태로 경험하게 해주며 가상 객체와 실세계의 상호작용을

○ VR 헤드셋에 장착된 카메라를 통해 실제 환경을 컬러로 촬영하고, 이를 VR 디스플레이에 실시간으로 투사하여 사용자가 가상 객체와 실제 환경을 동시에 볼 수 있도록 하는 기술을 말합니다.

VR 장비를 착용한 상태로 패스스루 기능을 통해 보는 외부 모습. 증강 객체를 고해상도로 쉽게 재현한다. (출처: Oculus Quest3 공식 홍보 영상)

애플 비전 프로의 모습(출처: 공식 홍보 영상)

훨씬 직관적이고 생생하게 해줍니다.

게다가 애플은 '비전 프로'라는 자사 최초의 실감형 디바이스를 출시하면서 MR이나 XR이라는 용어 대신 '공간 컴퓨팅'이라는 개념을 강조해 MR 및 XR 시장 전반에 걸쳐 강력한 인상을 심고 있습니다. 사용자 경험UX에 대한 자사의 깊은 이해를 바탕으로 애플 비전 프로를 설계했는데, 혁신적인 디자인과 사용자 인터페이스로 MR 기술을 대중화하는 데 일조할 것으로 전망됩니다.

국내 XR의 역사

국내 XR의 역사에 대해서도 간단하게나마 살펴보겠습니다. 사실 저보다 이 업계에 더 오래 계신 선배들이 많이 계시기에 한국 XR의 역사 전체를 조망하기에는 부담이 있습니다. 하여 제가 XR 산업에 발을 들인 약 10년 전부터의 이야기를 조심스럽게 풀어보고자 합니다. 저의 실무 시점을 기준으로 서술한 것이므로 전체 타임라인을 다루는 건 아니라는 점을 미리 밝힙니다.

오큘러스 리프트 DK와 삼성 기어 VR의 출시

2013년 오큘러스 리프트 DK^{Development Kit}가 출시된 후 전 세계 산업 관계자들은 DK를 활용해 다양한 테스트를 진행하면서 VR 콘텐츠 개발에 박차를 가했습니다. 국내 전문가들도 이에 발맞춰 DK를 활용한 개발과 연구에 열중했죠. 그러나 당시 DK는 대중화되기 한계가 있었습니다. 우선 DK는 개발자들을 위한 키트라서 일반 사용자들이 접근하기에는 어려움이 있었어요. 또한 고사양의 PC가 필요했고 설치 과정도 복잡했으며 전문적인 지식이 요구되었죠. 무엇보다 가격 역시 대중화의 걸림돌이 되었습니다. 이런 이유로 DK는 주로 개발자나 전문가들 사이에서만 활용되었고, 일반 사용자에게는 아직 먼 이야기였습니다.

삼성 기어 VR을 착용하고 있는 사람들의 모습
(출처: 삼성전자 뉴스룸)

그러던 중 2015년, 삼성전자에서 '기어 VR'을 출시하면서 VR은 대중에게 한 걸음 다가서게 됩니다. 기어 VR은 스마트폰을 활용한 VR 헤드셋으로 오큘러스 리프트 DK에 비해 저렴하고 사용법도 간단해서 일반 사용자도 쉽게 VR을 체험할 수 있었습니다. 당시에는 '사람들이 모이는 곳에 VR이 있다'고 할 정도로 VR이 빠르게 확산되었어요. 기어 VR의 보급화에 힘입어 VR 산업도 급성장했습니다. 이러한 변화는 VR의 대중화와 산업 성장의 토대가 되었습니다.

VR 게임방, VR 테마파크의 등장

기어 VR은 꾸준하게 사용되었고, 오큘러스에서도 제대로 된 소비자 상품을 내놓았습니다. 오큘러스뿐만 아니라 HTC 같은 제조사에서도 매력적인 상품을 내놓았죠. 기어 VR과 다른 점은 이 기기들은 6DOF를 지원하는 PC 기반 HMD였다는 거예요. 이 6DOF 장비는 일반인에겐 생소한 장비이고, 도입하기에도 비싼 데다 운영이 미숙할 수밖에 없어 VR 게임방, VR 테마파크라는 공간 비즈니스로 대중에게 다가갑니다.

2015~2017년 유동 인구가 있는 번화가에는 VR 관련 공간이 유행처럼 번졌습니다. 6DOF 장비를 통한 콘텐츠는 사람들에게 역동적이며 신선한 체험을 하게 했고, 3DOF 장비는 영상 형태의 관람에 최적화되어 VR 전용 영화관까지 등장했습니다. 당시 정부에서는 미래 먹거리로 VR/AR을 선정해 새로운 도전을 원하는 개발사들에게 양질의 R&D 예산을 지원해 주었습니다.

360도로 촬영된 VR 영화는 관객들에게 영화 속 세계에 들어간

VR 전문 영화관의 모습
(출처: blog.naver.com/twinkaka)

VR 영화관에서 콘텐츠를 체험하고 있는 모습
(출처: 롯데컬처웍스)

VR 테마파크의 모습
(출처: GPM),

VR 게임룸의 모습
(출처: GPM)

듯한 경험을 제공했고 VR 영화관의 등장은 VR 콘텐츠의 다양성을
크게 확장하는 계기가 되었습니다. 기존의 게임이나 체험형 콘텐츠
에서 벗어나 영화, 다큐멘터리 등 스토리텔링 기반의 콘텐츠가 많
이 제작되기 시작한 거죠. 이는 VR이 단순한 오락거리를 넘어 하나
의 문화 콘텐츠로 자리매김하는 데 큰 역할을 했습니다.

DOF(Degree of Freedom)란?

'자유도'를 의미하며 VR 기기에서 사용자의 움직임을 감지하고 추적하는 방식을 나타냅니다. 쉽게 말해 VR 안에서 사용자가 얼마나 자유롭게 움직일 수 있는지를 나타내는 지표입니다.

3DOF(3Degrees of Freedom)
- 회전 움직임만 감지: 고개를 좌우, 상하, 좌우로 기울이는 동작
- 제자리에서의 360도 시야 경험 제공
- 활용 사례: 간단한 VR 경험, 360도 동영상 시청

6DOF(6Degrees of Freedom)
- 회전 움직임+위치 이동 감지: 3DOF의 움직임에 앞뒤, 좌우, 상하 이동이 추가됨
- 가상 공간 내 자유로운 이동 가능
- 활용 사례: 몰입감 있는 VR 게임, 복잡한 시뮬레이션

다양한 AR 어플리케이션의 등장

국내에서는 VR 산업이 성장하는 동안 AR 분야에서도 혁신적인 서비스들이 등장했습니다. 그중 하나가 네이버의 '스노우Snow'입니다. 2016년 9월에 출시된 스노우는 AR 기술을 활용한 카메라 앱으로, 사용자의 얼굴을 인식하여 다양한 가상 이펙트를 실시간으로 적용할 수 있게 해주었어요.

스노우의 가장 큰 특징은 'AR 스티커'입니다. 사용자의 얼굴에 귀여운 동물 귀, 선글래스, 모자 등을 씌워주는 것인데요. 얼굴의 움

AR로 구현된 스타의 퍼포먼스를 감상할 수 있는
애플리케이션 (출처: LG유플러스 네이버 공식 포스트)

야구 경기장에서 AR로 구현된 용의 모습
(출처: SK텔레콤 뉴스룸)

직임과 표정을 실시간으로 인식하여 가상 오브젝트를 자연스럽게
합성해 주었죠. 스노우의 인기에 힘입어 국내에서는 AR 얼굴 인식
기술을 활용한 다양한 앱들이 등장해 AR 스티커 기능이 하나의 트
렌드로 자리 잡게 되었어요.

이 시기에 국내에서는 5G 통신 기술의 본격화에 힘입어 관광,
행사, 이벤트 등 다양한 분야에서 AR 기술을 활용한 재미난 시도가
많이 이루어졌습니다.

코로나19 시대, 기업에서의 활용이 늘어나다

B2C 시장에서만 XR이 활성화되었던 것은 아닙니다. B2B, B2G
시장에도 XR 기술을 활용한 콘텐츠나 서비스가 알게 모르게 많이
도입되었습니다. 그러다가 코로나19가 터지고 비대면 상황이 가속
화되자 그전까지 가능성만 확인해 온 기업들이 XR 기술들을 본격

활용하기 시작했습니다. 원가 절감, 효율성 극대화에 XR만큼 효과적인 기술이 없었거든요.

점차 XR 기술을 활용해 무언가를 만드는 사례가 많아졌고 이것이 곧 '메타버스'라는 트렌드로 제2의 황금기를 맞이하게 됩니다. 오큘러스 퀘스트와 같은 가볍고 콤팩트한 독립형 기기의 출현은 이를 더욱 빛나게 해주었죠. 다만 아쉬운 부분은 코로나19 탓에 오프라인 기반 VR 사업장이 문을 많이 닫았다는 사실입니다.

대중화를 위한 노력, 다시 시작이다

코로나19 팬데믹이 끝나고 일상으로의 복귀가 진행되면서 XR 산업도 새로운 전환점을 맞이하고 있습니다. 그동안 XR은 질적, 양적으로 꾸준히 성장했습니다. 메타는 코로나19 상황에서도 기술력과 가격 경쟁력을 갖춘 오큘러스 퀘스트 시리즈를 출시하며 대중화에 기여했고, 관련 기술과 인프라 또한 발전해 왔죠. 하지만 일반 대중 입장에서 XR은 여전히 낯선 기술로 인식되고 있습니다. 이런 상황에서 업계 관계자들은 앞으로의 전망에 주목하고 있습니다. 사용자 경험에서 최고의 제품을 만들어내고 있는 애플이 2024년 XR 디바이스(애플 비전 프로)를 출시했기 때문입니다. 이는 XR 시장 전반에 큰 파급 효과를 가져올 것으로 예상됩니다.

대망의 첫 번째 모델인 '애플 비전 프로'는 다양한 산업의 관계자와 일반 대중에게 앞으로의 XR 세계에 대한 찬란한 비전과 다양한 가능성을 보여주었습니다. 삼성전자도 곧 신형 XR 기기를 출시한다고 합니다. 이는 글로벌 기업들의 XR 시장 진출이 본격화되고 있음을 보여주는 또 다른 지표입니다.

한편 국내 XR 산업의 위상도 높아지고 있습니다. 국내 다수의 XR 기업들이 지속적으로 해외 투자를 유치하는 등 글로벌 시장에서의 경쟁력을 인정받고 있습니다. 실제로 해외 전시회나 박람회에 참석해 보면 국내 XR 기업들의 기술이 결코 뒤지지 않습니다. 우수 인력들이 창의력과 기술력으로 무장하여 XR 산업을 이끌어가고 있죠. 이러한 추세라면 향후 국내 XR 산업의 성장세는 더욱 가속화될 것으로 전망됩니다.

XR의 기본 형태와 속성

XR 기술을 이해하고 활용하려면 각 기술의 기본 속성과 형태를 아는 것이 중요합니다. XR은 VR, AR, MR을 아우르는 광범위한 기술로 끊임없이 발전하고 있으며 관련 개념과 용어도 진화하고 있으니까요. XR 기술의 기본 속성과 형태를 명확히 이해한다면, 업무상의 혼선을 최소화하고 효과적인 커뮤니케이션을 끌어낼 수 있을 것입니다.

VR: 현실 세계와 독립된 가상 환경

AR: 현실 세계에 겹쳐진 가상 환경/객체

MR: 현실 세계와 융합된 가상 환경/객체

VR의 기본 형태와 속성

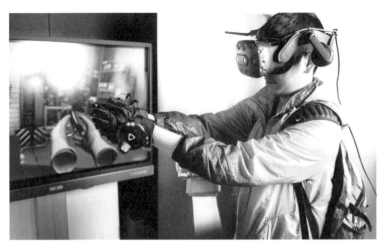

VR을 보여주는 일반적인 모습 (출처: unsplash)

위 이미지를 보면 사용자는 HMD를 착용하고 양손을 활용하여 가상의 세계에 몰입하고 있습니다. 자신의 손을 컨트롤러로 사용하여 가상환경과 상호작용하고 있는 듯 보이죠. 사용자 옆의 TV 화면(미러링 상태)을 보았을 때 아마도 가상의 공장에서 체험하는 것으로 보입니다. 이것이 우리가 익히 알고 있는 VR 사용자의 모습입니다. 이 모습을 통해 우리는 VR 기술의 핵심적인 특징을 파악할 수 있습니다.

- **헤드 마운트 디스플레이**[HMD] **사용**: 사용자는 눈을 완전히 가리는 HMD를 착용하고 있어 현실 세계와 완전히 차단된 채 가상 환경에 몰입합니다.

- **컨트롤러 조작**: 사용자는 양손에 컨트롤러를 들고 있어 가상 환경과 직접 적으로 상호작용할 수 있습니다.

- **자유로운 신체 움직임**: 사용자의 자세에서 볼 수 있듯이 VR은 사용자의 신체 움직임을 자유롭게 허용합니다.

- **현실과의 물리적 분리**: HMD를 착용하고 있어 현실 세계와 시각적으로 완전히 분리되어 있지만, 여전히 현실 세계의 물리적 공간 내에서 활동 합니다. 이는 VR 경험이 사용자의 실제 움직임과 연동되어 있음을 보여 줍니다. 즉 현실에서의 사용자 움직임이 가상 환경 내의 움직임으로 변 환됩니다.

> **VR 기술과 현실의 연결 관계** 가상 객체는 오직 디지털로 만들어진 가상 환경 내에서만 존재하고 상호작용합니다. 사용자는 현실 세계와의 연결 을 차단한 채 가상 세계에 몰입합니다.

AR의 기본 형태와 속성

모바일 AR 이미지

스마트글래스 AR 이미지

위 왼쪽 이미지를 보면 두 사람이 태블릿을 들고 실제 공간에 가상의 가구를 배치하고 있습니다. 소파와 의자가 AR로 표현되어 있고 각 가구 위에는 가격 정보가 떠 있습니다. 모바일 기기를 이용해 실제 환경에 가상 정보를 겹쳐 보는 이 기술을 통해 사용자는 제품을 구매하기 전에 실제 공간에서 어떻게 보일지 미리 확인할 수 있습니다. 오른쪽 이미지는 AR 글래스를 착용한 사용자의 시점을 보여줍니다. 사용자의 시야에 가상 정보(예: 방향 안내, 작업 지시)가 투영되어 있고 양손이 자유로워 조작의 효율성이 높아집니다.

두 방식 모두 실제 환경에 디지털 정보를 겹쳐 표시한다는 AR의 핵심 특성을 공유하고 있어 사용자는 현실 세계를 기반으로 추가적인 정보를 얻거나 향상된 경험을 할 수 있습니다. AR 기술은 이처럼 다양한 형태로 우리의 일상과 전문 영역에 적용되어 현실 세계를 확장하고 보완해 줍니다.

- **현실 세계 기반**: AR은 실제 환경을 기반으로 합니다. 사용자는 현실 세계를 계속 볼 수 있습니다.
- **디지털 정보 오버레이**: 실제 환경 위에 가상의 정보나 객체를 겹쳐 표시합니다.
- **다양한 디스플레이 방식**: 모바일 기기(스마트폰, 태블릿)는 휴대성이 높고 접근성이 좋습니다. 스마트글래스는 양손을 자유롭게 사용할 수 있어 조작의 효율성을 높입니다.

현실 세계 위에 가상 정보가 겹쳐 표시됩니다. 하지만 현실의 환경과 직접적인 상호작용은 하지 않습니다. 마치 현실 위에 떠 있는 스티커나 레이어처럼 작동하며, 물리적 특성에 영향을 받지는 않습니다.

MR의 기본 형태와 속성

가상의 객체(요가 강사)와 상호작용하는 사용자의 모습

위 이미지는 요가 매트 위에 앉아 있는 사람과 그 옆에 투영된 가상의 요가 강사가 자세를 일러주거나 교정해 주는 모습입니다. MR 기술이 일상생활에 어떻게 적용될 수 있는지를 잘 보여줍니다.

- **현실과 가상의 융합**: MR은 실제 환경과 가상 객체를 자연스럽게 결합합니다. 사용자의 실제 공간에 가상의 요가 강사가 있는 것처럼 보입니다.
- **환경 인식 및 공간 매핑**: MR 시스템은 사용자의 실제 환경(방 안의 가구, 요가 매트 등)을 정확히 인식하고 이해하므로 가상 객체가 실제 환경과 자연스럽게 상호작용할 수 있습니다.

- **실시간 상호작용과 상황 이해**: 가상의 강사가 사용자의 동작을 보고 실시간으로 피드백을 주는 것처럼 MR은 사용자의 행동과 환경 변화를 실시간으로 인지해 반응합니다.

- **투과형 또는 패스스루 디스플레이**: MR 장비는 VR 헤드셋과 달리 완전히 막혀 있지 않습니다. 투과형 디스플레이를 사용하거나, 불투명한 디스플레이의 경우 고해상도 카메라를 통한 패스스루 기능을 활용하여 사용자가 실제 환경을 볼 수 있게 합니다. 현실 세계와의 연결을 유지하면서 가상의 요소를 자연스럽게 통합할 수 있습니다.

MR 기술과 현실의 연결 관계 MR은 현실과 가상의 유기적 결합이 특징입니다. 가상 객체가 현실의 환경과 상황을 인식하고 그것에 맞게 반응하기 때문에 실제 소파에 가려지거나 테이블 위에 올라가는 등 현실 세계의 모습을 고려한 상호작용이 가능합니다.

용어를 넘어선 스펙트럼 접근

지금까지 우리는 VR, AR, MR이라는 용어를 중심으로 각 기술의 특성을 살펴보았습니다. 그러나 실무에서는 이러한 용어들이 모호하거나 다르게 사용되는 경우가 많습니다. 여기서 우리는 한 가지 중요한 점을 인식해야 합니다. 용어 자체에 얽매이지 말아야 한다는 것입니다. 예를 들어 MR의 특성을 가진 기술을 AR, AR+, AR BLENDING 등으로 부르는 경우가 있고, AR의 특성만을 가졌음에도 MR이라고 부르는 경우도 있습니다. 이러한 현상은 좀 더 유연하게 XR을 이해할 필요가 있음을 시사합니다. 우리는 XR을 현실과 가상을 잇는 넓은 스펙트럼으로 바라볼 필요가 있습니다.

현실과 가상 사이의 스펙트럼을 어떤 이는 3단계로 구분하고, 어떤 이는 10단계로 구분합니다. 중요한 것은 이 세상의 다양한 XR 콘텐츠와 서비스들이 이 스펙트럼의 어딘가에 위치한다는 것입니다.

따라서 우리는 '이것이 AR이다' 또는 '이것이 MR이다'라고 엄격하게 구분하기보다는 '이 기술은 AR에 가깝다' 또는 'MR의 특성이 강하다'와 같이 유연한 시각으로 접근해야 합니다. 이는 XR 분야의 빠른 발전과 끊임없는 창의적 시도들을 고려할 때 더욱 중요합니다.

용어의 통합적 접근 사례: 〈포켓몬GO〉 AR 모드의 변화와 발전

〈포켓몬GO〉 게임은 AR 기술을 대중화시킨 대표적인 AR 서비스입니다. 〈포켓몬GO〉의 AR 기능 변화를 통해 XR 용어 구분의 유연성을 확인해 봅시다.

- **초기 AR 모드**: 초기에는 카메라 화면 위에 포켓몬을 겹쳐 보여주는 형태였습니다. 이때 포켓몬은 실제 환경과 상호작용하지 않았으며 공간 인식이나 깊이 감지가 이루어지지도 않았습니다. 다만 GPS를 통한 위치 기반 연동은 이루어져 사용자가 특정 위치에서 포켓몬을 발전할 수 있었습니다.

- **AR+ 모드**: 이 모드에서는 포켓몬이 실제 물리적 환경을 인식하고 그에 맞춰 지면이나 다른 물체 위에 '고정'되어 있는 것처럼 보입니다. 이렇게 고정된 포켓몬을 기준점으로 삼아 사용자의 위치와 움직임을 추적할 수 있게 되어 더 현실적이고 상호작용적인 경험이 가능해졌습니다. 예를 들어 사용자가 포켓몬에 가까이 다가가면 포켓몬의 긴장도가 올라가고, 포켓몬 뒤로 몰래 가면 포켓몬이 눈치채지 못하는 등 사용자와 포켓몬의 상대적 위치에 따른 상호작용이 구현됩니다. 또한 포켓몬이 실제 환경에 맞춰 움직이는 것처럼 보이며, 사용자의 움직임에 따라 포켓몬의 크기와 위치가 자연스럽게 변화합니다.

- **AR BLENDING 모드**: 현실 환경과 증강된 포켓몬이 더욱 자연스럽게 상호작용합니다. 가령 나무 뒤에 있는 포켓몬은 가려져 보이지 않습니다.

일반 AR 모드: 단순히 카메라 화면 위에 포켓몬을 띄우는 방식, 객체(포켓몬은 현실의 물리적 속성와 아무 연관 없음)

AR+모드: 실제 환경 속 한 지점에 고정된 포켓몬을 표시

AR Blending 모드: 포켓몬이 나무에 의해서 가려지는 모습
(좌) AR Blending Mode OFF, (우) Mode On
(출처: niantic.helpshift.com, pokemongolive.com)

이는 사실 MR 기술이지만 여전히 AR로 표현되고 있습니다. 아마도 대중에게는 MR보다는 AR이라는 단어가 친숙하고 더 와닿았기 때문이겠지요. 이는 '기술적으로 고도화된 AR이 MR이다'는 개념으로 이해할 수 있으며, 동시에 용어 사용이 기술의 실제 특성보다는 마케팅이나 사용자 친숙도 등 다른 요인에 의해 결정될 수 있음을 보여줍니다.

XR 프로젝트는
어떻게 시작되는가?

지금까지 기획자로서 알아야 할 XR 기술의 기본 속성과 형태를 살펴보았습니다. 그렇다면 XR 도입의 필요성은 어떻게 파악할 수 있을까요?

XR 프로젝트는 도서, 시청각 자료, PC/모바일 같은 대안으로는 해결이 어렵거나 부족함이 있는 상황에서 가치를 발휘합니다. 이는 기존 방식의 한계를 인식하고 그에 대한 해결책으로 XR 기술을 고려하는 것에서 시작됩니다. 지금부터 몇 가지 사례를 통해 기존 대안을 사용할 때의 아쉬움이나 한계를 살펴보겠습니다. XR 기술이 이러한 한계를 어떻게 극복하고 새로운 가치를 제공하는지도 확인해 보겠습니다.

XR 도입을 부르는 우리 주변의 사례

행성 여행

사람들은 미지의 행성에 대해 관심이 많고 실제로 방문해 보고 싶어 합니다. 하지만 현재는 기술적 한계로 외부 행성의 극한 환경을 버틸 수 있는 비행 기술이 아직 개발되지 않았고 당분간은 탐사 자체도 불가능합니다.

기존 대안 방법

- 책을 통해 상상의 나래를 펼쳐볼 수 있습니다.
- 영상 매체(영화나 다큐멘터리)를 통해 연출된 행성의 모습을 확인합니다.
- 게임 형식을 통해 사용자가 직접 아바타를 조작하며 행성을 가상으로 탐험합니다.

기존 대안의 한계

해당 대안들은 간접적인 체험만을 제공할 뿐 실제로 그곳에 있는 듯한 몰입감이나 실제와 같은 행동을 체험할 수는 없습니다. 특히 가만히 앉아서 눈으로만 보거나 마우스와 키보드로 여행하는 것은 행성을 완벽하게 체험하는 데 분명한 한계가 있습니다. 사용자들은 실제로 몸을 움직이며 탐험하는 듯한 느낌을 얻고 싶어합니다.

XR을 활용하면 실제로 어떤 행성에 있는 것처럼 그 환경을 체험할 수 있습니다. 사용자는 가상현실을 통해 행성의 표면을 걸어 다니며 그곳의 독특한 지형과 환경을 직접 느낍니다. 환경 데이터나 탐사 결과를 기반으로 만들어진 가상의 행성 환경은 사용자에게 마치 실제로 그곳을 방문한 것 같은 느낌을 줍니다.

기계 장치 유지보수 교육

대형 기계 제조사에서 현장 엔지니어들을 대상으로 기계의 유지보수 교육을 진행하려 합니다. 이 기계는 복잡하고 예민한 구조로 되어 있어 고장 발생 시 신속하고 정확한 대응이 필요합니다. 고장 상황에 빠르게 대처하지 못할 경우 생산 중단으로 인한 막대한 경제적 손실이 발생할 수 있으므로 엔지니어들의 유지보수 능력이 꼭 필요한 상황입니다.

기존 대안 방법

- 교재와 매뉴얼을 활용해 학습할 수 있습니다.
- 동영상, 애니메이션 등 시청각 자료를 통해 간접 실습을 할 수 있습니다.
- 실제 기계와 비슷한 수준의 교보재를 활용해 현실과 동일한 느낌으로 직접 실습을 진행할 수 있습니다.

교재 및 시청각 자료를 활용한 방법은 실제 현장에서 발생할 수 있는 다양한 고장 상황에 대처하는 실무 역량을 기르는 데 한계가 있습니다. 실제 부품을 다루며 문제를 해결하는 감각을 익힐 수 없기 때문입니다. 실제 기계와 동일한 교보재를 활용한 실습이 가장 효과적인 대안이 될 수 있으나, 교보재 장비 특성상 다수의 교육생에게 동시에 제공하기에는 비용상 한계가 있으므로 모든 교육생이 충분한 실습 기회를 얻기 어렵습니다.

한계 극복을 위한 XR 활용

XR을 활용하면 대형 기계가 없어도 다양한 유지보수 시나리오를 체험할 수 있습니다. 엔지니어들은 실제 현장과 유사한 가상 환경에서 고장 진단 및 수리 과정을 안전하게 반복 학습할 수 있어 복잡하고 위험한 상황에서도 신속하고 정확하게 대응하는 능력을 키울 수 있습니다. 실제로는 재현하기 어려운 긴급 상황이나 위험한 고장 사례도 안전하게 체험할 수 있으므로 실제 상황에서 더욱 효과적으로 대처할 수 있는 역량을 기를 수 있습니다.

제품 시연

제품 영업 사원이 최근 개발한 제품을 지방의 파트너사와 고객들에게 시연하려고 합니다. 하지만 각각의 장소를 방문하며 제품을 시연하는 데는 많은 시간이 소요되며 효율적인 시간 관리가 어렵습니다.

- 줌이나 웹엑스 같은 화상 프로그램을 통해 비대면 온라인 영업을 진행합니다.
- 제품의 특징과 사용 방법을 동영상으로 제작하여 고객들에게 보여줍니다. 이를 통해 제품에 대한 시각적인 설명을 제공할 수 있습니다.
- 제품의 시연을 웹사이트나 애플리케이션을 통해 진행합니다. 고객들은 온라인상에서 제품의 특징을 확인하고 상호작용을 경험할 수 있습니다.

기존 대안의 한계

실제 제품을 직접 보여주고 체험할 기회는 제공하지 못해 제품의 물리적 특성과 질감을 고객에게 충분히 전달하기 어렵습니다. 영업 관점에서 볼 때 화상 콘퍼런스는 대면 영업의 특장점인 고객과의 밀접한 상호작용을 이루지 못하며, 고객의 즉각적인 실시간 반응을 캐치하지 못할 수 있습니다. 이는 고객이 제품에 대한 완전한 이해를 얻기 어렵게 만들고, 제품에 대한 신뢰 구축과 설득력 있는 영업을 어렵게 할 수 있습니다.

한계 극복을 위한 XR 활용

영업 사원은 XR 플랫폼을 통해 제품을 고객의 환경에 가상으로 배치하고 실시간으로 시연을 진행할 수 있습니다. 이를 통해 고객은 제품의 크기, 디자인, 작동 방식 등을 직접 체험하며 그 효용성을 평가할 수 있습니다.

몇 가지 상황을 예시로 들어 기존 대안들, 그 대안들이 가지고 있는 고유의 한계점, 그리고 한계 극복을 위한 XR 활용에 대해 살펴보았습니다.

한계점들은 주로 물리적, 시간적, 비용적 등과 같은 제약으로 발생하며 이에 따라 원하는 경험이나 결과를 얻기 어렵습니다. 기존 대안은 어느 정도 정보를 전달하고 상상력을 자극할 수는 있지만, 사용자들은 실제와 같은 체험, 깊은 몰입감, 실시간 상호작용을 원할 수 있습니다. XR 기술은 이와 같은 상황에서 중요한 역할을 할 수 있습니다.

따라서 한계 상황들을 파악하고 그 안에서 XR의 도입 명분을 찾아내는 것은 XR 프로젝트를 기획하는 데 있어 매우 중요합니다. 이 것은 프로젝트에 대한 강력한 동기부여가 되며, XR을 효과적으로 활용할 방향을 제시해 주죠. 이때의 XR의 도입은 단순한 기술적인 진보가 아니라 사용자 경험을 극대화하고 실질적인 문제를 해결하는 데 기여하는 중요한 수단이 됩니다.

XR 기술을 바라보는 관점: 도구 중 하나로 바라보기

XR은 기존 방식으로 해결하기 어려운 문제에 적합한 해결책이 될 수 있습니다. 하지만 XR이 기존 대안들을 완전히 대체하는 것은 아닙니다.

어떤 상황에서는 도서 형태가 적절할 수 있고, 어떤 경우에는 영상 매체가 더 적합할 수 있습니다. 또한 XR 기술이 주도적인 역할을 하기보다 특정 영역에서만 집중적으로 가치를 발휘하는 경우도 모범적인 형태일 수 있습니다.

그러므로 XR이 목적이 되어서는 안 되며, 특정 문제를 해결하고 목적을 달성하기 위한 하나의 도구로 인식하는 것이 중요합니다. 모든 문제를 XR로 채우려고 하다가는 XR 기술의 장점을 극대화하지 못하고 오히려 불필요한 비용과 복잡성만 증가시킬 수 있습니다. 그러므로 기획자는 XR 도입의 타당성을 냉정하게 평가하고, 해당 프로젝트에 XR이 진짜 필요한지 균형 잡힌 시각으로 바라봐야 합니다.

우선 XR 프로젝트는 비용과 복잡성 측면에서 상당한 고려가 필요합니다. XR 기술 구현에는 많은 예산과 전문 인력, 시간이 소요되기 때문입니다. 따라서 투자 대비 효과를 꼼꼼히 따져 보아야 하며 XR을 사용하는 것 자체가 목적이 되어 버리는 주객전도 현상도 경계해야 합니다. XR의 화려함에 휩쓸려 정작 중요한 문제 해결의 본질을 놓치는 일이 없도록 주의가 필요한 거죠. 이를 위해 XR 프로젝트를 시작하기 전에 다음과 같은 질문을 던져 봅시다.

- 이 문제를 해결하기 위해 정말로 XR이 필요한가?
- XR을 통해 더 나은 결과를 얻을 수 있을까?
- 투자 대비 효과는 충분한가?
- XR 외에 더 적합한 대안은 없는가?

이 질문에 대한 답을 찾는 과정이 XR 프로젝트의 타당성을 평가하는 데 중요한 역할을 할 것입니다. 많은 경우 XR의 강점을 십분 활용한다면 기존에는 불가능했던 놀라운 사용자 경험을 선사하고 새로운 문제 해결 방안을 제시할 수 있지만, 상황에 따라 전통적인 방식이 더 효과적일 수도 있고 XR과 기존 방식을 적절히 조합하는 것이 더 나을 수도 있습니다. 중요한 것은 XR에 대한 맹목적 믿음에서 벗어나 해당 프로젝트에 가장 적합한 해결 방안이 무엇인지 냉철하게 판단하는 자세를 갖추는 것입니다.

사례 분석: 베드 케이스

XR 기술은 만능이 아니며 XR 프로젝트가 성공하려면 기존 대안으로는 해결하기 어려운 문제를 해결할 수 있어야 합니다. 동시에 XR 기술이 그 문제를 해결하기에 적합한 방식이어야 하죠. 이러한 전략적 고려 없이 XR 기술을 무분별하게 도입한 경우가 많은데요. 이번에는 XR 기술을 잘못 활용한 사례를 살펴보면서 그로부터 얻을 수 있는 교훈을 정리해 보겠습니다.

Bad Case 1 VR을 활용한 엔터테인먼트 콘텐츠

VR 기술을 활용해 영화, 연극, 콘서트 등을 제작해 소비자에게 새로운 재미와 경험을 선사하고자 했습니다. 그러나 안타깝게도 VR 환경의 특성을 전혀 고려하지 못한 기획과 연출로 역효과만 내고 VR 고유의 가치는 전혀 제공하지 못했습니다.

사용자는 VR HMD를 착용한 채 앞만 바라보았고, VR 컨트롤러는 재생 버튼으로밖에 활용되지 못했습니다. 가상 공간 내부에 상호작용할 수 있는 별다른 요소가 없었기 때문이죠. 사용자 앞에 나오는 화면을 제외하고는 대부분이 텅 비어 있어 오히려 몰입감을 해치기도 했습니다. 사용자는 "아니, 굳이 왜 내가 이걸 HMD까지 쓰고 봐야 하는 거지? 그냥 봐도 문제 없는 거잖아?"라고 생각했을 것입니다.

이는 VR만의 문법과 표현 방식에 대한 고민 없이 기존 콘텐츠를 그대로 VR로 옮긴 사례였습니다. VR 고유의 특성과 장점을 살리지 못한 채 기술만 도입한 결과 결국 사용자에게 불편함만 안겨 준 거죠. 꼭 모든 내용을 VR로 옮길 필요는 없습니다. 기존의 방식으로 보여주기에 한계가 있는 부분만 VR로 만들어 보여주는 것도 나쁘지 않습니다. 이렇게 VR을 하나의 도구로 사용하면 기존 콘텐츠의 장점은 유지하면서도 VR의 강점은 살릴 수 있습니다.

VR 기술을 활용해 연출이 가미된 콘텐츠를 제작할 때는 VR만의 스토리텔링 방식과 연출 기법을 활용해 사용자를 능동적으로 참여시키고 몰입감을 극대화하는 것이 중요합니다. 사용자가 콘텐츠 내에서 자연스럽게 시선을 전환해가며 감상할 수 있도록 하거나, 내부 공간을 이동하면서 내용이 전개되도록 하는 것이죠. 또는 내용 전개에 간접적으로 개입할 수 있는 상호작용 기능을 지원하거나, 주변 공간을 효과적으로 활용해 스토리에 깊이를 더하는 식의 연출도 가능합니다. 이를 통해 수동적으로 관람하는 것에서 벗어나 콘텐츠 속 세계에 실제로 있는 듯한 경험을 만들어 낼 수 있습니다.

Bad Case 2 AR 아바타를 활용한 책자 서비스

책자에 수록된 정보를 AR 아바타를 통해 그대로 전달한 서비스 사례입니다. 사용자는 AR 콘텐츠를 경험하기 위해 QR 코드를 스캔하거나 전용 애플리케이션을 설치해야 하는 번거로운 과정을 거쳐야 했습니다. 그런데 정작 AR 아바타가 제공하는 것은 책자에 있는 내용을 그대로 읽어 주는 것에 불과했죠.

AR 기술을 책자에 접목할 때는 기존 내용을 AR로 옮기는 것뿐만 아니라 AR만이 제공할 수 있는 고유한 경험과 부가가치를 고민해야 합니다. AR을 통해 책자 내용과 연계된 정보나 심화 내용을 제공하거나, 3D 모델이나 애니메이션을 통해 복잡한 개념을 시각적으로 설명하거나, 사용자와 상호작용할 수 있는 체험형 콘텐츠를 제공하거나, 책 속 인물이나 장소를 AR로 재현하여 몰입감 있는 경험을 제공하는 등의 접근이었다면 AR 도입이 의미 있었을 것입니다.

그러나 그러한 전략적 고민 없이 AR 기술을 형식적으로 도입하는 데 그쳤고, 결국 사용자에게는 불필요한 과정만 추가하고 AR의 장점은 살리지 못한 결과를 낳고 말았죠. 이는 XR 기술 도입에 있어 '가치 중심적 사고'가 얼마나 중요한지를 보여줍니다. 기술 도입이 사용자에게 실질적인 가치를 제공하고 경험을 향상시킬 수 있는지를 철저히 따져 보아야 합니다. 단순히 새로운 기술을 적용했다는 것만으로는 의미가 없으며, 그 기술이 어떤 추가적인 혜택을 제공하는지가 핵심입니다.

Bad Case 3 VR과 AR을 활용한 교육 콘텐츠

한 교육 기관에서 VR과 AR 기술을 활용해 새로운 형태의 교육 콘텐츠를 제작했습니다. VR을 통해 실제 현장과 유사한 환경을 구현하고, AR로 학습 자료를 입체적으로 제시함으로써 학습 효과를 높이려 했죠. 교육 혁신에 대한 기대감이 높았습니다. 그러나 이 프로젝트는 XR 기술의 특성과 사용자의 신체적 조건을 충분히 고려하지 않은 채 진행되었습니다. 우선 VR 콘텐츠의 러닝타임이 지나치게 길었습니다. 한 번에 1시간 가까이 되는 VR 교육을 진행하다 보니 수강생들은 머리와 눈의 피로를 호소했고 집중력이 떨어지는 문제가 발생했지요. AR 기기의 인체공학적 설계도 미흡했습니다. AR 태블릿의 무게가 상당해 오랜 시간 들고 학습하기에 부담이 있었어요. 특히 여성 수강생들은 팔의 피로도를 호소하는 경우가 많았죠. 화면 터치 인터페이스도 손가락이 작은 사용자들에게는 불편함을 주었습니다.

VR과 AR 콘텐츠가 교육 내용 전달에 항상 효과적인 것도 아니었습니다. 어떤 주제는 강의식 수업이 더 적합했고, XR 콘텐츠가 학습 내용을 지나치게 단순화하는 경우도 있었죠. 결과적으로 교육의 질적 향상을 이루는 데 한계가 있었습니다.

이 사례는 XR 기술을 교육에 접목할 때 기술 자체에 매몰되기보다 사용자의 신체적, 인지적 특성을 면밀히 고려해야 함을 보여줍니다. VR 콘텐츠의 적정 러닝타임, AR 기기의 인체공학적 설계, 개인별 신체 조건의 차이 등을 충분히 반영해야 사용자 친화적인 교육 경험을 제공할 수 있는 것이죠. XR 기술은 만능 해결사가 아닌, 목표 달성을 위한 도구 중 하나로 인식되어야 합니다.

Bad Case 4 제조업 현장의 무분별한 AR 도입

한 대형 제조업체에서 공장의 생산성과 안전성을 높이기 위해 AR 기술을 전면 도입했습니다. AR 글래스를 착용한 작업자들이 실시간으로 작업 지시를 받고, 기계 상태를 모니터링하며, 안전 경고를 확인할 수 있게 되면 작업 효율성이 크게 향상될 것으로 회사는 기대했습니다.

그러나 이 프로젝트는 여러 문제점을 드러냈습니다. 우선 AR 기기의 배터리 수명이 짧아 충전을 자주 해야 했고 이는 작업 흐름을 방해했습니다. 또한 AR 글래스 착용으로 시야가 제한되어 정밀한 작업이 필요한 공정에서는 작업 정확도를 떨어뜨리는 결과를 낳았습니다. 더불어 AR 시스템이 제공하는 과도한 정보로 작업자들의 인지 부하가 증가했습니다. 실시간으로 쏟아지는 데이터와 알림은 작업자의 집중력을 분산시켰고, 중요한 정보를 놓치는 경우도 발생했습니다. 특히 경험이 많은 숙련 작업자들은 AR 시스템이 자신들의 직관과 경험을 방해한다고 불만을 제기했습니다.

안전 측면에서도 예상치 못한 문제가 발생했습니다. AR 글래스에 몰입한 작업자들이 주변 상황을 제대로 인지하지 못해 사고 위험이 증가하는 경우가 있었습니다. 또한 시스템 오류나 네트워크 문제가 발생해 AR 기기가 작동하지 않을 때 작업자들이 대처 능력이 떨어지는 현상도 나타났습니다.

이 사례는 XR 기술을 산업 현장에 도입할 때 신중히 접근해야 함을 보여줍니다. 기술의 장점만을 보고 무분별하게 도입하기보다 실제 작업 환경과 작업자의 니즈를 철저히 분석해야 합니다. XR 기술은 기존 작업 방식을 완전히 대체하는 것이 아니라 보완하고 강화하는 역할을 해야 하며, 효과적인 XR 기술 도입을 위해서는 단계적인 접근이 필요합니다. 즉 특정 공정이나 작업에 제한적으로 도입하여 효과를 검증한 후 점진적으로 확대해 나가는 것이 바람직합니다. 또한 작업자들의 피드백을 지속적으로 수렴하고 반영하는 과정이 필수적입니다.

2부

XR 프로젝트
마인드 세팅

XR 프로젝트 기획에 필요한 사고의 전환, 즉 마인드 세팅을 하는 이유는 XR 프로젝트의 기획에 있어 중요한 창의적 사고와 전략적 접근을 쉽게 하기 위함입니다. XR 기술의 특성과 가능성을 극대화하려면 2차원에서 벗어나 3차원의 공간적 사고와 다차원적 접근이 필요합니다. 여기서는 다차원적, 비현실적VR, 초현실적AR, 그리고 정체성 마인드 세팅까지 설명하겠습니다.

마인드 세팅의 힘,
관점 넓히기

마인드 세팅의 중요성

XR 프로젝트를 처음 접하는 기획자들에게 가장 큰 장벽은 '사고의 전환'입니다. 우리는 지금까지 2차원 평면에서의 사용자 경험 설계에 익숙해져 있었습니다. 하지만 XR은 이러한 경계를 허물고, 3차원 공간에서의 경험을 요구합니다. 더 나아가 현실과 가상을 넘나드는 4차원적 사고까지 필요로 합니다.

관점의 확장

관점을 넓히는 것은 단순히 '더 많이 보는 것'이 아니라 완전히 새로운 차원에서 사용자 경험을 상상하고 설계하는 것을 의미합니다. 2차원적 접근에서는 텍스트와 이미지로 정보를 전달하는 데 집중했을 것입니다. 3차원 VR에서는 학습자가 가상의 역사적 현장을 걸어다니며 직접 체험할 수 있게 만들 수 있습니다. 여기에 AR적 요소를 더한다면, 현재 환경과 과거의 모습을 오버랩하여 보여줄 수 있겠죠. 4차원적 접근에서는 시간의 흐름, 인과관계, 사용자의 선택에 따른 결과의 변화까지 고려하게 됩니다.

- 2차원: 화면상의 요소 배치와 정보 흐름을 고려합니다.
- 3차원: 사용자가 공간 내에서 이동하며 상호작용하는 방식을 설계합니다.
- 4차원: 현실과 가상의 요소가 어우러져 사용자의 감각과 인지에 영향을 미치는 총체적 경험을 구상합니다.

창의적 사고와 사용자 중심 접근

마인드 세팅은 창의적 사고를 촉진하고 사용자 중심의 접근을 하게 합니다. 그러려면 기존의 틀을 깨는 사고가 필요하고 '이 경험이 사용자에게 어떤 가치를 제공하는가?'라는 본질적 질문을 끊임없이 던져야 하죠. 그리고 기술의 화려함에 현혹되지 않고 불가능해 보이는 것을 가능하게 만들어야 합니다.

이어지는 내용에서 우리는 다차원, 비현실적, 초현실적, 그리고 초연결적 마인드 세팅 전략에 대해 살펴보겠습니다.

다차원 마인드 세팅

우리의 일상은 3차원 공간만으로 이뤄진 게 아닙니다. 여기에 시간, 감정, 생각 등이 더해져 복잡하고 풍부한 경험을 만들어냅니다. XR 기술은 이런 복잡한 경험을 가상 공간에 구현합니다. 디지털화된 가상의 공간에서 자유롭게 움직이면서 시간에 따라 변화하는 상황을 경험하고, 가상 캐릭터와 감정을 교류하며, 문제를 해결하는 등의 경험을 동시에 할 수 있습니다.

'다차원 마인드'는 이처럼 다양한 차원의 경험을 종합적으로 고려하여 XR 콘텐츠를 기획하는 사고방식입니다. XR의 무한한 가능성을 최대한 활용하기 위해 우리의 사고 범위를 넓히고 다각도로 접근하는 방법이라고 할 수 있지요.

이러한 관점은 '일인칭' 시점에서 사용자의 경험을 최우선으로 고려하며 공간과 시간, 감각, 정서, 사유 등 복합적인 요소를 동시에 고려합니다. 주변 세상을 이해하고 이를 바탕으로 새로운 가상 경험을 구축하는 데 깊은 영향을 미치므로 XR 콘텐츠 기획자에게는 꼭 필요한 역량입니다. 그렇다면 다차원 마인드를 적용하여 XR 콘텐츠를 기획하려면 어떻게 접근해야 할까요?

우선, 사용자 입장에서 내용을 생각하고 디자인해야 합니다. 그러려면 사용자의 다차원적인 경험을 이해하고 반영하는 마인드 세팅이 되어야 하죠.

둘째, XR 콘텐츠를 물 흐르듯 구현해야 합니다. 사용자에게 자연스럽게 느껴지도록 공간 구성, 시간 흐름, 감각적 요소 등을 잘 조율해야 합니다.

셋째, 내용을 복잡하게 구현하기보다는 사용자가 쉽게 이해하고 체험할 수 있도록 디자인해야 합니다.

XR 콘텐츠에 대한 지식이 없는 상태에서 이런 설명만으로는 막연할 것입니다. 그래서 저는 쉽고 친숙한 방식인 '여행사 접근법'을 통해 다차원 마인드 세팅을 권합니다. '여행사 접근법'이란 무엇인지 어떻게 적용할 수 있는지 함께 알아보시죠. ('여행사 접근법'은 어렵게 생각할 필요 없다는 것을 강조하기 위해 정한 네이밍입니다.)

평면에서 벗어나 입체로 생각하는 법: 여행사 접근법

다들 한 번쯤은 부모님에게 여행 계획을 세워 드린 적 있을 거예요. 사실 그것도 다차원적 마인드에 기반한 기획이라고 할 수 있습니다. 부모님이 외국 여행이 처음이라 최대한 상세하게 안내한다고 가정합시다. (시나리오는 예시입니다. 실제 관광지 사정과는 다를 수 있습니다.)

08:00~10:30: 비행기에서 내리고 짐 찾기

비행기에서 내린 후 사람들과 함께 10분쯤 걸어가다 보면 'Arrivals/Arrivées'라는 표지판이 보일 거야. 그 표지판을 따라가면 여권 검사하는 곳에 도착해. 여권 검사 끝나고 앞으로 조금 더 가보면 'Baggage Reclaim/Bagages'라는 표지판이 있어. 이 표지판을 따라가면 짐 찾는 곳이 나와. 짐 찾는 곳에서 비행기 표에 적힌 번호를 확인하고 그 번호에 해당하는 수화물 수령대에서 짐을 찾으면 돼.

10:30~11:30: 공항에서 호텔로 이동

짐을 찾고 나면 왼쪽으로 15미터 정도 가. CDGVAL라는 무료 셔틀 트램이 있을 거야. 그걸 타고 5분 정도 이동한 후에 RER B 전철을 타. 'Saint-Michel-Notre-Dame' 역에서 내려야 해. 역에서 나와서 7번 출구로 나가. 약간 헷갈릴 수도 있는데, 사람들이 붐비는 곳으로 가면 맞는 길을 찾을 수 있을 거야. 그렇게 걸어서 10분 정도 가면 호텔에 도착할 수 있어.

11:30~13:00: 호텔 체크인 및 점심 식사

호텔에 도착하면 체크인부터 해. 무섭게 느껴질 수도 있는데 사실 아주 간단해. '예약 번호'와 '여권'만 보여주면 되거든. 체크인하고 나면 맞은편에 작은 프랑스 레스토랑이 있을 거야. 거기서 점심을 먹으면 좋을 것 같아. 음식은 정갈하게 나오니까 걱정하지 마.

13:00~16:30: 루브르 박물관 관람

식사 후엔 루브르 박물관으로 이동해. 호텔에서 걸어서 20분이면 갈 수 있어. 세계에서 가장 큰 박물관이니 사람들이 붐빌 수도 있을 거야. 거기선 굳이 모든 작품을 보려고 하지 마. 〈밀로의 비너스〉와 〈모나리자〉같은 유명 작품을 보도록 해봐. 이 작품들은 1층 데농 홀에서 볼 수 있어.

16:30~20:00: 에펠탑 관람 및 저녁 식사

루브르 박물관에서의 관람이 끝나면 에펠탑으로 이동하도록 해. 박물관에서 30분 정도 걸으면 도착할 수 있어. 에펠탑 꼭대기에서 파리 야경을 감상하면 너무나 아름다울 거야. 하지만 약간의 대기 시간이 있을 수 있어. 기다리는 동안 주변 상점을 둘러보거나 에펠탑을 배경으로 사진을 찍도록 해봐.

20:00~: 호텔로 복귀 및 휴식

에펠탑 관람이 끝나면 숙소로 돌아가서 휴식을 취하는 게 좋을 것 같아. 하루를 충분히 즐겼으니 푹 쉬고 내일을 준비하도록 해.

어떤가요? 이런 계획표를 짜지 못하는 사람이 있을까요? 눈치채지 못했을 수도 있지만 이 계획표에는 다차원적 요소가 들어가 있습니다. 어디에 있는지 체크해 볼까요?

- **3차원(공간적 요소)**: 여행 계획에서는 특정 장소들을 방문합니다. '루브르 박물관으로 이동'이라는 부분은 실제 공간을 이동하며 경험하게 될 3차원적 요소를 표현하고 있습니다. 이는 일인칭 관점에서 6DOF(자유도) 방향성과 움직임을 요구합니다.

- **4차원(시간적 요소)**: 계획은 시간 순서에 따라 일어납니다. '08:00~10:30: 비행기에서 내리고 짐 찾기'와 같이 특정 시간에 특정 행동을 유도하죠. 이는 4차원적 요소인 시간을 고려했습니다.

- **4차원(정서적 요소)**: 여행 계획에는 감정적인 요소도 포함되어 있습니다. "에펠탑 꼭대기에서 파리 야경을 감상하면 너무나 아름다울 거야."라는 문장은 정서적인 감흥을 예상합니다. 이는 4차원적 요소입니다.

- **상상력(공간에 대한 상상)**: 전체 계획을 세우면서 우리는 아직 경험하지 않은 장소에 대해 상상하게 됩니다. 이 과정에서 우리는 공간에 대한 상상력을 발휘하게 됩니다.

- **일인칭 관점**: 여행 계획을 세우는 동안 우리는 자연스럽게 일인칭 시점

을 이용합니다. 이것은 우리 자신이 직접 그 공간에 서서 그 환경과 상호 작용하는 상황을 상상하기 때문입니다. 이를테면 여행지에서의 이동 경로를 계획하며 '나는 이곳에서 이 방향으로 얼마나 이동해야 도착할 수 있을까?', '나는 어떤 순서로 명소들을 방문하는 것이 효율적일까?' 등과 같은 질문을 스스로 던지게 됩니다.

다차원적 마인드 세팅은 여행 계획을 세우는 과정과 매우 유사합니다. 즉 여행 계획을 세우는 것처럼 공간, 시간, 감정, 상상력, 일인칭 시점 등 여러 차원에서의 고려가 필요하다는 것만 이해하면 됩니다. 여러분은 이미 다차원 접근법에 대한 기본 소양이 있으며, 여행 계획을 세울 때처럼 각 요소를 결합해 다차원적인 경험을 만들어 낼 수 있습니다.

우리 주변의 다차원 마인드 사례들

'여행사 접근법'을 통한 마인드 세팅은 여행에만 한정된 것이 아닙니다. 이미 여러 산업에서 이 개념이 적용되고 있습니다. 실무자들이 이를 '다차원 마인드 세팅'이라고 부르지는 않았지만, 그들이 하는 일과 고민을 보면 이는 분명합니다. 예를 들어 보겠습니다.

- **캐리어 디자이너**: 여행용 가방을 디자인하는 사람들은 고객이 여행 중에 어떤 물품을 가져갈지, 어떻게 정리할지 등을 고려해야 합니다. 이를 바탕으로 캐리어의 크기, 형태, 내부 구성, 소재 등을 결정합니다. 캐리어 디자이너가 사용자의 여행 경험을 고려해 효율적인 공간을 설계하듯 XR 기획자도 가상 환경에서 사용자 경험을 최적화해야 합니다.

- **대형마트 동선 기획자**: 이들은 고객이 상품을 찾을 때 최대한 편리하게 이동할 수 있도록 매장 내부의 동선을 계획합니다. 어떤 상품을 먼저 보여줄지 어떤 상품을 같이 배치할지 등에 관한 결정도 하죠. 이는 VR 공간이나 AR 경험의 내비게이션 설계에 직접적으로 적용됩니다. 사용자가 XR 환경에서 효율적으로 이동하고 정보를 찾을 수 있도록 하는 것은 매우 중요합니다.

- **음악 페스티벌 플래너**: 음악 페스티벌을 기획하는 사람들은 참가자들이 즐겁게 행사에 참여할 수 있도록 음악 선정부터 음식 및 음료 서비스, 안전 관리 등 다양한 요소를 고려해야 합니다. 그런데 이는 VR 콘서트나 AR 라이브 이벤트 기획 시에도 필요하죠. 사용자의 몰입감, 상호작용, 전체적인 경험의 조화를 고려해야 합니다.

- **테마파크 디자이너**: 테마파크 디자이너는 방문객이 테마파크를 경험하는 방식을 세심하게 고려합니다. 어떤 어트랙션(구경거리, 놀이기구 등)을 어디에서 체험하게 할지, 그들이 이동하는 동선이나 어트랙션 간의 거리는

어느 정도로 할지 등 모든 것을 고려하죠. 이는 가상 테마파크나 대규모 XR 체험관 설계에 직접적으로 적용됩니다.

- **도시계획가**: 도시계획가는 도시의 구조를 설계하면서 사람들의 이동 패턴, 생활 습관, 차량 흐름 등을 고려해 건물의 위치, 도로 및 대중교통 노선 등을 결정합니다. 대규모 메타버스 플랫폼이나 가상 도시 설계도 이와 마찬가지로 사용자의 활동 패턴, 정보의 흐름, 가상 공간의 구조 등을 종합적으로 고려해야 합니다.

비현실적(VR) 마인드 세팅

　여러분은 비현실이라는 단어를 들으면 무엇이 떠오르나요? 국어 사전에는 '실제로 존재하는 일이나 상태가 아닌 것'이라고 하고, 영어사전에는 unreality, 즉 '실재하지 않는 것'이라고 하지만, 저는 '비현실'이라는 말이 VR이라는 장르를 가장 잘 표현한다고 생각합니다. 비현실 하면 순간이동을 하는 〈점퍼〉나 시간을 조절하는 〈닥터 스트레인지〉', 혹은 아무것도 없던 곳에 도시를 만들어 내는 '신' 같은 게 떠오르니까요.

　VR이라는 장르는 이런 '비현실'적인 요소를 잘 활용해야 합니다. 모든 것이 가능하기 때문이죠. 그러므로 '현실'과 '비현실'의 차이를 잘 이해하고 활용하는 첫걸음을 떼보기로 합시다.

가상 세계, 그게 그렇게 대단한가?

"가상 세계에서는 불가능이 없나요?"라고 묻는다면 저는 그렇다고 답할 것입니다. VR이라는 가상 세계는 단순히 현실 세계를 복제하는 것이 아닙니다. 새로운 세계를 창조하고, 그 세계에서 우리가 상상하는 것 이상의 경험을 제공할 수 있습니다. 비행기를 직접 조종해 보는 경험, 우주에서 별을 보는 경험, 공룡 시대에서 뛰어놀 수 있는 경험 같은 것들이요. 현실에서는 할 수 없는 것들이지만 물리적, 시간적 제약에서 자유로운 가상 세계에서는 가능하죠.

그래서 VR 기획자는 가상 세계의 가능성을 깨닫고 이를 최대한 활용하여 새로운 경험을 제공하는 콘텐츠를 만들어야 합니다. 그리고 이런 일을 하기 위해서는 '비현실적 마인드 세팅'이 필요합니다.

내 안의 '저 세상' 기획력 발휘하기

이제 비현실적 시나리오를 설계하는 단계로 넘어갑시다. 앞서 활용했던 부모님의 여행 계획표를 그대로 사용해 보겠습니다.

VR의 강점은 비현실적인 성질, 즉 시공간의 제약이나 물리적 제약을 극복할 수 있다는 것입니다. 이러한 요소들을 활용하지 못한다면 VR을 사용하는 것은 그 의미가 퇴색되어 버립니다.

상황을 가정해 봅시다. 부모님의 결혼기념일이 다가오고 있습니다. 이 특별한 날을 기념하기 위해 부모님은 프랑스 파리 여행을 꿈꾸고 있습니다. 하지만 현실적인 제약이 여럿 있습니다. 먼저 부모님 모두 바쁜 일정으로 여행을 가기 어렵습니다. 더군다나 한 분은 비행기 울렁증이 있어 긴 비행이 부담스럽습니다. 그러나 둘 다 고흐의 팬이며 프랑스를 방문하여 고흐와 그의 작품을 보는 것이 꿈입니다. 이런 요구사항을 만족시킬 방법은 무엇일까요? 부모님을 위한 특별한 파리 여행 계획을 지금부터 VR 여행사 '워프 트래블'의 콘텐츠로 체험한다는 가정하에 시나리오를 만들어 봅시다.

여행의 시작

거실에서 시작하는 특별한 여행. 부모님이 VR 헤드셋을 쓰고 활성화 버튼을 누르면 순식간에 파리 샤를 드 골 공항에 도착합니다. 이 공항에는 짐 찾기나 여권 검사가 없습니다. 창밖에서 보이는 파리의 전경과 기분 좋은 음악이 귀를 간지럽히면서 하루가 시작됩니다.

스테이지1: 에펠탑 VR 체험

에펠탑에 올라 파리 시내를 내려다봅니다. VR에서는 엘리베이터 대기 시간이 없습니다. 순식간에 정상에 올라 360도 파노라마 뷰를 즐길 수 있죠. 1층과 2층을 자유롭게 오가며 전망을 감상하고 하늘을 나는 듯한 체험도 해봅니다.

스테이지2: 루브르 박물관 탐방

루브르 박물관으로 이동할 시간입니다. VR 공간에서는 단숨에 도착할 수 있죠. 현실의 루브르 박물관과 동일하게 구현되어 있는 내외부 공간에서 루브르 박물관을 관람합니다. 유명 작품 속으로 직접 들어가 그 주인공이 되어 볼 수 있습니다. 모나리자가 되어 수수께끼 같은 미소를 지어보세요. 밀레의 〈만종〉 속 농부가 되어 들판을 거닐어 보는 건 어떨까요? 고흐의 〈별이 빛나는 밤〉에 들어가 반짝이는 별무리 아래서 감동의 눈물을 흘려보세요. VR에서는 명화 속 인물이 되어 그들의 감정을 직접 느낄 수 있습니다.

스테이지3: 베르사유 궁전에서의 마스크 무도회

17세기 베르사유 궁전에서 열리는 화려한 마스크 무도회에 참석해 보세요. 당신은 귀족으로 변신합니다. VR에서는 누구나 귀족이 될 수 있죠. 화려한 드레스와 턱시도, 신비로운 마스크로 무장하고 춤을 춥니다. 루이14세와 대화를 나누는 건 어떨까요? 현실에서는 만날 수 없는 위인과의 만남, VR에서는 가능합니다.

이번에는 미래로 가볼까요? VR 속에서 100년 후, 200년 후의 파리는 어떤 모습일지 상상해 봅시다. 하늘을 나는 자동차, 첨단 기술이 가득한 도시의 모습이 눈 앞에 펼쳐집니다. 미래 도시를 자유롭게 탐험하며 상상력의 한계를 뛰어넘어 보세요.

여행 마무리

여행이 끝나고 집으로 돌아갈 시간. 하지만 실제로 이동할 필요가 없다는 것은 또 다른 VR의 장점입니다. 그냥 헤드셋을 벗으면 다시 거실에 돌아옵니다. 이런 식으로 다른 도시 탐방도 얼마든지 가능합니다.

상상력을 조금 과하게 발휘해 보았습니다. 비현실적 마인드 세팅에 기반한 일종의 '저세상 기획법'입니다. 현실에서의 일반적인 여행도 가능하지만 VR 환경에서라면 무궁무진한 가능성을 충분히 발휘할 수 있습니다. 에펠탑에서의 서커스 공연과 비행, 명화 속 주인공되기, 베르사유 궁전에서의 귀족 변신, 그리고 미래 탐험까지. 이 모든 건 VR이기에 가능한 일입니다.

이 여행 계획표는 VR의 가능성을 보여주는 하나의 예시에 불과합니다. 자신을 '창조주'라고 생각하고 여러 가지 상황 시나리오를 만들어 보세요.

비현실적 마인드 세팅의 활용과 주의점

하지만 이를 실제 VR 프로젝트에 적용할 때는 몇 가지 주의해야
할 점이 있습니다.

기획 의도에 맞는 적절한 상상력 발휘하기

XR 프로젝트를 진행할 때는 프로젝트의 핵심 목표와 사용자의
니즈를 염두에 두어야 합니다. 프로젝트의 목적과 배경에 부합하는
수준의 상상력을 발휘해야 하죠. 예를 들어 교육용 VR 콘텐츠를 만
들 때는 학습 효과를 높이는 데 도움이 되는 비현실적 요소만을 신
중하게 선택해야 합니다. 현실과 너무 동떨어진 가상 경험은 사용
자에게 어지러움이나 불편함을 줄 수 있기 때문입니다. 가령 현실
의 물리 법칙을 완전히 무시한 가상 세계는 사용자에게 심한 멀미
를 유발할 수 있습니다.

기술적·현실적 제약 고려하기

여러 가지 한계로 모든 상상을 제대로 구현하기 어려울 수 있으
므로 현실적인 제약도 함께 고려해야 합니다. 현재의 VR 기술로 구
현 가능한 범위 내에서 창의성을 발휘하는 것이 중요합니다.

현실적 제약으로는 개발 비용, 시간, 인력 등을 들 수 있습니다.

고품질의 가상 환경을 만들기 위해 필요한 리소스, 다양한 상호작용을 구현하는 데 드는 노력, 여러 VR 플랫폼에 맞추는 작업 등이 여기에 포함되죠. 실제 사용자들이 어떤 VR 기기를 가지고 있는지, 어떤 환경에서 사용하게 될지 등의 시장 현실도 중요한 고려 사항입니다.

비현실적 마인드가 빛나는 기획 사례들

비현실 마인드가 돋보이는 혁신적인 VR 기획 사례들을 간단히 소개하겠습니다. 각 사례에 담긴 창의적 발상과 섬세한 연출을 주의 깊게 살펴보길 바랍니다.

슈퍼핫(Superhot)

이 게임은 '시간은 당신이 움직일 때만 흐른다'는 독특한 메커니즘을 바탕으로 플레이어에게 시간을 조작하는 능력을 가진 듯한 체험을 선사합니다. 적들의 움직임이 플레이어의 동작에 따라 달

〈슈퍼핫〉

라지는데, 영화 〈매트릭스〉에 나오는 슬로우모션 액션 장면을 직접 연출하는 듯한 짜릿함을 느낄 수 있어요. 이는 현실에서는 불가능한 초능력을 가상공간에서 구현함으로써 VR 게임만의 독특한 재미와 몰입감을 만든 사례입니다.

특히 플레이어가 VR 환경에서 사방으로 빗발치듯 쏟아지는 총알을 실제로 몸을 움직이며 피하는 과정은 몰입감을 극에 달하게 합니다. 잔인할 수 있는 소재인데도 그래픽을 단순화함으로써 사용자의 정서를 배려한 점도 돋보입니다.

리치스 플랭크(Richie's Plank)

〈리치스 플랭크〉

높은 빌딩 꼭대기에 서서 발 아래로 도시 전경을 내려다보는 짜릿한 체험, VR 콘텐츠의 묘미죠. 현실에서는 위험해서 엄두도 내지 못할 극한의 상황을 가상 세계에서 안전하게 체험할 수 있게 해줍니다. 사실적인 그래픽과 깊이감 있는 공간 연출로 현실과 가상의 경계를 허물어 실제로 고공에 서 있는 듯한 스릴과 공포를 선사합니다. VR이 우리에게 열어줄 수 있는 새로운 감각적 경험의 지평을 보여주는 기획이라 하겠습니다. 나아가 플레이어는 VR 속 좁은 판자 위에서 걸어야 하는데, 현실의 움직임이 가상 세계에 고스란히 반영되어 압도적인 현장감을 선사합니다. 머리로는 가상임을 알지만 몸이 속을 정도예요. 발칙한 상상력과 기민한 기술력의 조합으로 10년 가까이 된 지금까지 VR 체험 콘텐츠계의 스테디셀러로 사랑받고 있습니다.

VR 연애 시뮬레이션 장르

이 VR 체험은 사용자를 직접 가상의 데이트 현장으로 초대합니다. 3D 캐릭터와 마주 앉아 대화를 나누고, 함께 걸으며 풍경을 감상하는 등 현실감 넘치는 상호작용을 경험할 수 있죠. 실제 데이트를 즐기는 듯

국산 VR 연애 시뮬레이션 장르 게임 〈포커스 온 유〉

한 강렬한 몰입감을 선사합니다.

VR 기술로 연애 시뮬레이션 장르를 새롭게 해석함으로써, 2D 스크린의 한계를 넘어 감정적 교류를 한층 더 생생하게 한 혁신적인 시도라 할 만합니다. 캐릭터의 표정과 움직임을 가까이서 관찰하고, 환경을 360도 자유롭게 둘러볼 수 있어 스토리에 더욱 깊이 몰입할 수 있습니다.

가상이지만 실제 같은 데이트 경험을 통해 사람들은 다시 한 번

연애의 즐거움을 느끼고 잠든 연애 세포를 깨울 수 있을지도 모릅니다. 어쩌면 VR 속 가상 연애가 현실의 연애로 이어지는 징검다리 역할을 할 날이 올지도 모르겠네요!

심리적 훈련 목적 콘텐츠

VR 기술은 다양한 심리적 훈련 목적으로 활용되고 있습니다. 이러한 콘텐츠들은 현실에서 경험하기 어려운 상황을 시뮬레이션하여 사용자의 심리적 성장과 치유를 돕습니다.

청중 앞에서 연설하는 상황을 VR로 구현하여 반복적으로 연습하는 가상 프리젠테이션 훈련 프로그램은 공개 발표에 대한 두려움을 극복하는 데 도움을 줍니다. 가상 청중의 실시간 반응, 목소리 볼륨 체크, 시선 추적 등의 기능을 통해 실전과 유사한 경험을 제공합니다.

가상 면접 시뮬레이션은 취업 준비생들의 면접 불안을 줄이는

발표 훈련용 VR 콘텐츠 (출처: 삼성전자 뉴스룸)

모의 면접 VR 콘텐츠 (출처: 대전대학교 취업지원팀)

데 효과적입니다. 다양한 유형의 면접관과 질문들을 VR로 구현하여 사용자가 면접 상황에 잘 대비할 수 있도록 돕습니다. 사용자의 답변에 따른 면접관의 반응 변화, 비언어적 커뮤니케이션 훈련 등을 통해 실제적인 면접 경험을 제공합니다.

MBC VR 다큐 〈너를 만났다〉 시리즈

VR 속에서 안타깝게 사별한 고인과 재회하고 마지막 인사를 나누는 가족의 모습을 담은 이 다큐멘터리는 VR 기술을 활용해 이미 세상을 떠난 가족을 만나는 특별한 체험을 선사했습니다. 현실에서는 불가능한

VR 휴먼 다큐멘터리 〈너를 만났다〉 (출처: MBC)

일을 VR 공간에서 구현함으로써 깊은 감동과 위로를 전했죠. 다큐멘터리와 VR의 만남을 통해 현실과 가상, 삶과 죽음의 경계를 초월하는 영적인 체험을 제공했습니다.

특히 참가자들이 VR 속 고인과 포옹을 나누며 교감하는 장면들은 경험의 진정성을 극한으로 끌어올렸습니다. 방송 직후 인터넷 검색어 1위를 차지하며 VR 열풍을 불러일으키기도 했죠. VR이 현실에 가져다줄 치유의 가능성을 보여준 선구적 사례로 볼 수 있습니다.

초현실적(AR) 마인드 세팅

'초현실적'이라는 단어를 들으면 공상과학 영화나 소설 속 초능력자들이 떠오를 것입니다. 일반인이 볼 수 없는 제3의 눈을 가졌다거나 사물을 통과한다거나 무언가를 소환시킬 수 있다던가 하는 것이죠. 이런 모든 것이 AR, 즉 증강현실에서 가능합니다.

그렇다면 '초현실적'이란 어떤 의미일까요? 초현실이라는 말은 '현실을 초월한'이라는 뜻을 담고 있습니다. 이는 현실을 부정하거나 거부하는 것이 아닌, 현실을 기반으로 하되 그것을 뛰어넘는 무언가를 더하거나 변화시킨다는 의미입니다. 현실에 가상의 요소를 부여함으로써 '초현실적' 경험을 제공하는 거죠. 이는 VR과는 다른 AR의 특징 중 하나입니다.

VR이 사용자를 전혀 다른 공간으로 데려간다면, AR은 현실에 가상의 요소를 더해 새로운 정보를 제공합니다. 사용자는 AR을 통해 일상에서는 만날 수 없는 사물이나 현상을 경험하죠. 이런 특징 때문에 AR은 교육, 의료, 엔터테인먼트 등의 분야에서 활용되고 있습니다.

현실의 초월한 시각 (생성형 이미지)

AR 기획에 있어 '초현실적 마인드 세팅'은 현실을 초월한 상상력을 AR 기획에 적용할 수 있는 능력을 말합니다. 그러려면 현실에 가상의 요소나 정보를 추가하여 새로운 경험을 만들어 내는 능력과 그 경험을 통해 사용자에게 새로운 가치를 제공하는 능력이 필요하죠. 사용자의 현실을 가상의 요소로 증강하여 새로운 시각과 가치를 제공할 수 있어야 하니까요.

AR로 세상을 다르게 보기: 현실을 초월한 시각

우리는 눈을 통해 세상을 바라봅니다. 그러나 우리의 눈은 제한된 정보만을 볼 수 있습니다. 그런데 만약 한계를 초월하는 시각적 경험이 가능하다면 어떨까요? 그것이 바로 AR의 가치입니다.

'증강현실'이라고 번역되는 AR은 현실 세계에 가상의 정보나 이미지를 겹쳐 보여주는 기술로 사용자는 이를 통해 현실 세상을 보는 또 다른 시각을 가질 수 있습니다. '제3의 눈'을 갖게 되는 셈이죠. 예를 들어 건물을 바라볼 때 AR 기술을 통해 건물의 역사나 내부 구조 등 추가적인 정보를 확인할 수 있습니다. 길을 걸을 때 목적지까지의 경로나 주변 상점의 정보 등을 실시간 안내받을 수도 있습니다. 이처럼 AR은 우리의 시야에 새로운 정보의 디지털 레이어를 추가함으로써 더욱 풍부하고 유용한 현실 인식을 가능하게 합니다.

초현실을 구현하는 방법: 내 앞의 투명한 캔버스

초현실적 시나리오는 어떻게 설계할까요? AR의 본질적인 강점은 현실에 가상의 정보를 더해 사용자에게 높은 생산성과 초현실적 가치를 제공한다는 점입니다. 사용자의 현실 경험을 디지털 데이터와 결합하여 향상하는 거라서 AR은 정보가 부족하거나 특정 지식이 필요할 때, 특히 여행이나 학습, 직장 등에서 정보를 즉시 알아야 할 때 유용한 도구가 될 수 있습니다. 이번에는 부모님이 프랑스 여행 도중 필요한 정보를 즉시 얻을 수 있도록 AR 서비스를 활용해 사용자 시나리오를 만들어 보겠습니다.

여행 준비 시작

지금 부모님은 프랑스 여행을 준비하는 중입니다. 하지만 프랑스어도 잘 모르고 처음 가보는 도시에 대한 정보도 부족합니다. 유명한 랜드마크와 그것의 역사에 대해서도 알고 싶다고 하시는데 이를 제공하는 서비스는 터무니없이 부족합니다. 여기 AR을 활용한 여행 솔루션 'AR Explorer'가 이를 해결합니다. 이 서비스는 현실 세계에 가상 정보를 덧붙여 여행지의 이해를 돕고 풍요로운 여행 경험을 제공합니다.

도착과 통역

부모님은 파리 샤를 드 골 공항에 도착합니다. 긴 비행에 지쳤지만 설렘이 가득하죠. 그런데 각종 표지의 글자가 불어로 되어 있어 이해하기 힘드네요. AR Explorer의 'AR 통역' 기능을 활성화한 후 휴대폰 카메라로 표지를 비추니 글자가 한글로 번역되어 덮어쓰기 형태로 나타납니다. AR이 언어의 장벽을 허물어 주는 고마운 도우미가 되어 주네요.

호텔 체크인

부모님은 택시를 타고 예약해 둔 호텔로 이동합니다. 프런트에서 체크인할 때 AR Explorer가 또 한 번 빛을 발합니다. 앱의 '정보' 모드를 켜니 호텔 로비에 숨겨진 다양한 정보가 보입니다. 레스토랑, 수영장, 피트니스 센터 등 호텔 시설들의 위치와 운영 시간이 표시되고, 객실에 들어서자 방 구석구석에 사용 설명이 나타나 불편함 없이 시설을 이용할 수 있었습니다.

도시 탐색

도시를 둘러볼 때도 AR 기술을 활용할 수 있습니다. 이 기술은 실제 환경에 가상 정보를 덧붙여 관광지, 레스토랑, 상점 등에 대한 정보를 제공합니다. 부모님 취향에 맞춘 추천도 해줍니다.

루브르 박물관 탐방

부모님이 루브르 박물관으로 향합니다. 박물관 입구에서 AR Explorer를 실행하자 입장권 구매를 도와줍니다. 박물관 내에서는 작품마다 'AR 도슨트' 기능이 활성화되어 음성 해설과 작품의 히스토리를 확인할 수 있는 가상의 보조 이미지가 나옵니다.

에펠탑에서의 풍경

오후에는 파리의 랜드마크인 에펠탑으로 이동합니다. AR Explorer를 통해 에펠탑의 역사와 구조에 관한 설명을 듣습니다. 개인 가이드가 동행하는 느낌이에요. 에펠탑 꼭대기에 올라 파리 전경을 감상하는데, AR 화면에 보이는 건물들에 이름과 정보가 표시됩니다.

쇼핑 및 식사

부모님이 쇼핑 중에 상품을 스캔하면 상품 정보, 가격 비교, 리뷰 등을 제공합니다. 식당에서 메뉴를 선택할 때도 AR 기술을 사용하여 메뉴의 실제 모습, 리뷰, 추천 음식 등을 볼 수 있습니다.

AR 기획에서 중요한 것은 제3의 눈으로 현실을 넘어선 상상력을 발휘하는 것입니다. 제3의 눈은 현실에 무엇을 더하면 어떤 아쉬운 점이 보완될 수 있을지 상상하는 능력입니다. 그렇게 되면 AR은 사용자의 위치, 시간, 행동과 같은 사용자의 환경에 따라 다른 사용자 맞춤형 경험을 제공할 수 있습니다. 하지만 AR 기획을 할 때 주의할 점도 있습니다.

첫째, AR은 현실에 가상 요소를 추가하는 기술이므로 추가된 요소가 현실과 조화를 이루는지를 항상 고려해야 합니다. 과도하거나 부자연스러운 가상 요소는 사용자의 몰입감을 떨어뜨리고 불편함을 줄 수 있습니다. 따라서 AR 경험을 설계하기 전에 해당 경험이 일어날 현실 환경을 철저히 분석하고 가상 요소를 어떻게 통합할지 생각해야 합니다.

둘째, AR 경험이 사용자의 활동을 방해하지 않도록 주의해야 합니다. 특히 이동 중 사용하는 AR 애플리케이션은 사용자가 어떤 상황에서, 어떤 목적으로 AR을 사용할지를 생각하여 사용자의 안전을 최우선으로 합니다. 그러려면 지속적인 테스트와 사용자 피드백을 통해 경험을 개선해 나가야겠죠?

셋째, AR 기술을 사용할 때 중요한 것은 그것이 제공하는 가치입니다. 현실의 정보를 복제·추가하는 것은 AR의 진정한 목적이 아닙니다. AR은 현재의 방법으로는 표현하기 어려운 가치 있는 정보를 제공하는 것입니다. 따라서 AR 기획자는 '무엇을 증강해 보여 줄 것인가?'에 대해 면밀한 정보 큐레이션을 해야 합니다. 이는 사용자에게 실질적인 도움이 되거나 새로운 통찰을 제공하는 정보를 선별하여 효과적으로 전달하는 방법을 고안하는 것을 의미합니다.

초현실적 마인드가 빛나는 기획 사례들

  다음은 초현실 마인드가 돋보이는 혁신적인 AR 기획 사례입니다. 해당 기획들이 현실과 가상을 어떻게 연결했는지, 맞춤형 사용자 경험을 적절하게 기획/연출했는지, 이를 통해 사용자에게 어떠한 증강된 정보 가치를 주었는지 살펴보길 바랍니다.

구글 렌즈: 카메라를 통한 실시간 번역 기능

  구글 렌즈의 번역 기능은 AR의 활용을 보여주는 탁월한 사례입니다. 사용자가 카메라로 외국어 텍스트를 비추면, 해당 텍스트가 사용자의 모국어로 번역되어 원본 텍스트 위에 겹쳐 표시됩니다. 이는 여행자나 외국어 학습자에게 유용한 기능으로 언어 장벽을 효율적으로 허물어 줍니다.

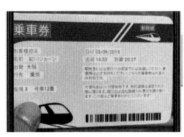

일본어를 인식/분석 구글 렌즈
(출처: 구글 공식 블로그)

일본어 위에 번역된 영어 텍스트가 겹쳐 나옴
(출처: 구글 공식 블로그)

스카이 가이드: AR로 즐기는 천체 관측

스카이 가이드는 AR 기술을 활용해 천체 관측을 혁신적으로 변화시킨 애플리케이션입니다. 사용자가 스마트폰을 하늘로 향하면 앱이 자동으로 별과 별자리, 행성, 위성 등을 식별하고 화면에 표시해 줍니다. AR

스카이 가이드 (출처 : 애플 앱스토어)

모드에서는 실제 하늘 위에 천체 정보가 겹쳐 표시되어 복잡한 별자리도 쉽게 이해할 수 있습니다.

현재 스카이 가이드는 천체를 식별하는 것을 넘어 각 천체에 대한 풍부한 정보를 제공하며 일식, 월식 등 주요 천문 현상에 대한 알림 기능도 제공합니다. 이 앱은 AR 기술을 통해 복잡한 천문학 지식을 누구나 쉽게 접근할 수 있게 만들어 교육과 엔터테인먼트를 결합한 뛰어난 사례로 평가받고 있습니다.

현대 제네시스의 AR 기반 버추얼 가이드

제네시스 버추얼 가이드
(출처: genesis.com)

AR 기술과 사용자의 상황을 연계하여 차량 매뉴얼을 보다 직관적인 상황 맞춤형 가이드로 진화시켰습니다. 사용자가 차량의 특정 부위를 카메라로 비추면 해당 부위에 대한 정보를 AR로 표시해 줍니다. 예를 들어 사용자가 엔진룸을 열고 스마트폰을 비추면 각종 부품의 명칭과 설명이 AR로 나타나고, 타이어를 비추면 타이어 공기압 점검 방법 등이 표시됩니다.

자동차 AR HUD

현대모비스가 양산한 HUD 작동 모습
(출처: 현대모비스)

AR 헤드업디스플레이HUD는 운전자의 시야에 정보를 직접 투사하여 안전하고 효율적인 운전 경험을 제공합니다. 쉽게 말해 내비게이션 정보, 차량 속도, 안전 경고 등을 앞 유리에 표시하여 운전자가 도로에서 시선을 떼지 않고도 중요한 정보를 확인할 수 있게 합니다. 또한 실제 도로 환경과 디지털 정보를 심리스하게^{seamlessly} 통합하여 운전자의 상황 인식을 향상시키고 주행 안전성을 높입니다.

뷰포리아 초크: AR을 통한 원격 전문가 지원

PTC의 뷰포리아 초크^{Vuforia} ^{Chalk}는 AR 기술을 활용한 혁신적인 원격 협업 도구입니다. 현장 기술자와 원격 전문가 간의 실시간 소통을 가능하게 하여 복잡한 기계의 유지보수나 문제 해결을 효과적으로 지원합니다.

AR 협업 도구 뷰포리아 초크
(출처: vuforia.co.kr)

이 기술의 핵심은 실시간 비디오 공유와 AR 주석 기능의 결합입니다. 현장 기술자가 스마트폰이나 태블릿으로 촬영한 영상을 원격 전문가와 실시간으로 공유하면, 전문가는 화면 위에 AR 형태로 그려서 복잡한 지시 사항을 시각적으로 정확히 전달합니다. 원격에 있는 전문가가 실시간으로 현장 상황을 확인하고 AR을 통해 직접 체크할 수 있어 현장에 함께 있는 것처럼 정확한 지원을 할 수 있습니다.

초연결적(MR) 마인드 세팅

통신 네트워크와 IoT의 발달로 '초연결'이라는 개념이 주목받고 있습니다. 초연결 사회는 사람, 프로세스, 데이터, 사물 등이 네트워크로 긴밀하게 연결된 사회를 의미합니다. MR 기술은 이러한 초연결의 개념을 현실과 가상 세계의 융합으로 한 단계 더 확장했죠. 제가 MR을 '초연결적' 기술이라고 표현하는 이유는 다음과 같습니다.

첫째, MR은 현실 세계와 가상 객체를 실시간으로 연결하고 상호작용하게 합니다. 둘째, 현실 환경의 데이터를 실시간으로 수집하고 이를 가상 요소와 결합하여 새로운 정보와 경험을 만들어냅니다. 셋째, 사용자의 행동과 환경 변화에 따라 가상 요소가 지속적으로 변화하며 반응합니다. 마지막으로 시각, 청각, 촉각 등 다양한 감각을 통합하여 더욱 몰입도 높은 경험을 제공합니다.

현실과 가상의 Win-Win 방법론, MR

초연결적 MR 콘텐츠의 핵심은 현실과 가상의 조화로운 공생에 있습니다. 현실 세계의 요소(상황과 맥락, 데이터 등)를 활용하면서도 가상의 요소로 현실에 새로운 가치를 부여하는 것. 그것이 바로 MR 기획자가 추구해야 할 '원윈 전략'의 본질입니다.

MR 기술을 활용하면 현실의 라켓, 네트, 바닥을 인식하므로 가상의 지능형 객체인 '셔틀콕'만 있으면 배드민턴을 칠 수 있다. (생성형 이미지를 통한 MR 예시)

현실과 가상 요소가 깊이 통합되어 상호작용하려면 가상 객체가 현실 환경의 속성과 변화를 실시간으로 '이해'하고, 그것에 맞게 '반응'하며, 현실 세계와 조화를 이루는 '설계'가 필요합니다. 예를 들면 역사 유적지에 가상의 역사적 인물이나 사건을 자연스럽게 통합하여 보여줌으로써 학습자의 이해도와 몰입도를 크게 높일 수 있습니다. 건축 설계 과정에서 실제 부지와 완벽하게 어우러지는 가상의 건물을 구현하여 공간 활용도를 직관적으로 파악할 수도 있습니다. 중요한 것은 현실과 가상의 결합이 1+1=3 이상의 효과를 만들어 낼 수 있어야 한다는 것입니다.

이러한 상호작용의 예를 들어보자면, 실내 디자인 MR 앱에서 가상의 가구가 실제 방의 조명 조건, 벽면 텍스처, 공간 구조 등을 정확히 인식하여 그에 맞는 그림자와 반사를 생성해 내거나, MR 게임에서 가상 캐릭터가 실제 지형지물을 완벽히 인식하고 그에 맞춰 자연스럽게 상호작용하는 경우를 들 수 있습니다.

이번에는 MR 버전으로 부모님을 위한 특별한 파리 여행 계획을 세워보겠습니다.

10:00~12:00: 샹젤리제 거리 시간 여행

부모님이 샹젤리제 거리를 걸으면 주변 건물의 일부가 과거의 모습으로 변합니다. 외벽의 형태에 맞춰 외벽의 일부가 대형 디스플레이된 것처럼 100년 전 내부 모습이 보이는 거죠. 부모님이 과거의 건물을 응시하면 당시 사람들의 일상이 홀로그램으로 재현됩니다. 길거리 벤치에 앉으면 주변에 앉아 있는 현대인들 사이로 옛 파리 시민들의 모습이 투영되어 함께 담소를 나누는 듯한 느낌을 받게 됩니다. 현재의 파리 위로 과거의 파리가 조화롭게 오버랩되는 MR 방식의 시간 여행 산책이에요.

MR 시나리오 분석

- **현실과 가상의 시너지**: 현재와 과거의 파리를 오버랩하여 시간을 초월한 도시를 경험할 수 있습니다.
- **실시간 환경 인식과 반응**: 주변 건물의 구조를 인식하고 그에 맞춰 과거 모습을 정확하게 재현합니다.

루브르 박물관에 들어선 부모님 앞에 가상의 큐레이터가 나타납니다. 큐레이터는 부모님만을 위한 특별한 미술관 투어를 제안하죠. 부모님이 걸음을 옮길 때마다 주변 작품들이 변화무쌍한 모습으로 살아납니다. 르누아르의 그림 속 인물들은 프레임을 벗어나 부모님과 대화를 시도하고, 로댕의 조각상은 부모님을 따라 움직이기 시작해요. 부모님의 모든 행동에 예술 작품들이 반응하며 미술관 전체가 하나의 인터랙티브 공간으로 탈바꿈합니다.

MR 시나리오 분석

- **현실과 가상의 시너지**: 정적인 예술 작품을 인터랙티브한 경험으로 변환, 예술 감상의 새로운 차원을 제시합니다.
- **실시간 환경 인식과 반응**: 부모님의 움직임과 박물관 구조를 실시간으로 인식하고 그에 따라 가상 요소들이 반응합니다.

몽마르뜨 언덕을 오르는 동안 주변 풍경 속으로 유명 화가들의 그림이 자연스럽게 어우러집니다. 부모님이 특정 그림 앞에 서면 그림 속 풍경이 주변 환경과 매끄럽게 연결되어 3차원 공간으로 확장됩니다. 고흐의 〈밤의 카페 테라스〉 속으로 들어가 별이 빛나는 밤하늘 아래에 앉아 있기도 하고, 르누아르의 〈물랭 드 라 갈레트의 무도회〉 속 캐릭터들과 함께 랑데부를 즐기기도 합니다. 몽마르뜨 언덕 위에서 명화 속 풍경과 현실이 혼재하는 아트 투어를 경험할 수도 있습니다.

MR 시나리오 분석

- **현실과 가상의 시너지**: 실제 풍경과 명화를 결합하여 현실 세계에서 예술 속을 거니는 독특한 경험을 창출합니다.
- **실시간 환경 인식과 반응**: 주변 환경을 지속적으로 스캔하고 사용자의 시선과 움직임에 따라 실시간으로 그림과 현실을 자연스럽게 연결합니다.

16:30~18:00: 에펠탑 어드벤처

부모님이 에펠탑 근처에 다가가면 구조물 사이로 숨어있는 가상의 캐릭터들이 모습을 드러냅니다. 에펠탑의 구조와 역사에 관한 퀴즈를 내는 캐릭터를 따라가다 보면 에펠탑의 건축 비하인드 스토리와 역사적 사건들이 생생하게 펼쳐집니다. 캐릭터들은 부모님의 움직임과 에펠탑의 구조에 맞춰 실시간으로 반응하고, 에펠탑은 살아있는 듯한 존재감을 드러냅니다.

MR 시나리오 분석

- **현실과 가상의 시너지**: 에펠탑의 물리적 구조와 역사적 정보를 결합한 교육적이면서도 흥미로운 경험을 제공합니다.
- **실시간 환경 인식과 반응**: 에펠탑의 복잡한 구조를 실시간으로 인식하고 사용자의 위치 및 동작 변화에 즉각적으로 대응하여 가상 캐릭터들이 자연스럽게 상호작용합니다.

레스토랑에 착석하면 가상의 셰프가 등장해 부모님을 맞이합니다. 셰프는 메뉴 소개부터 와인 페어링, 요리에 얽힌 스토리텔링까지 식사 전반을 가이드합니다. 코스요리가 순서대로 제공되면 셰프가 접시 위에 놓인 식재료를 하나하나 설명해 주는데, 설명에 따라 식재료들이 홀로그램으로 변해 자라나는 모습, 조리되는 과정 등을 생생하게 보여줍니다. 식사가 진행되는 동안 셰프는 부모님의 식사 속도, 표정, 접시에 남은 음식의 양 등을 실시간으로 파악하여 식사 방식과 음식에 대해 설명해 줍니다.

MR 시나리오 분석

- **현실과 가상의 시너지**: 실제 식사 경험과 가상의 정보를 결합하여 오감을 만족시키는 새로운 미식 체험을 제공합니다.
- **실시간 환경 인식과 반응**: 부모님의 식사 과정과 반응을 실시간으로 분석하고 즉각적으로 그에 맞춘 개인화된 정보와 경험을 제공합니다.

이 MR 여행 시나리오는 상상에 기반한 것이지만, 현실과 가상의 요소를 유기적으로 결합하여 1+1=3 이상의 가치를 창출하고 있습니다. 각 상황에서 증강된 가상 객체들은 실시간으로 현실 환경과 사용자의 행동을 인식하고 그에 맞춰 반응함으로써 몰입도 높은 MR 경험을 제공하죠. MR 기술 적용 포인트인 '현실과 가상의 시너지 효과'와 '객체의 현실 속성 이해'를 구현한 것이라고 할 수 있습니다.

초연결적 마인드가 빛나는 기획 사례들

초연결적 마인드가 돋보이는 MR 기획 사례들을 소개합니다. 해당 기획들이 현실과 가상을 어떻게 경계 없이^{seamlessly} 연결했는지, 맞춤형 사용자 경험을 어떻게 기획/연출했는지, 이를 통해 사용자에게 어떠한 증강된 정보를 제공했는지 살펴봅시다.

MR 기반 SNS 서비스

사용자의 얼굴과 표정을 인식하여 다양한 필터 효과를 보여주는 MR 기반의 SNS 서비스
(출처: TikTok)

스노우, 스냅챗, 틱톡 같은 MR 기반 SNS 서비스는 현실 공간과 가상 소셜 활동을 융합합니다. 이 서비스들은 고도의 얼굴 인식 기술을 사용하여 사용자의 얼굴을 실시간으로 스캔하고 다양한 필터 효과를 적용합니다. 예를 들어 사용자의 표정 변화에 반응해 동물 귀나 코 같은 가상 요소가 자연스럽게 적용되거나 얼굴 전체를 변형하는 효과를 주는 거죠. 더 나아가 주변 환경을 인식하여 배경과 어우러지는 가상 요소를 추가하거나 여러 사용자의 얼굴을 동시에 인식하여 그룹 필터 효과를 적용하기도 합니다.

현대차-캐스퍼 스튜디오의 AR 기능

현대자동차의 캐스퍼 스튜디오는 AR 기술을 활용하여 차량 쇼룸 경험을 제공합니다. 태블릿 PC를 통해 실제 전시된 캐스퍼 차량의 색상이나 휠을 변경해 볼 수 있으며, 실제 크기의 캠핑 장비를 가상으로 차량에 적재해볼 수 있습니다. 또한 첨단운전자보조시스템의 기능을 AR을 통해 체험할 수 있습니다. 현대차는 이를 AR 기능으로 홍보하고 있지만, 실제 환경과의 상호작용 수준을 고려할 때 MR의 특성을 보여준다고 할 수 있습니다.

외장 칼라를 차량의 형체에 맞춰 실시간 변경
(출처: 현대자동차 웹사이트 및 용인 캐스퍼 스튜디오)

실제 차량에 가상의 적재물을 적재하여
적재 용량을 확인

애플 클립스의 AR 공간 인식 기능

애플의 클립스는 라이다^{LiDAR} 스캐너를 활용하여 AR 공간 기능을 제공합니다. 사용자는 방 전체를 스캔한 후 다양한 시각 효과를 적용할 수 있습니다. 프리즘, 종이 부스러기, 디스코, 춤마루, 반짝이는 빛, 별빛 먼지 등 일곱 가지 AR 공간 효과가 벽, 바닥, 가구 등

(좌) 가상의 종이 부스러기가 현실의 공간(바닥, 스툴)에 대응, (중) 가상의 프리즘이 바닥의 구조를 인식해 표현됨 (우) 가상의 빛이 바닥의 구조를 인식해 표현됨 (출처: 애플 웹사이트)

실제 환경의 구조를 인식하고 그에 맞춰 적용됩니다. 이 기능을 애플에서는 AR이라고 부르지만, 공간 인식과 실시간 상호작용 측면에서 볼 때 MR의 특성을 보여줍니다.

HADO의 AR 스포츠 콘텐츠

HADO는 AR 기술을 활용해 새로운 형태의 스포츠 콘텐츠를 제공합니다. AR 헤드셋과 센서가 장착된 완드를 착용한 플레이어들이 실제 코트에서 경기를 펼치는데요. 가상의 에너지 볼을 발사하고, 피하고, 방어막을 생성하는 플레이어의 행동이 실시간으로 AR 화면에 구현됩니다. HADO는 이를 AR 스포츠로 분류하지만 실제 환경과 가상 요소가 실시간 상호작용한다는 측면에서 MR의 특성을 보여줍니다.

HADO Sport를 플레이하는 유저의 모습
(출처: HADO 공식 YouTube)

HADO Kart를 플레이하는 유저의 모습. 가상의 객
체(코인)들이 공간을 인식하여 위치해 있고, 플레이
어는 카트를 타고 코인을 획득해야 한다.

공중에 배치된 가상의 적기와 실시간으로 훈련을
진행하는 모습

실제 전투기와 가상의 급유기가 공중에서 실시간
으로 위치를 조절하며 훈련하는 모습

RED6의 ATARS 솔루션

RED6 ATARS^Advanced Tactical Augmented Reality System는 공군 조종사 훈
련을 위한 첨단 AR 시스템으로 현실 환경과 가상의 전투 요소가 완
벽하게 융합된 사례입니다. 조종사들은 실제 항공기를 조종하면서
AR 헤드셋을 통해 가상의 적기나 표적과 실시간으로 교전할 수 있
습니다. 이 시스템은 조종사와 적기의 물리적 위치에 따라 가상 객
체가 다르게 보이도록 설계되었습니다. 조종사가 특정 각도로 비행

하면 가상의 적기도 그에 맞춰 다른 각도로 보입니다. 이러한 위치 기반의 상호작용이 MR의 특성을 보여줍니다.

조종사의 헬멧에 장착된 AR 디스플레이는 실제 하늘에 가상의 객체를 오버레이하여 현실 환경에 가상 요소를 정확하게 배치해 줍니다. 또한 다양한 적기 유형, 무기 시스템, 환경 조건을 실시간으로 시뮬레이션하여 매우 현실감 있는 전투 훈련 경험을 하게 합니다.

결론적으로 위에서 소개한 서비스들은 대부분 'AR'로 불리고 있습니다. 하지만 이들 서비스가 보여주는 기술적 특성과 사용자 경험을 자세히 살펴보면 AR보다는 MR의 특징을 더 강하게 반영하고 있습니다. 현실과 가상의 경계 없는seamless 통합, 실시간 환경 인식과 반응, 사용자와의 자연스러운 상호작용 등 MR의 핵심 요소들을 포함하고 있기 때문입니다.

다시 한번 강조하지만 용어 자체에 얽매일 필요가 없습니다. 어떤 용어로 불리든 각 기술이 가진 고유한 특성을 정확히 이해하고 그 특성에 맞게 적절히 활용하는 것이 핵심입니다. 기획자의 역할은 이러한 기술적 특징들을 정확히 도출하고 각 기술의 장점을 최대한 살려 혁신적인 사용자 경험을 '요리'해 내는 것입니다.

진정한 MR 환경을 구현하기 위해 필요한 것들

　　AR과 MR은 가상의 요소를 활용한다는 점에서 유사해 보이지만, 그 개념과 구현 방식에는 명확한 차이가 있습니다. 우선 AR은 현실 세계에 가상의 정보를 겹쳐 보여주는 '증강'에 초점을 맞춥니다. 스마트폰 카메라로 사물을 비추면 관련 정보가 화면에 표시되거나 현실 공간에 객체가 겹쳐 보이는 식이죠. 반면 MR은 현실과 가상을 실시간으로 상호작용하도록 만드는 데 중점을 둡니다. 공간의 물리적 속성과 환경, 사용자의 시선, 손동작, 움직임 등에 가상 객체들이 반응하며 마치 실제처럼 융합된 경험을 제공하는 거죠.

　　저는 AR과 MR을 구분하는 핵심 요소는 '지능형 객체'의 존재라고 생각합니다. MR 환경에서 객체들은 현실에 겹쳐 보이는 것을 넘어 주변 상황과 사용자의 행동을 실시간으로 이해하고 그에 맞춰 반응할 수 있어야 합니다. 이를 위해서는 AI 기술, 특히 컴퓨터 비전 분야의 발전이 필수적입니다. 현실 공간과 사물의 모습, 사용자의 움직임과 표정 등을 실시간으로 인식하고 분석하는 것. 이것이 바로 MR 콘텐츠가 현실과 진정으로 융합되기 위한

진정한 MR 구현은 현실을 이해하는 지능형 객체의 활용이라고 생각합니다. (생성형 이미지)

필수 조건인 거죠.

지금까지 우리는 XR 기획에 필요한 비현실적^{VR}, 초현실적^{AR}, 초연결적^{MR} 마인드에 대해 살펴보았습니다. 비현실적 마인드 세팅으로 현실의 한계를 뛰어넘는 상상력을, 초현실적 마인드 세팅으로 현실과 가상의 조화로운 융합을, 초연결적 마인드 세팅으로 실시간 상호작용의 가능성을 탐구했습니다. 이 세 가지 마인드는 XR 기술의 특성을 이용해 창의적이고 혁신적인 콘텐츠를 기획하는 데 꼭 필요합니다.

3부

산업별 XR 적용:
3SD 워크플로를 통한 접근

XR 기술은 혁신적인 변화를 불러올 수 있는 매력적인 도구이지만, 주로 특정 사용자를 대상으로 한 특수 목적(B2B, B2G)으로 활용되고 있어 일반 사용자들은 그 잠재성을 충분히 느끼지 못할 수 있습니다.

3부에서는 다양한 산업별, 상황별, 사용자별 3SD 워크플로를 통한 XR 활용 전략과 사례를 제시하여 XR 기술의 다양한 활용 가능성을 보여주고자 합니다. 이를 통해 자신의 상황에 맞는 XR 기술 활용 아이디어를 얻고, XR 프로젝트 기획에 필요한 통찰을 얻길 바랍니다.

3SD 워크플로란?

XR 기술을 다양한 산업에 적용하기 위해 저는 '3SD'라는 접근 방식을 고안했습니다. 3SD는 XR 시나리오를 구성하기 위한 프레임워크이자 워크플로로 XR 적용 사례를 이해하기 쉽게 구조화하는 동시에 실제 XR 프로젝트 기획 시 참고할 수 있는 단계별 가이드라인을 제공합니다.

3SD 워크플로의 구성

- **Scan**(상황 파악): 해당 산업의 현재 상황과 XR 기술 도입 필요성을 분석
- **Selection**(기술 선택): 시나리오에 적합한 XR 기술(VR, AR, MR 등) 선정
- **Specify**(기능 도출): 선택된 XR 기술을 통해 구현할 기능과 특징 구체화
- **Design**(UX 스케치): 사용자 경험의 흐름을 시각화하고 설계

3SD 워크플로는 XR 프로젝트 기획 과정을 체계화하여 각 단계에서 중점적으로 고려할 사항들을 명확히 합니다. 이를 통해 프로젝트의 방향성을 체계적으로 설정하고, 사용자 중심의 XR 경험을 설계할 수 있죠. 또한 각 단계를 순차적으로 진행하며 필요한 정보를 수집하고 분석함으로써 프로젝트의 성공 가능성을 높이고 리스크를 경감할 수 있습니다. 3SD는 엄격한 규칙이 아닌 유연한 가이드라인입니다. 프로젝트의 특성에 맞게 조정할 수 있습니다.

3SD 워크플로 마지막 Design 단계인 UX 스케치는 핵심적인 역할을 합니다. 앞선 Scan, Selection, Specify 단계를 통해 프로젝트의 상황을 파악하고, 적합한 XR 기술을 선택하며, 주요 기능을 도출했다면 UX 스케치를 통해 사용자 경험을 구체화하고 시각화하는 것이 3SD 워크플로의 완성이라고 할 수 있습니다.

잘 만들어진 UX 스케치는 이후 외주사의 PM, 개발자, 디자이너 등 다양한 이해관계자들과 효과적으로 소통하기 위한 도구로 활용될 수 있습니다. 즉 UX 스케치를 통해 프로젝트의 방향성, 주요 기능, 사용자 경험 시나리오 등을 명확하게 전달함으로써 모든 관계자가 프로젝트의 목표와 비전을 공유하고 협력할 수 있는 기반을 마련할 수 있습니다.

또한 UX 스케치는 추후 작성될 정식 RFP(제안요청서)의 기초 자료로도 활용될 수 있습니다. UX 스케치에 포함된 사용자 경험 시나리오와 주요 기능, 기대 효과 등은 RFP에 필요한 요구사항과 기술 사양을 도출하는 데 있어 중요한 참고 자료가 됩니다.

이제부터 산업별로 다양한 3SD 워크플로를 소개할 텐데요. 이를 읽으면서 여러분은 이렇게 생각할지 모릅니다. "아니 같은 내용이 반복되는 것 같은데? 다른 산업의 적용 예시까지 내가 알아야 해?" "뭔가 수학 공식처럼 딱딱 맞는 건 없어?"라고 말이죠. 하지만 XR 기술의 적용은 수학 공식처럼 딱 떨어지는 해답이 있는 것이 아닙니다. 오히려 법학에서의 판례 학습과 유사하다고 볼 수 있습니다.

이어지는 내용에서 제시되는 산업별 XR 적용 사례들은 하나의 '판례' 역할을 합니다. 법학도들이 판례를 '참고' 삼아 법의 적용 원리를 이해하듯 이 사례들을 통해 XR 기술의 실제 적용 방법을 익힐 수 있습니다. 각 사례는 다른 상황, 다른 기술, 다른 고려 사항을 다루고 있으므로 여러분은 다양한 맥락에서 XR 기술의 적용을 이해할 수 있을 것입니다.

하지만 판례도 시간이 지나고 상황이 변하면 뒤집히기도 하는 것처럼 이 책에서 제시하는 사례도 절대적인 정답이 아닙니다. 기술의 발전, 사회의 변화, 사용자의 요구에 따라 더 나은 해결책이 나올 수 있습니다. 따라서 제시하는 내용을 맹목적으로 따르기보다는, 비판적 사고를 통해 자신의 상황에 맞게 재해석하고 적용할 수 있어야 합니다.

3SD 워크플로를 통해 제시되는 XR 시나리오들을 읽을 때 다음 사항들을 참고하기 바랍니다.

- **비용적 제약:** 이 책에서 제시되는 내용들은 비용적 제약을 고려하지 않고 자유롭게 구상되었습니다. 실제 현업에서 3SD를 적용할 때는 정해진 예산 범위 내에서 내용을 전개해야 합니다. 프로젝트의 규모와 가용 자원에 따라 시나리오를 조정하는 것이 필요할 것입니다.

- **경제성 및 비즈니스 모델:** 제시된 아이디어들의 경제성과 구체적인 비즈니스 모델, 그리고 ROI(투자수익률)는 별도의 분석이 필요합니다. 이 부분은 마케팅팀이나 사업 개발 담당자와의 협업을 통해 더 깊이 있게 다뤄져야 합니다. 3SD를 통해 만들어진 시나리오는 이러한 비즈니스 분석의 기초 자료로 활용될 수 있을 것입니다.

- **사용자 접근성:** 산출된 내용들은 XR 디바이스에 대한 접근성 문제가 해결되었다는 전제하에 작성되었습니다. 실제 프로젝트에서는 사용자의 디바이스 보유 여부나 접근성에 대한 별도의 전략이 필요할 것입니다.

- **윤리적, 법적 고려 사항:** 개인정보 보호, 콘텐츠 규제 등의 윤리적, 법적 문제들이 적절히 해결되었다고 가정합니다. 실제 프로젝트에서는 이러한 부분들에 대한 세심한 고려가 필요합니다.

엔터테인먼트 분야에서의
XR 기획 틀 잡기

　엔터테인먼트 분야의 궁극적인 목적은 사용자에게 장르적 쾌감을 최대화하는 것입니다. 재미, 즐거움, 인사이트를 제공함으로써 관객의 경험을 풍부하게 하고 감정적으로 깊이 있는 반응을 끌어내는 것이 중요합니다. XR 기술은 이러한 목적을 달성하기 위한 강력한 도구로서 기존의 표현 수단이 가진 한계를 넘어서는 새로운 가능성을 열어줍니다.

영화 장르-VR 매칭

Scan(상황 파악): 현재 어떤 상황과 문제점을 가지고 있는가?

현재 영화 시장은 고화질의 영상과 서라운드사운드 시스템을 통해 관객에게 시각적·청각적 쾌감을 제공하지만 관객이 영화의 세계에 직접 참여하거나 영화 속 캐릭터와 상호작용하는 경험은 제한적입니다. 즉 상호작용이 없는 수동적인 경험이라는 한계가 있습니다.

Selection(기술 선택): 어떤 기술을 선택할 것인가?

- **선택 기술**: 가상현실(VR)
- **선택 이유**: VR 기술은 관객이 영화 장면에 직접 들어간 듯한 경험을 제공해 몰입도를 극대화하고 새로운 차원에서 감각적인 즐거움을 느끼게 합니다.

Specify(기능 도출): 어떻게 구현할 것인가?

- 가상현실을 활용하여 영화 속 세계를 재현합니다.
- 관객에게 실제 영화 속 세계에 있는 듯한 몰입감을 제공합니다.
- 인터랙티브 요소를 도입, 수동적 체험이 아닌 능동적 체험을 부여합니다.

UX 스케치

프로젝트명: 가상현실에서의 시네마틱 여정

경험 흐름
- VR 헤드셋을 착용하고 프로젝트 앱을 시작하자 광활한 우주 공간이 나타난다. 사용자는 '갤럭시 퀘스트'의 우주선 조종석에 있다. 이 순간부터 그의 시네마틱 여정이 시작된다.
- 사용자는 우주선 내부를 자유롭게 탐험한다. 각 조종 장치와 버튼에는 영화의 배경지식과 기능 설명이 담긴 인터랙티브 요소가 있다. 특정 장치를 조작하면 영화의 주요 장면 중 하나가 활성화되며 사용자는 그 장면의 중심에서 결정을 내려야 한다. 예를 들어 우주 해적의 공격을 받을 때 그는 우주선을 방어할 전략을 선택해야 한다.
- 사용자의 선택에 따라 스토리는 여러 방향으로 전개된다. 우주선을 성공적으로 방어하면 새로운 행성 탐험 임무가 주어지고 실패하면 우주선은 수리를 위해 가까운 기지로 돌아간다. 각 선택은 사용자에게 다른 경험과 영화의 새로운 측면을 탐험할 기회를 제공한다.

기대효과
- 사용자는 VR을 통해 영화를 새로운 방식으로 경험한다. 이는 전례 없는 수준의 몰입감과 영화에 대한 장르적 쾌감을 느끼게 한다.
- 사용자가 영화의 스토리에 직접 참여하고 다양한 결말을 탐색함으로써 영화의 재관람 가치가 증가한다. 이는 사용자에게 다양한 스토리 경로와 결말을 탐색하고자 하는 동기를 부여하며 영화 관람의 새로운 패러다임을 제시할 것이다.
- VR 경험을 통해 사용자는 영화 세계와 캐릭터에 대한 감정적 연결을 경험할 수 있다.

주의 사항

- VR 장비 사용에 익숙하지 않은 사용자를 고려하여 콘텐츠의 러닝타임을 15분 내외로 제한하는 것이 좋다. 다만 헤비유저의 경우 1시간 정도의 러닝타임도 가능하다.
- VR 환경의 장점을 최대한 활용하기 위해 콘텐츠 내용이 전면뿐만 아니라 좌우 및 후면에서도 전개되도록 기획한다. 모든 공간을 연출과 서사에 기능적으로 활용하여 몰입감을 높인다.
- VR 기술의 특성을 고려하여 연출과 서사를 설계한다. 단순히 영화 콘텐츠를 VR로 옮기는 것이 아니라 VR 환경에 맞는 스토리텔링과 연출 기법을 적용하여 현장감을 극대화한다.

〈더 리밋 VR〉은 영화 〈신시티〉 감독으로 유명한 로버트 로드리게즈가 메가폰을 잡고, 미셸 로드리게즈와 노만 리더스가 각각 주연을 맡아 참가했다. 영화 속 시청자도 일종의 '주연'이 된다.

연극 장르-AR 매칭

Scan(상황 파악) : 현재 어떤 상황과 문제점을 가지고 있는가?

무대 세트에 의존하는 연극은 새로운 연출에 한계가 있습니다. 또한 별도의 무대 장치나 세트를 구현하려면 상당한 예산이 필요합니다. 배우들의 연기만으로는 관객이 체험할 수 있는 연출의 범위를 충분히 확장하기 어렵습니다.

Selection(기술 선택): 어떤 기술을 선택할 것인가?

- **선택 기술**: 증강현실(AR)

- **선택 이유**: AR 기술은 연극 무대의 한계와 예산의 제약을 극복하고 관객에게 새로운 경험을 줄 수 있습니다. 스마트 기기를 통해 실시간으로 시각적 효과와 추가 정보를 제공하여 관객이 연극에 깊이 몰입하게 합니다.

Specify(기능 도출): 어떻게 구현할 것인가?

- 무대 세트와 배경에 AR을 통해 다층적인 시각적 효과를 추가합니다.

- 관람성을 높일 수 있는 배경지식, 추가 정보를 AR로 제공합니다.

UX 스케치

프로젝트명: AR로 새롭게 태어난 연극의 세계-슈퍼 라이트닝 맨

경험 흐름

- 사용자는 학교에서 조직한 특별한 야외 활동으로 〈슈퍼 라이트닝 맨〉이라는 히어로 아동극을 관람하게 되었다. 공연 전에 학교에서는 학생들에게 AR 기능이 내장된 스마트글래스를 지급했다.
- 사용자는 스마트글래스를 착용하고 특별히 제작된 AR 앱을 통해 '슈퍼 라이트닝 맨'의 세계에 대한 간단한 소개를 확인한다.
- 연극이 시작되면 사용자는 스마트글래스를 통해 다양한 시각적 AR 효과를 목격한다. 예를 들어 '슈퍼 라이트닝 맨'이 번개 무기를 사용할 때 스마트글래스를 통해 번개가 실제로 무대 위를 가로지르는 듯한 시각적 효과가 나타난다.
- 공연 중 사용자는 스마트글래스를 통해 각 캐릭터의 배경과 특수 능력에 대한 정보를 실시간으로 제공받는다.

기대효과

사용자는 AR 기술을 통해 연극 관람의 새로운 차원을 경험한다. 실시간으로 제공되는 캐릭터 정보와 시각적 AR 효과는 관객이 공연에 더욱 몰입하게 하여 이 작품이 전달하고자 하는 판타지적 메시지와 감정을 더 풍부하게 전달한다.

주의 사항

• AR 효과가 연극 자체에 대한 주의력을 분산시키지 않도록 주의한다. AR은 연극 경험을 증강하는 도구로 사용되어야 할 뿐 주가 되어서는 안 된다.
• AR 기술 사용이 일부 관객들의 연극 관람을 제한하지 않도록 주의한다. 필요한 경우 AR을 사용하지 않아도 관람에 무방한 방식을 함께 제공한다.

AR이 연극에 활용되어 서사가 전개된다. (출처: Gesher Theatre 공식 YouTube 캡처)

콘서트 장르-MR 매칭

Scan(상황 파악): 현재 어떤 상황과 문제점을 가지고 있는가?

지금까지 콘서트는 무대 장치와 조명, 시각적 효과에 의존하여 관객에게 경험을 제공해 왔습니다. 그러나 이러한 접근 방식은 특수 효과 구현 등 새로운 연출을 시도하려면 비용이 기하급수적으로 증가하고 물리적인 제약도 따릅니다. 콘서트 제작자들은 관객에게 혁신적인 시각적 경험을 제공하고 싶은 니즈가 있습니다.

Selection(기술 선택): 어떤 기술을 선택할 것인가?

- **선택 기술**: 혼합현실(MR)
- **선택 이유**: MR 기술을 통해 콘서트 제작자는 가상의 무대 장치, 특수 효과, 화려한 조명 효과를 실제 무대와 결합하여 새로운 차원의 연출을 시도해 볼 수 있습니다. 이러한 기술적 접근은 물리적 한계와 비용 문제를 극복하면서도 콘서트에 대한 관객의 기대치를 새로운 수준으로 끌어올리고 그들의 경험을 한층 더 풍부하게 할 것입니다.

Specify(기능 도출): 어떻게 구현할 것인가?

- 실제 공연과 가상 효과를 결합해 드라마틱한 무대 연출합니다.
- 무대 위 가상의 백댄서 추가로 공연의 다이내믹함을 강화합니다.
- 관객의 움직임이나 리액션에 상호작용하는 가상 요소를 추가합니다.

프로젝트명: MR 기술로 확장된 콘서트 경험

경험 흐름

- 관객은 MR 기능이 내장된 HMD를 착용하고 오랫동안 기다려 온 인기 밴드의 콘서트에 참여한다. 이번 콘서트는 실제 콘서트장의 무대 세트와 가상의 기술이 결합한 오프라인 콘서트다.
- 콘서트가 시작되면 HMD를 통해 무대 위의 조명 효과와 상호작용하는 가상의 드래곤을 목격한다. 이 드래곤은 무대 위의 물리적 환경에 반응하며 실제 환경과 결합한 존재로 느껴진다.
- 관객들은 HMD를 통해 실제 무대 위의 아티스트와 함께 가상의 백댄서들을 보게 된다. 가상 백댄서들은 무대의 면을 따라 자연스럽게 움직이며 아티스트의 움직임과 완벽하게 어우러져 조화를 이룬다.
- 콘서트의 하이라이트 동안에 MR HMD는 관객이 참여하는 방식을 감지하고 반응한다. 관객 개개인이 내는 음성의 크기, 박수치는 횟수, 응원봉을 흔드는 동작 모두가 데이터로 수집된다. 이러한 상호작용은 모든 관객에게 개인화된 경험을 제공한다.

기대효과

관객들은 MR 기술을 통해 콘서트를 완전히 새로운 방식으로 경험한다. 가상의 백댄서와 드래곤, 개인화된 무대 경험은 공연을 독특하고 드라마틱하게 만들며 관객에게 잊지 못할 경험을 선사한다.

주의 사항

- MR 효과가 실제 콘서트 환경과 어우러지도록 설계한다. 가상 요소가 현실 환경과 부조화를 이루거나 부자연스러워 보이지 않도록 주의한다.
- 콘서트장의 밀집된 공간 특성을 고려하여 과도한 참여를 유도하는 상호

작용은 피한다. 관객들의 안전을 최우선으로 고려하여 인터랙션을 설계하고, 움직임이 큰 동작보다는 제자리에서 할 수 있는 안전한 형태의 참여를 유도해야 한다.

- MR 효과는 콘서트 경험을 향상하는 도구로 사용되어야 하며, 음악과 공연 자체의 가치를 해치지 않아야 한다. 지나친 시각적 자극이나 과도한 상호작용은 오히려 콘서트 몰입도를 떨어뜨릴 수 있다.

아이돌 그룹 AESPA가 등장하는 XR 콘서트 (출처: amazevr 홈페이지)

관광 장르-AR 매칭

: 현재 어떤 상황과 문제점을 가지고 있는가?

관광지에서 볼 수 있는 기본적인 표지판은 많은 정보를 담기에 제한적입니다. 하지만 추가 정보를 제공하기 위해 더 많은 시설물을 설치하면 자연환경을 해칠 수 있고 자원적, 비용적으로도 부담됩니다. 관광객에게 충분한 정보를 제공하면서도 환경을 보존할 수 있는 새로운 방안이 필요합니다.

Selection(기술 선택): 어떤 기술을 선택할 것인가?

• **선택 기술**: 증강현실(AR)
• **선택 이유**: AR 기술은 관광지를 훼손하지 않고 관광객에게 충분한 정보를 전달할 수 있는 최적의 해결책입니다. 이는 자연보호 및 역사적 유적의 보존에 이바지하며 관광객의 정보력 향상과 관광지의 지속 가능한 관

케이 컬처 타임머신(K-Culture Time Machine)의 AR 구동 화면 (출처: 카이스트 문화기술대학원 웹페이지)

리에 중요한 역할을 합니다.

- 환경에 영향을 주지 않는 다양한 방식과 형태로 증강 정보를 제공합니다.

- 유적이나 자연 지형의 과거와 현재 모습을 비교하여 시각화합니다.

- 사용자의 행동에 반응하는 상호작용형 AR 콘텐츠를 구현합니다.

XR UX 스케치

프로젝트명: 자연 친화 AR 기반 세계 유산 탐험 가이드

경험 흐름
- 관광객은 유적지 입구에서 AR 안경을 대여받고 전용 앱을 스마트폰에 설치한다.
- AR 안경으로 특정 조각상을 바라보면 해당 조각상의 제작 연도, 역사적 배경, 보존 상태 등에 대한 가상 정보 판이 나타난다.
- 유적지에 도착하면 AR 안경은 과거에 이 장소가 어떻게 사용되었는지를 보여주는 가상 이미지를 제공한다. 관광객은 과거와 현재의 모습을 비교하면서 이 장소가 어떻게 변화했는지 알 수 있다.
- 유적지의 특정 지점에서 AR 안경을 쓰면 상호작용이 가능한 교육 콘텐츠가 나타난다. 예를 들어 가상의 역사적 인물이 나타나 이 장소의 역사적 사건을 설명한다. 관광객은 질문을 선택하고 가상 인물과 상호작용하면서 역사를 심도 있게 탐구할 수 있다.

기대효과
AR 기반 관광 경험은 관광객이 역사적 장소나 자연환경을 보다 책임감 있게 탐방하도록 유도한다. 디지털 방식의 정보 제공은 유적지의 물리적 보존에 기여하고 관광객에게 지속 가능한 관광의 중요성을 일깨운다.

주의 사항

- 유적지의 본질적 가치를 해치지 않도록 과도한 연출을 피해야 한다. 유적지의 분위기와 조화를 이루는 수준으로 AR 효과를 사용해야 한다.
- AR 콘텐츠와 관련 활동이 유적을 훼손하거나 보존 활동을 방해하지 않도록 주의한다. 유적 보호를 최우선으로 하여 사용자의 동적인 체험을 유도하는 요소는 지양하고 정적인 관람과 학습 위주의 콘텐츠를 제공한다.

게임 장르-VR 매칭

Scan(상황 파악) : 현재 어떤 상황과 문제점을 가지고 있는가?

현재 게임은 주로 2D 또는 3D 환경에서 플레이되기 때문에 게이머의 실제 환경과는 분리되어 있습니다. 키보드, 마우스 조작만으로는 게이머에게 새로운 몰입형 경험을 제공하는 데 한계가 있습니다.

Selection(기술 선택): 어떤 기술을 선택할 것인가?

- **선택 기술**: 가상현실(VR)
- **선택 이유**: VR 게임은 게이머에게 일상을 벗어나 완전히 새로운 경험을 제공합니다. VR 컨트롤러와 헤드셋을 통해 게이머의 실제 움직임을 게임에 반영함으로써 키보드와 마우스로는 구현할 수 없던 직관적이고 몰입도 높은 조작을 할 수 있습니다.

- 현실의 제약을 넘어설 수 있는 가상 환경을 제공합니다.

- 게이머의 움직임을 게임 내 행동으로 변환하는 상호작용을 구현합니다.

XR UX 스케치

프로젝트명: 가상 닌자 아카데미(신체 동작으로 배우는 닌자술)

경험 흐름

- 게이머는 신체 동작을 사용해 스텔스 걷기, 적을 피하는 회피 동작, 적에게 은밀하게 접근하는 방법 등을 실제로 연습한다.
- '가상의 닌자 아카데미'에서 게이머는 닌자 무기들을 사용하는 법을 배운다. 손을 움직여 쿠나이를 던지고 가상의 검을 휘둘러 적을 물리친다.
- 게이머는 특정 손동작을 사용하여 환술을 거는 방법을 배운다. 나루토 만화에서 영감을 받은 이 손동작을 정확하게 수행함으로써 가상의 적에게 다양한 환술을 사용할 수 있다. 게임 내에서 환술은 게이머가 직면하는 상황에서 유용한 도구가 된다.
- 배운 닌자술을 사용하여 게이머는 여러 가지 미션을 수행한다. 신체 동작으로 복잡한 퍼즐을 해결하고 숨은 적을 발견하여 제거하며 최종적으로 강력한 보스와의 대결에 도전한다.

기대효과

신체 활동과 게임의 재미를 결합한 이 게임은 게이머가 자기 신체를 사용하여 가상 세계를 탐험하고, 다양한 기술을 배우며, 몰입감 있는 게임플레이를 즐기도록 한다. 마우스, 키보드 형태로는 느낄 수 없던 조작감과 몰입도 덕분에 게이머는 새로운 차원의 게임 경험을 할 수 있다.

주의 사항

- VR 게임을 안전하게 즐길 수 있도록 플레이 가이드를 제공한다. 이 가이드에는 적절한 플레이 공간 확보 방법, VR 기기 착용법, 잠재적인 위험요소를 피하는 방법 등이 포함되어야 한다.
- VR 환경에서의 급격한 움직임이나 시각적 변화로 멀미나 눈의 피로감이 있을 수 있다. 멀미를 느끼지 않도록 부드러운 화면 전환과 움직임을 구현하고 필요시 멀미 방지 설정을 제공한다.
- 누구나 자신의 역량에 맞게 게임을 즐길 수 있도록 신체 능력이나 숙련도에 따라 게임의 난이도를 조정할 수 있는 옵션을 제공한다.

명작 VR 게임 〈하프라이프: 알릭스〉의 플레이 화면. VR의 묘미(신체 활동)를 잘 살린 게임 중 하나다.

카메라 애플리케이션 서비스 장르-MR 매칭

Scan(상황 파악) : 현재 어떤 상황과 문제점을 가지고 있는가?

현재 숏폼 SNS 서비스는 2D 비디오 콘텐츠 중심으로 운영되고 있으며, 이는 현실감 있는 경험을 원하는 사용자에게는 제한적일 수 있습니다. 향후 창의적인 콘텐츠 제작 및 소비에 있어 다층적이고 상호작용적인 요소를 도입할 가능성에 대한 요구가 커질 수 있습니다.

Selection(기술 선택): 어떤 기술을 선택할 것인가?

- **선택 기술**: 혼합 현실(MR)
- **선택 이유**: MR 기술은 실제 환경 상황과 가상 객체를 결합해 사용자가 실시간으로 상호작용할 수 있는 콘텐츠 제작을 가능하게 합니다. 숏폼 SNS 서비스에서 이는 단순히 비디오를 시청하는 것을 넘어 가상의 객체와 함께하는 독특한 경험을 하게 합니다.

Specify(기능 도출): 어떻게 구현할 것인가?

- 실제 환경에 가상 캐릭터나 객체를 배치하고 상호작용하면서 영상을 촬영할 수 있는 기능을 구현합니다.
- 사용자 움직임과 반응에 따라 실시간으로 반응하는 가상 객체를 구현합니다.

XR UX 스케치

프로젝트명: 나와 내 최애 아이돌과 함께하는 'MR 댄스 챌린지'

경험 흐름

- 사용자는 자신의 최애 아이돌을 선택하고 해당 아이돌의 MR 이미지와 함께 댄스 챌린지를 시작한다.
- MR 기술을 통해 사용자의 공간에 아이돌이 실시간으로 증강되며 아이돌과 함께 안무를 따라 한다. 마치 아이돌이 옆에서 같이 춤을 추는 것처럼 느껴진다.
- 사용자가 안무를 따라 할 때 MR 아이돌은 사용자의 움직임에 반응하여 격려의 메시지를 보내거나 개선할 점을 알려준다.
- 안무 연습이 끝나면, 사용자는 촬영한 댄스 비디오를 숏폼 SNS에 업로드하여 공유할 수 있다.

기대효과

'MR 댄스 챌린지' 서비스는 숏폼 SNS 플랫폼의 사용자 참여도를 높이고, 콘텐츠의 다양성 및 창의성을 증진시킨다. 사용자는 자신의 아이돌과 함께 하는 듯한 경험을 통해 큰 만족감을 얻게 된다.

주의 사항

- MR 기술을 사용할 때 사용자의 환경이 노출될 수 있으므로 개인정보 보호에 특별히 주의해야 한다. 사용자에게 환경 노출에 대한 경고를 제공하고 배경을 흐리게 하거나 가상 배경으로 대체하는 옵션을 제공한다.
- 사용자가 MR 기기를 착용하고 춤을 추는 동안 주변 환경과 충돌하지 않도록 주의한다. 앱 시작 시 충분한 공간 확보를 안내하고 움직임이 과도할 경우 경고 메시지를 표시한다.

XR 기술이 여는 엔터테인먼트의 새 지평

엔터테인먼트 산업에서 VR 기술의 미래가 어떤 모습일지 상상해 본 적 있나요? 그 미래의 한 단면을 우리는 이미 목격하고 있습니다. 바로 우왁굳과 이세계 아이돌을 통해서 말이죠. 이들은 XR 기술을 활용한 엔터테인먼트의 새로운 패러다임을 제시하고 있으며, 그 가능성은 무궁무진해 보입니다.

VRChat과 우왁굳

VRChat은 다양한 자유도를 제공하는 소셜 VR 플랫폼이며, 이 플랫폼의 잠재적 가치를 최대한 끌어내고 있는 우왁굳은 VR/메타버스 콘텐츠에 특화된 방송인으로 XR 기술을 활용한 엔터테인먼트 분야의 선구자 중 한 명으로 평가받고 있습니다. 그는 VRChat이 제공하는 기본적인 기능을 넘어 전에 없던 새로운 형태의 엔터테인먼트를 만들어내고 있습니다. 더 나아가 콘텐츠를 생산하는 것에만 그치지 않고 자신의 VR 콘텐츠에 등장하는 여러 인물이 활동하고

전 세계에서 가장 많은 사용자를 보유하고 있는 대표적인 소셜 VR 서비스 중 하나인 VR CHAT

우왁굳. 유튜브, 아프리카TV에서 활동하는 인터넷 방송인

뛰어놀 수 있는 독자적인 세계관을 구축했습니다.

　우왁굳의 VRChat 활용 사례는 XR 기술의 엔터테인먼트적 가능성을 잘 보여줍니다. 이러한 시도들을 통해 우왁굳은 VR이라는 매체의 특성을 최대한 살리면서도 시청자들에게 높은 몰입감과 재미를 주었습니다.

- **성대모사 경연대회**: 단순한 성대모사가 아닌, 캐릭터와 어울리는 목소리 내기 대회를 개최했습니다. VR 아바타와 연계하여 진행함으로써 기존의 성대모사 대회와는 차별화된 콘텐츠를 만들어냈습니다.

- **단체 소개팅 및 1대 100 소개팅**: 가상환경의 이점을 활용하여 현실에서는 쉽게 진행할 수 없는 대규모 소개팅을 진행했습니다. 다양한 공간을 자유롭게 활용하며 극적인 상황을 끌어냈습니다.

- **단편영화 콘테스트**: VRChat을 이용해 단편영화 제작 콘테스트를 개최했습니다. 이는 실시간 상황극을 넘어 VR 환경에서 '영화'를 찍는 새로운 시도였습니다.

- **상황극 콘테스트**: 시청자들이 VRChat에서 상황극을 준비해 오면 우왁굳이 참여하여 함께 진행하는 형식의 콘텐츠입니다. 시청자 참여형 콘텐츠의 새로운 모델이라 할 수 있습니다.

- **댄스 배틀, 체력장 콘텐츠**: VR의 특징인 전신 추적 기능을 활용하여 참가자들의 실제 움직임을 그대로 반영하는 콘텐츠를 제작했습니다.

이세계 아이돌: 엔터테인먼트의 민주화

이세계 아이돌은 왁타버스에서 탄생한 가상 아이돌 그룹으로 XR 기술의 잠재력을 극대화한 사례입니다. 이들의 성공은 단순한 기술적 성과를 넘어 '엔터테인먼트의 민주화'라는 새로운 가능성을 보여주고 있습니다. VR 기술을 통해 대규모 투자 없이도 아이돌 그룹을 만들고 활동할 수 있음을 증명했으며, 물리적 제약 없이 대규모 가상 공연을 개최할 수 있는 가능성을 제시했죠. 또한 가

(좌) 이세계 아이돌의 가상현실 내 모습
(우) 버추얼 아이돌도 대중적으로 충분히 성공할 수 있다는 가능성을 보여주었다. 이세계 아이돌 이후 메이저 엔터테인먼트 기업에서도 버추얼 아이돌을 만들고 있다.

상 아이돌과 팬 간의 새로운 형태의 상호작용을 실현하며, 전통적인 아이돌 산업의 패러다임에 도전하고 있습니다. 이세계 아이돌의 성공은 누구나 창의력만 있다면 XR 기술을 통해 대중문화 산업에 참여할 수 있다는 것을 보여줍니다. 이는 엔터테인먼트 산업의 진입 장벽을 낮추고 더 다양하고 창의적인 콘텐츠가 생산될 수 있는 환경을 조성합니다.

우왁굳, 이세계 아이돌은 엔터테인먼트 산업에서 XR 기술의 무한한 가능성을 보여주는 사례입니다. 주목할 만한 점은 우왁굳과 그의 팀이 고가의 장비나 대규모 제작 시스템 없이도 이러한 혁신을 이뤄냈다는 것입니다. 이는 XR 기술의 대중화 가능성을 시사하며, 향후 더 많은 창작자가 이 분야에 참여할 기회를 열어줄 것입니다.

교육·훈련 분야에서의 XR 기획 틀 잡기

교육 및 훈련 분야에서 XR 기술의 적용은 학습 경험을 혁신하고 지식 전달의 효율성 향상을 목표로 합니다. 이는 실습 기회의 확장, 몰입도 높은 학습 환경의 제공, 복잡한 개념의 시각화를 통해 가능합니다. XR 기술은 실제와 유사한 실습 환경을 가상으로 재현하거나 접근하기 어려운 정보를 쉽게 이해할 수 있도록 시각화함으로써 교육의 질을 높입니다.

아동/청소년 영역-AR 매칭

교과서를 중심으로 한 학습 방식은 정보 전달에 있어 한계가 있습니다. 예를 들어 3차원적인 구조나 복잡한 시스템의 작동 원리, 역사적 사건의 현장감 있는 재현 등은 책자 형태의 교과서만으로는 충분히 전달하기 어렵고, 추상적인 개념은 학생들이 상상하고 이해하는 데 제약이 있습니다.

- **선택 기술**: 증강현실(AR)
- **선택 이유**: AR 기술은 기존 학습 자료에 3차원인 가상 객체를 추가하여 복잡한 구조와 시스템, 추상적 개념을 시각화합니다. 학습자는 이를 조작하고 체험함으로써 어려운 개념을 쉽게 이해할 수 있습니다. 이는 능동적

심장을 AR로 증강, 다양한 각도에서 확인하며 교육할 수 있다. (출처: 행복한 교육 happyedu.moe.go.kr)

인 학습을 가능하게 하여 교육에 혁신을 불러일으킬 수 있습니다. 학생 대부분이 스마트폰을 보유하고 있고 학교에서 태블릿을 보급받을 수 있어 현실 세계를 기반으로 한 학습 활동이 가능합니다.

Specify(기능 도출): 어떻게 구현할 것인가?

- 교과서 내용 중 시각화가 필요한 부분을 AR로 제공합니다.
- 능동적인 학습을 유도하기 위해 학습자가 직접 조작하여 학습할 수 있는 AR 객체를 제공합니다.

UX 스케치

프로젝트명: AR을 통한 참여형 공룡 시대 탐험

경험 흐름

- 사용자는 스마트폰에 제공된 AR 공룡 학습 앱을 다운로드하고 책의 특정 표지를 인식해 중생대 풍경이 증강하는 첫 번째 모듈을 시작한다.
- 사용자의 공간은 스마트폰을 통해 울창한 숲과 공룡이 돌아다니는 생태계로 변모한다. 티라노사우루스, 트리케라톱스 등 다양한 공룡을 3D 모델로 실감 나게 볼 수 있다.
- 앱은 각 공룡에 대한 설명을 제공하며, 직접 공룡에 접근하거나 공룡의 행동 패턴을 관찰하게 한다. 이에 따라 사용자는 공룡의 사냥, 식사, 이동 방식 등을 직접 보며 학습한다.
- 학습 모듈의 끝에서 공룡에 관한 지식을 테스트하는 퀴즈를 풀게 된다. 퀴즈를 통해 학습한 내용을 복습하고 잘못된 답변에 대해서는 즉각적인 설명을 들을 수 있다.

기대효과

AR을 통한 실시간 공룡 시대 탐험은 아동/청소년에게 공룡에 대한 참여와 흥미를 크게 증진시킨다. 공룡의 생태와 행동을 직접 보고 학습함으로써 아동/청소년들은 공룡과 중생대 환경에 대해 깊이 이해하게 된다. 이 프로젝트는 전통적인 학습 방법의 한계를 극복하고, 교육 과정에 혁신을 불러일으킨다.

주의 사항

- AR 경험은 학습자의 연령과 발달 단계에 적합해야 하며, 상호작용 방식은 직관적이고 쉬워야 한다. 너무 어려운 내용이나 지나치게 단순한 내용은 학습 효과를 저해할 수 있으며, 복잡한 조작 방법은 학습자의 몰입을 방해하고 학습 효과를 감소시킬 수 있다.
- 교사의 설명 및 피드백과 AR 기반 학습이 유기적으로 결합해야 한다. AR을 통한 자기주도학습과 교사의 지도가 효과적으로 상호보완될 방안을 마련해야 한다.

노인 영역-VR 매칭

Scan(상황 파악) : 현재 어떤 상황과 문제점을 가지고 있는가?

초고령화 사회에서 노인의 인지기능 저하는 큰 사회적 이슈입니다. 특히 치매 전 단계인 경도인지장애^{MCI}는 조기 발견과 적극적인 개입이 중요하지만 단순 건망증으로 치부되는 경우가 많습니다. 기존의 인지 훈련 방식은 효과적인 개입과 지속적인 참여를 끌어내는 데 한계가 있어 새로운 접근 방식이 필요합니다.

- **선택 기술**: 가상현실(VR)

- **선택 이유**: VR 기술은 노인들에게 안전하고 몰입도 높은 인지 훈련 환경을 제공할 수 있습니다. 최근 연구에 따르면 VR을 활용한 인지 훈련이 경도인지장애 환자들의 언어기억, 시각기억, 이름 대기, 집행기능 등의 인지 기능을 향상하는 데 효과적이었습니다. 또한 VR은 일상생활과 유사한 환경(예: 장보기)에서 훈련을 가능하게 하여 실제 생활에서 적용성을 높일 수 있습니다.

- 장보기 같은 일상생활에 기반한 VR 인지 훈련 프로그램을 개발합니다.
- 개인의 인지 수준과 교육 배경을 고려한 맞춤형 훈련 모듈을 제공합니다.
- 멀티태스킹 능력을 향상시키기 위한 복합적 과제를 설계합니다.
- 훈련 결과를 실시간 모니터링하고 피드백하는 시스템을 구축합니다.

UX 스케치

프로젝트명: VR을 통한 맞춤형 노인 인지 향상 프로그램

경험 흐름
- 사용자는 전문가의 도움을 받아 인지기능 초기 평가를 받고, 개인화된 VR 훈련 계획을 설정받는다.
- 가상의 슈퍼마켓에서 장을 보는 훈련을 한다. 쇼핑 목록을 기억하고 물건을 찾아 계산하는 과정을 통해 기억력과 집행기능을 훈련한다.

- 가상의 집 환경에서 일상적인 과제(예: 약 복용 시간 기억하기, 가스레인지 끄기 등)를 수행하며 기억력과 주의력을 훈련한다.
- 단어 맞추기, 퍼즐 풀기 등의 인지 게임을 통해 언어능력, 시각-공간 능력을 향상한다.
- 정기적으로 인지기능 평가를 받고 훈련 난이도를 조정한다. 전문가와의 상담을 통해 진행 상황을 점검하고 피드백을 받는다.

기대효과

이 프로그램은 경도인지장애 노인들의 인지기능 향상에 도움을 줄 것으로 기대된다. 특히 언어기억, 시각기억, 이름 대기, 집행기능 등 치매 초기 단계에서 저하되는 인지기능의 개선에 효과적일 것이다. 또한 일상생활과 유사한 환경에서 훈련을 통해 실제 생활에서 적용성을 높일 수 있다.

주의 사항

- 사용자의 인지 수준, 교육 배경, 관심사 등을 고려한 맞춤형 프로그램을 제공해야 한다.
- VR 훈련은 반드시 의료 전문가의 감독하에 이루어져야 하며 정기적인 평가와 피드백이 필요하다.
- 노인들이 쉽게 사용할 수 있도록 직관적이고 간단한 인터페이스를 설계해야 한다.
- VR 사용으로 인한 어지러움이나 불편함을 최소화하기 위해 시간을 적절히 조절하고, 안전한 사용 환경을 조성해야 한다.
- VR 훈련의 효과가 실제 일상생활에서도 유지될 수 있도록 현실 세계와의 연계 전략을 마련해야 한다.

군인 훈련 영역-MR 매칭

현대 육군 훈련은 점점 더 복잡하고 다양한 상황에 대비해야 합니다. 하지만 기존의 훈련 방식으로는 이런 상황을 완벽하게 재현하기 어렵습니다. 실제 훈련장에 실제 무기(헬기, 탱크 등)를 도입하거나 적군의 역할을 담당하는 병사를 배치하는 것은 비용과 안전 문제로 한계가 있습니다. 날씨 변화나 다양한 전장 환경을 실제로 구현하는 것도 어렵습니다. 효과적이고 현실적인 훈련 방법이 필요합니다.

Selection(기술 선택): 어떤 기술을 선택할 것인가?

- **선택 기술**: 혼합현실(MR)
- **선택 이유**: MR 기술은 실제 훈련장에 지능형 가상 요소를 실시간으로 추가할 수 있어 더 현실적이고 역동적인 훈련 상황을 만들어낼 수 있습니다. 군인들은 실제 지형에서 훈련하며 실시간으로 반응하는 가상의 적군, 장비, 날씨 변화를 경험하게 됩니다. 이러한 실시간 상호작용과 지능형 객체의 도입으로 훈련생의 결정과 행동에 따라 상황이 변화하는 훈련이 가능해집니다.

Specify(기능 도출): 어떻게 구현할 것인가?

- 훈련생의 행동에 즉각 반응하는 지능형 적군과 아군을 구현합니다.
- 훈련 상황에 따라 실시간으로 변화하는 날씨, 시간, 지형 조건을 구현합니다.

- 훈련생의 선택과 성과에 따라 자동으로 난이도와 상황이 조절되는 시스템을 구축합니다.
- 훈련 중 실시간으로 훈련생의 행동을 분석하고 피드백을 제공합니다.
- 여러 훈련생이 동시에 같은 MR 환경에서 상호작용하며 협력 작전을 수행할 수 있게 합니다.

XR UX 스케치

프로젝트명: 실시간 적응형 MR 육군 전술 훈련 시스템

시나리오 개요

대대원들은 복잡한 현대 전장 환경에 대비하여 MR 기반 통합 군사 작전 훈련 시스템을 활용한 심층적인 훈련에 참여한다. 이 훈련 시스템은 각 부대원이 MR 장비를 착용하고 실제와 가상이 혼합된 환경에서 전술적 결정과 협업을 연습할 수 있도록 설계되었다.

홀로렌즈를 착용하고 MR 기반 훈련 테스트를 진행하는 미군의 모습

경험 흐름

- 소대원들이 MR 헤드셋을 착용하고 시스템과 동기화한다.
- 실제 훈련장에 지능형 적군, 장비, 환경 요소가 실시간으로 생성된다.
- 소대원들의 움직임과 결정에 따라 가상 적군이 실시간으로 전술을 변경한다. 예를 들어 특정 경로로 접근하면 적군이 즉시 대응 전략을 수정한다.
- 작전 상황에 따라 시스템이 날씨 조건을 변화시키거나 예상치 못한 상황

을 발생시켜 대응 능력을 테스트한다.

- 작전 중 실시간으로 각 대원의 성과를 분석하고 상황에 따른 조언을 MR 디스플레이를 통해 제공한다.

기대효과

- 이 시스템은 훈련생의 모든 행동과 결정이 즉각적으로 훈련 환경에 반영되어 실전과 유사한 경험을 제공한다. 이를 통해 군인들은 상황 대처 능력과 전술적 사고력을 크게 향상할 수 있다.
- 경제성 측면에서는 실제 장비와 인력을 동원하는 대규모 훈련의 빈도를 줄일 수 있어 비용을 크게 절감할 수 있다. 가상의 적군, 장비, 환경을 사용함으로써 실제 자원의 소모와 마모를 최소화하고 다양한 시나리오를 저비용으로 반복 훈련할 수 있다.
- 안전성 측면에서는 위험한 상황을 가상으로 체험함으로써 실제 훈련 중에 발생 가능한 사고와 부상의 위험을 크게 줄일 수 있다. 특히 극한의 환경이나 고위험 작전 등을 안전하게 반복 훈련할 수 있어 실제 상황 발생 시 군인들의 대응 능력을 높이고 생존율을 향상시킬 수 있다. 또한 이 시스템은 개인 및 팀의 성과를 정확하게 측정하고 분석할 수 있어 훈련의 효과성을 객관적으로 평가하고 개선할 수 있는 기반을 제공한다. 이를 통해 군의 전반적인 전투력 향상과 효율적인 인력 관리가 가능해진다.

주의 사항

- MR의 몰입감이 높아 현실 인식이 저하될 수 있으므로 안전을 위한 중재 시스템이 필요하다.
- MR 훈련 환경은 실제 전장 상황과 분명한 차이가 있을 수 있다. 훈련 참가자들은 이러한 차이를 명확하게 인지한 상태로 훈련에 임해야 한다.
- MR 훈련이 현실 훈련을 완전히 대체할 순 없다. MR 훈련과 현실 훈련을 적절히 연계하여 훈련 효과를 극대화할 방안을 모색해야 한다.

스포츠 훈련 영역-MR 매칭

Scan(상황 파악): 현재 어떤 상황과 문제점을 가지고 있는가?

당구는 인기 스포츠이지만 초보자에게는 진입장벽이 있습니다. 숙련된 플레이어들의 정교한 기술을 보면서 초보자들은 자신도 그 수준에 도달할 수 있을지 막연한 두려움을 느낍니다. 하지만 기존 학습 방식은 설명과 시범에 의존하고 있어 초보자들이 연습하고 실력을 키우기가 어렵습니다.

Selection(기술 선택): 어떤 기술을 선택할 것인가?

- **선택 기술**: 혼합현실(MR)
- **선택 이유**: MR 기술은 당구대와 큐, 공 등의 객체와 가상의 정보를 결합하여 실감 나는 훈련 환경을 조성할 수 있습니다. 초보자들은 실제 당구 환경에서 자세, 각도, 힘 조절 등에 대한 피드백을 받을 수 있으며 다양한 게임 시나리오를 통해 흥미로운 연습 방법을 제공받을 수 있습니다.

Specify(기능 도출): 어떻게 구현할 것인가?

- MR 글래스를 통해 사용자의 자세, 큐의 각도 등을 분석하고 실시간 자세 교정 기능을 구현합니다.
- 공의 예상 이동 경로를 가상으로 시각화하여 초보자들이 공의 움직임을 더 쉽게 예측하고 전략을 세울 수 있게 돕습니다.
- 게이미피케이션(게임이 아닌 분야에 게임의 요소를 넣는 것) 훈련 모드를 도입하여 재미와 동기부여를 높입니다.

UX 스케치

프로젝트명: MR 당구 코칭 시스템 '가상 코치 큐'

경험 흐름
- 사용자는 당구장에서 'MR 가상 코치' 글래스를 착용한다. 시스템은 실제 당구대, 공, 큐를 인식하고 초기화한다.
- 큐를 들자 가상 코치가 나타나 "안녕하세요, ○○ 씨. 오늘도 열심히 해봐요!"라고 인사한다. 사용자가 샷을 준비할 때 시스템은 실시간으로 큐의 각도와 공의 위치를 분석한다. 가상 코치가 "큐 각도를 약간 낮추면 좋겠어요. 조금 더 오른쪽으로 조준해 보세요."라고 조언한다.
- 사용자의 자세에 따른 예상 구 궤적이 당구대 위에 가상의 선으로 표시된다. 가상 코치가 "이 각도로 치면 공이 쿠션을 한 번 맞고 목표 공을 맞힐 수 있어요. 시도해 보세요."라고 설명한다.
- 샷을 한 후 시스템은 실제 구의 움직임을 분석한다. 가상 코치가 "좋아요! 하지만 힘을 줬다면 더 정확했을 거예요. 다시 한번 해볼까요?"라고 피드백을 제공한다.
- 복잡한 상황에서는 가상 코치가 "이런 상황에서는 안전하게 수비에 집중하는 것도 좋은 전략이에요. 이렇게 해보는 건 어떨까요?"라며 전략적 조언을 제공한다.

기대효과
'가상 코치 큐' 시스템은 초보자들에게 부담 없는 맞춤형, 무제한, 실시간 코칭을 제공함으로써 빠른 실력 향상을 도울 것이다. 실제 환경에서의 즉각적인 피드백과 시각적 가이드는 올바른 기술 습득을 촉진하고 잘못된 습관 형성을 방지할 수 있다. 또한 게임 요소의 도입으로 학습 동기를 높이고 효율적인 연습이 가능해진다.

주의 사항

- 공과 큐의 위치, 각도를 정확히 추적하고 분석하는 AI 기술의 성능이 중 요하다.
- 가상 코치와의 상호작용이 자연스럽고 현실감 있어야 한다.

특수직무(위험지역 근로자)-VR 매칭

Scan(상황 파악) : 현재 어떤 상황과 문제점을 가지고 있는가?

특수직무에 종사하는 근로자들은 늘 위험에 노출되어 있습니다. 이러한 환경에서는 안전하게 작업하고 긴급 상황에 효과적으로 대응하는 것이 중요합니다. 하지만 위험 환경을 재현하여 훈련하기에는 제약이 따르며 위험을 수반하는 실제 상황에서 훈련은 근로자의 안전을 위협할 수 있습니다. 안전한 환경에서 실제와 유사한 조건을 경험할 수 있는 훈련 방법이 필요합니다.

Selection(기술 선택): 어떤 기술을 선택할 것인가?

- **선택 기술**: 가상현실(VR)
- **선택 이유**: VR은 실제와 유사한 위험 상황을 안전하게 모사하여 근로자들이 위험 상황에 대한 인식을 높이고 실질적인 대응 기술을 습득할 수 있도록 돕습니다. 이는 기존 교육 매체가 지닌 한계를 극복하고 위험 상황에 대한 정확한 이해와 적절한 대응 방법을 숙달하는 데 핵심적인 역할을 합니다. 또한 동적이고 상호작용적인 교육 환경을 통해 근로자의 흥미와 참여를 유도하여 교육의 집중도와 효율성을 크게 향상시킵니다.

- VR 환경에서 최적화된 위험 상황 시뮬레이션을 제공하여 근로자들이 실제와 유사한 조건에서 훈련할 수 있도록 합니다.
- 사용자의 모든 신체 동작을 반영하는 경험 및 동선을 설계합니다.

UX 스케치

프로젝트명: VR 기반 위험지역 근로자 안전 훈련 프로그램

경험 흐름

- 교육생은 고품질의 가상공간을 제공하는 VR 헤드셋을 착용한다. 이 가상공간은 화학공장의 다양한 환경과 위험 상황을 실사와 같이 재현한다. 교육생은 이 환경 속에서 자신의 역할을 시작한다.
- 교육생은 화학물질 유출, 화재 발생, 공장 붕괴 등 위험 상황 시뮬레이션에 참여한다. 가상의 위험 상황에서 실제와 같은 대응을 연습한다.
- 교육생은 각 시나리오를 통해 위험 상황 인식, 예방 조치, 긴급 대응 등의 절차를 숙달한다. 특정 장비와 기계의 조작 방법에 대해서도 학습한다. VR 환경은 반복 훈련을 통해 실제 상황에서의 신속한 대응과 기계 조작 능력을 강화한다.
- 각 훈련 후 교육생의 대응 속도, 의사결정 과정, 기계 조작 능력을 분석하여 구체적인 피드백을 제공한다. 교육생은 이 피드백을 통해 자신의 능력을 개선하고 위험 상황 대응과 기계 조작 기술을 숙달할 수 있다.

기대효과

이 프로그램은 위험지역 근로자들이 위험 상황에서 안전하게 대응할 수 있는 능력을 개발하는 것을 목표로 한다. 고품질 가상공간을 제공하여 근로자들은 실제와 가까운 조건에서 훈련할 수 있으며, 이는 근로자들의 안전의식 향상과 위험 상황에서의 대응 능력 강화에 크게 이바지한다.

주의 사항

- VR 훈련 환경은 실제 상황을 완벽히 재현할 수 없다. 훈련 참가자들이 VR 환경의 한계를 이해하고 실제 상황에서는 추가적인 변수가 존재할 수 있음을 알도록 한다.
- VR에서 사용되는 장비와 기계의 조작감은 실제와 최대한 유사해야 한다. 실제 장비와 상이한 조작 방식은 훈련 효과를 저해할 수 있으므로 VR 장비의 실제성을 높이기 위한 지속적인 기술 개선이 필요하다.

VR을 활용한 다양한 안전교육 콘텐츠를 제공하고 있는 안전보건공단
(출처: https://360vr.kosha.or.kr/)

홍보·마케팅 분야에서의 XR 기획 틀 잡기

홍보 및 마케팅 분야에서 XR 기술의 적용 목적은 브랜드의 메시지를 혁신적이고 몰입감 있는 방식으로 전달하여 소비자의 관심을 끌고 참여를 유도하는 것입니다. XR은 제품이나 서비스의 특징을 더욱 생생하게 보여주고 사용자 경험을 강화함으로써 고객의 기억에 깊은 인상을 남기고 브랜드 인지도를 향상하는 데 중요한 역할을 합니다.

제품 체험 및 시연-VR 매칭

Scan(상황 파악) : 현재 어떤 상황과 문제점을 가지고 있는가?

소비자들이 온라인 쇼핑을 선호함에 따라 제품을 체험하기 전에 구매 결정을 내리는 경우가 많아지고 있습니다. 그로 인해 제품에 관한 충분한 이해 없이 구매하는 사례도 늘고 있습니다.

온라인에서는 제품을 보고, 만지고, 사용해 보는 체험이 불가능하여 정확한 평가와 만족도 예측이 어렵습니다. 이는 반품률 증가와 소비자 만족도 저하로 이어질 수 있습니다.

Selection(기술 선택): 어떤 기술을 선택할 것인가?

- **선택 기술**: 가상현실(VR)
- **선택 이유**: VR 환경에서는 VR 컨트롤러와 손동작으로 제품을 조작할 수 있습니다. 이는 소비자가 제품을 실제와 가까운 체험을 가능하게 하므로 제품의 기능과 사용 시의 느낌을 사전에 파악할 수 있습니다.

Specify(기능 도출): 어떻게 구현할 것인가?

- 제품의 정밀한 3D 모델을 구현하여 소비자가 가상 환경에서 자유롭게 탐색하고 상호작용할 수 있게 합니다.
- VR 컨트롤러를 통한 제품과의 직접적인 상호작용을 구현합니다.
- 다양한 시나리오에서 제품 기능 및 성능을 체험할 수 있습니다.

UX 스케치

프로젝트명: VR을 통한 스마트 홈 시스템 체험 플랫폼

경험 흐름

• 고객은 VR 헤드셋을 착용하고 플랫폼에 접속한다. 플랫폼은 스마트 홈 시스템을 실사와 같은 3D 환경으로 구현해 놓았다.

• VR 컨트롤러를 사용하여 조명, 난방, 보안 시스템 등 스마트 홈의 다양한 기능을 제어해 보면서 각 시스템의 작동 방식과 효율성을 평가한다.

• 스마트 홈 시스템이 어떻게 일상을 편리하게 해주는지 체험한다. 가령 아침에 기상 시 자동으로 조명이 켜지고 집을 비울 때는 보안 시스템이 활성화되는 등의 시나리오를 경험한다.

기대효과

이 플랫폼은 스마트 홈 시스템에 대한 체험을 가능하게 함으로써 소비자의 구매 결정을 지원한다. 소비자는 제품의 기능과 효율성을 다각도로 평가할 수 있으며 이는 제품 선택의 만족도를 높이는 데 기여할 것이다.

삼성전자는 가정집처럼 구현된 3차원 가상공간에 가전제품을 배치해 VR 기기로 체험하는 '비스포크 홈메타 체험존'을 마련했다. (출처: 삼성 뉴스룸)

체험 종료 뒤에는 결제 시스템을 연결하여 구매까지 이어지게 할 수 있다.

주의 사항

• VR 체험 내 제품과의 상호작용은 객관적이고 현실적이어야 한다. 구매를 유도하기 위해 과장되거나 왜곡된 상호작용 표현을 한다면, 사용자의 올바른 판단을 방해할 수 있다.

브랜드 캠페인 및 스토리텔링-VR 매칭

Scan(상황 파악) : 현재 어떤 상황과 문제점을 가지고 있는가?

디지털 마케팅이 발전하면서 기업들은 소비자의 눈길을 끌고 브랜드 메시지를 전달하기 위한 혁신적인 방법을 모색하고 있습니다. 하지만 전통적인 마케팅 방법은 브랜드의 세계관과 스토리를 충분히 전달하는 데 한계가 있습니다. 소비자의 감정적 참여가 쉽지 않고 스토리텔링을 통한 브랜드 경험을 제공하는 데도 한계가 있습니다.

Selection(기술 선택): 어떤 기술을 선택할 것인가?

- **선택 기술**: 가상현실(VR)
- **선택 이유**: VR 기술은 사용자를 가상의 세계로 초대하여 브랜드 스토리의 일부가 되게 함으로써 감정적 참여와 몰입감을 극대화합니다.

Specify(기능 도출): 어떻게 구현할 것인가?

- 브랜드의 핵심 가치와 미션을 경험할 수 있는 가상 환경을 구축합니다.
- 브랜드의 역사, 제품 제작 과정, 미래 비전을 체험하는 기능을 구현합니다.
- 사용자와 브랜드 간의 감정적 연결을 강화하는 상호작용 요소를 제공합니다.
- VR 캠페인은 사용자가 가상 환경에서 브랜드의 핵심 가치와 미션을 경험할 수 있게 설계되어야 합니다. 사용자는 가상 세계에서 브랜드의 역사를 탐험하고 제품이 만들어지는 과정에 참여하며 브랜드가 추구하는 미래를 볼 수 있습니다.

이니스프리는 제주의 깨끗한 자연과 순수한 에너지를 고객에게 효과적으로 전달하기 위해 가상현실을 활용하여 디지털 캠페인을 벌였다. (출처: 이니스프리 공식 유튜브)

XR UX 스케치

프로젝트명: VR 상품 체험을 통한 브랜드 세계관 경험

경험 흐름

- 사용자는 VR 헤드셋을 착용하고 브랜드에서 제공하는 VR 앱을 실행한다. 앱 내에서 관심 있는 신제품의 VR 체험을 선택한다.
- VR 체험이 시작되면 사용자는 상품과 관련된 특별한 공간에 들어온 것 같은 생생한 경험을 하게 된다. 상품의 주요 특징과 사용 장면이 사용자 주변에 360도로 펼쳐진다.
- 체험 중간중간 가상의 브랜드 캐릭터가 사용자에게 상품의 특징을 설명한다. 가상 캐릭터가 상호작용을 유도할 때 사용자는 손짓이나 음성으로 반응할 수 있다. 이를 통해 상품에 대한 이해도와 흥미가 높아진다.
- VR 체험은 상품의 기능뿐만 아니라 브랜드의 전체적인 세계관을 경험하게 한다. 체험 속 배경이나 스토리, 캐릭터 등을 통해 브랜드의 가치와 철학을 간접적으로 느낄 수 있다.

기대효과

상품과 관련된 가상 세계에 직접 들어가 분위기를 느끼고 상품과 상호작용하는 체험을 통해 브랜드와 제품에 대한 관심을 효과적으로 높일 수 있다. 이는 구매 전 고객 경험을 향상시키고, 브랜드 충성도 강화에 기여할 것이다.

주의 사항
- VR 체험은 상품에 대한 흥미를 유발하되 과장된 정보나 비현실적인 기대를 주지 않도록 주의해야 한다.
- VR 기기나 앱의 사용이 익숙하지 않은 고객들도 쉽게 콘텐츠에 접근할 수 있도록 사용자 친화적인 인터페이스를 설계해야 한다.

가상현실 전시·박람회 구축-VR 매칭

Scan(상황 파악) : 현재 어떤 상황과 문제점을 가지고 있는가?

오프라인 방식의 전시 및 박람회는 여전히 신기술과 혁신적인 아이디어를 선보이는 데 있어 중요한 역할을 하지만 일회성 행사를 위한 '세트(부스)' 기반으로 운영되기 때문에 비용과 자원이 상당히 소모됩니다. 이러한 구조는 비용을 합리적으로 사용해야 한다는 압박을 가중시키며 결과적으로 정보 전달과 표현 방법의 한계를 초래합니다. 또한 접근성 제한, 지리적 한계, 환경적 영향 및 지속 가능성에 대한 우려로 참가자와 참여 기업 모두 유연성이 부족해지기 쉽습니다.

- **선택 기술**: VR(가상현실)
- **선택 이유**: VR 기술은 이러한 한계를 극복하고 정보 전달 및 표현 방법의 다양성을 확장할 기회를 제공합니다. 참가자와 참여 기업에 시공간에 구애받지 않고 접근할 수 있는 전시 및 박람회 환경을 제공함으로써 비용 효율성과 접근성을 대폭 향상할 수 있습니다.

Specify(기능 도출): 어떻게 구현할 것인가?

- 가상 전시 홀, 3D 제품 시연, 인터랙티브 부스를 구현합니다.
- 자유로운 이동 및 제품 직접 체험 기능을 제공합니다.
- 시공간의 제약이 해소된 VR 가상 전시회장을 제공합니다.

UX 스케치

프로젝트명: 건축 및 인테리어 디자인의 혁신을 경험하는 가상 전시회

경험 흐름

- 사용자는 VR 헤드셋을 착용하고 가상 전시회에 입장한다. 가상공간은 다양한 건축 스타일과 인테리어 디자인 콘셉트가 완벽하게 재현된 전시 공간으로 구성되어 있다.
- 사용자는 가상공간에서 자유롭게 이동하며 각기 다른 디자인 콘셉트의 방과 공간을 탐색한다. 전통적인 박람회에서는 불가능했던 건축된 공간의 모든 부분을 체험할 수 있다. 또한 실제로 구현하기 어려운 창의적인 디자인 아이디어와 재료를 탐구할 수 있다.
- 각 전시 공간에는 상호작용 요소가 포함되어 있어 사용자는 VR 컨트롤

러를 사용하여 재료의 질감을 느끼거나 조명과 가구 배치를 변경해 보면서 다양한 디자인 효과를 경험할 수 있다.

- 가상 미팅룸에서 디자인 전문가와 실시간으로 상담하여 프로젝트에 대한 조언을 얻고 구체적인 디자인 솔루션을 논의할 수 있다.

기대효과

VR 기반 전시회는 사용자가 공간의 제약 없이 건축 및 인테리어 디자인을 탐색하고 혁신적인 디자인 솔루션을 발견할 수 있는 플랫폼을 제공한다.

주의 사항

- VR로 구현되는 건축 및 인테리어 공간은 실제와 최대한 유사해야 한다. 디자인, 재질, 비율 등이 정확히 반영되어야 사용자가 실제 공간에 있는 것과 같은 경험을 할 수 있다.
- 다수의 사용자가 동시에 접속하는 가상 전시회의 특성상 안정적인 네트워크 연결과 서버 성능이 필수이다. 접속 지연이나 끊김 현상은 사용자 경험을 크게 저하할 수 있다.

VR Chat 내부 '로손(일본의 편의점 체인)', 'BEAMS(일본의 패션 브랜드)'의 가상 부스
(출처: https://home.akihabara.kokosil.net)

디지털 카탈로그 제작 AR 매칭

Scan(상황 파악): 현재 어떤 상황과 문제점을 가지고 있는가?

종이 홍보물은 저렴한 비용과 높은 접근성으로 널리 사용되고 있으나 제품이나 서비스의 3차원적 특성이나 디테일을 충분히 전달하기 어렵습니다. 이는 고객이 제품에 대해 정확하게 이해하는 데 불확실성을 증가시켜 제품에 대한 만족도를 떨어뜨릴 수 있습니다.

Selection(기술 선택): 어떤 기술을 선택할 것인가?

- **선택 기술**: 증강현실(AR)
- **선택 이유**: AR 기술은 2차원 홍보물이 전달하기 어려운 제품의 3차원적 형태와 디테일을 생생하게 보여줄 수 있습니다. 스마트폰을 통해 접근할 수 있으며 QR 코드 같은 마커를 활용해 종이 홍보물과 결합하면 실제 환경에서 제품을 시각화하고 다양한 각도에서 살펴보는 것이 가능합니다. 이 접근 방식은 제품에 대한 정확한 이해를 바탕으로 신뢰를 구축하고 제품 선택에 있어 신뢰를 높이는 동시에 전통적인 홍보물의 한계를 극복하고 사용자 경험을 풍부하게 합니다.

Specify(기능 도출): 어떻게 구현할 것인가?

- 실제 공간에 제품을 배치해 볼 수 있는 AR 기능을 구현합니다.
- 제품의 360도 회전, 색상 및 사이즈 변경 기능을 제공합니다.

XR UX 스케치

프로젝트명: AR 경험이 제공되는 유모차 종이 카탈로그

경험 흐름

- 사용자가 종이 카탈로그에서 관심 가는 유모차 옆의 QR 코드를 스마트폰으로 스캔하면 AR 앱으로 연결되어 유모차의 3D 모델을 증강한다.
- 스마트폰 화면을 통해 자신의 거실에 배치된 유모차를 볼 수 있다. 다양한 각도에서 유모차 디자인을 확인하고 색상 옵션을 변경해 보며 제품의 스타일과 형태를 자세히 살펴본다.
- AR 앱을 통해 유모차를 접어보기도 하고 손잡이나 안전벨트 등 유모차를 조작해 보면서 실제 사용 시의 편리함과 안전성을 평가한다.
- 여러 유모차 모델을 증강해 비교해 보고 디자인과 기능 면에서 가장 마음에 드는 유모차를 선택한다.

기대효과

AR 경험이 제공되는 카탈로그는 제품의 디테일한 시각화와 소비자에게 실제와 같은 제품 체험을 제공하여 유모차 선택 시 정보에 기반한 결정을 내릴 수 있도록 돕는다.

주의 사항

- AR로 표현되는 유모차는 실제 제품의 디자인, 색상, 비율 등을 정확하게 반영해야 한다. 가상 이미지와 실제 제품 간에 차이가 있을 경우 소비자의 신뢰가 저하된다.
- 유모차는 아기의 안전과 직결되는 제품이므로 과도한 연출로 제품의 성능을 착각하게 혹은 과하게 만들어서는 안 된다.
- AR 앱은 다양한 스마트폰 기기와 운영체제에서 원활히 작동해야 한다. 호환성 이슈는 사용자 접근성을 제한할 수 있다.

개인화 경험 도구-MR 매칭

온오프라인에서 상품을 구매할 때 소비자들은 그 상품이 자기에게 어떻게 어우러지는지 알고 싶어 합니다. 하지만 기존 홍보·마케팅 도구(구두 설명, 인쇄물, 영상 등)는 개인의 환경과 요구에 맞춰진 경험을 제공하지 못므로 이러한 불확실성을 해결하기 어렵습니다.

Selection(기술 선택): 어떤 기술을 선택할 것인가?

- **선택 기술**: 혼합현실(MR)
- **선택 이유**: MR 기술은 사용자의 실제 환경과 가상 콘텐츠의 결합을 통해 소비자가 자신의 생활 공간 내에 제품을 실시간으로 시각화하고 경험할 수 있게 합니다. 이는 카메라와 센서를 통해 사용자의 물리적 환경을 정밀하게 인식하고 분석함으로써 가능합니다. 사용자는 MR을 통해 자신의 공간에 제품을 배치해 보고 다양한 구성과 옵션을 실제와 유사한 방식으로 시험해 볼 수 있습니다.

Specify(기능 도출): 어떻게 구현할 것인가?

- 제품을 사용자의 주변 공간에 실시간으로 배치하는 기능을 구현합니다.
- 제품 사이즈, 색상, 스타일을 실시간으로 변경할 수 있는 기능을 제공합니다.

UX 스케치

프로젝트명: 가상 홈 스타일링-개인화된 가구 배치 체험

경험 흐름
- 사용자는 스마트폰에 '가상 홈 스타일링' 앱을 다운로드하고 실행한다. 앱은 사용자의 실내 공간을 카메라로 스캔하여 실제 공간과 가구들의 크기 및 위치를 인식한다.
- 앱은 MR 기술을 활용하여 현실 가구와 조화롭게 어울리는 가상 가구를 제안하고 사용자의 공간에 배치해 준다.
- 사용자는 가구의 배치나 크기, 색상 등을 조정하여 실제 공간에 가구가 어떻게 보일지 확인하면서 이상적인 인테리어 구성을 찾는다.
- 최적의 가구 배치를 결정한 후 앱을 통해 가구를 주문한다.

기대효과
MR 기반 도구를 활용해 실제 환경에 가구를 배치해 보거나 개인화된 인테리어 스타일링을 경험할 수 있으므로 소비자는 자신의 구매 결정에 확신을 갖고 공간에 맞는 가구를 선택할 수 있다.

주의 사항
- 가상으로 배치되는 가구는 실제 제품을 최대한 사실적으로 반영해야 한다. 가상 이미지와 실제 제품 간의 차이는 사용자의 신뢰도를 떨어뜨릴 수 있다.
- MR 기술에 익숙하지 않은 사용자도 쉽게 앱을 사용할 수 있도록 직관적인 사용자 인터페이스를 설계해야 한다.
- 사용자의 공간 특성과 선호도를 분석해 최적의 가구 및 스타일을 추천하는 기능을 제공하면 사용자 경험이 더욱 풍성해진다. 이를 위해 인공지능과 머신러닝 기술을 활용할 수 있다.

커뮤니케이션 분야에서의 XR 기획 틀 잡기

비즈니스 회의, 교육, 사회적 모임, 원격 지원 등 다양한 커뮤니케이션 상황에서 VR, AR, MR과 같은 기술을 적용하면 실제로 만나 대화하는 것과 같은 소통을 할 수 있습니다. 커뮤니케이션 분야에서 XR 기술은 사람들 사이의 상호작용을 강화하고 원거리에 있는 사람들 간의 커뮤니케이션 장벽을 허물기 위해 사용됩니다.

회의 및 협업의 보조도구-MR 매칭

Scan(상황 파악) : 현재 어떤 상황과 문제점을 가지고 있는가?

전통적인 회의 및 협업 도구는 2D 화면에 의존하기 때문에 실제 공간의 물리적 제약과 참가자 간의 상호작용을 충분히 반영하지 못합니다. 특히 공간적 이해가 중요한 프로젝트에서 협업의 효율성과 정확성을 저하시킵니다.

Selection(기술 선택): 어떤 기술을 선택할 것인가?

- **선택 기술**: 혼합현실(MR)
- **선택 이유**: 실제 요소들과 상호작용이 가능한 3D 모델을 증강하면 참가자들은 MR 기기를 통해 가상 모델을 조작하고 실시간으로 피드백을 주고받으며 공간적 이해를 기반으로 한 의사소통을 할 수 있습니다. 가상 모델이 실제 환경의 제약을 넘어선 어색한 상황을 방지하므로 참가자들은 더 자연스럽게 협업할 수 있습니다.

Specify(기능 도출): 어떤 기능으로 가치를 제공할 것인가?

- 실제 회의실에 가상의 3D 모델을 증강하는 기능을 구현합니다.
- 가상 모델 조작 및 실시간 피드백 기능을 제공합니다.
- 공간적 이해를 기반으로 한 효과적인 의사소통 환경을 구축합니다.

가상 공간에서 회의 및 협업을 진행할 수 있는 Spatial 서비스의 모습
(출처: Spatial)

프로젝트명: MR 기반 디자인 협업 플랫폼

경험 흐름

- 회의실에 모인 팀원들은 MR 헤드셋을 쓴 후 새로운 자동차 디자인 프로젝트의 3D 모델을 불러온다.
- MR 플랫폼이 회의실 내 대형 디스플레이와 책상 위에 가상의 자동차 모델을 배치한다. 이 모델은 참가자들이 실제 환경에서 상호작용하는 동안 유기적으로 결합하거나 분리될 수 있다.
- 가상의 자동차 모델 주변으로 참가자들이 모이면 자동차 모델은 참가자의 움직임에 자연스럽게 반응한다. 참가자들은 모델을 둘러싸고 각자의 관점에서 디자인을 검토하고 의견을 나눌 수 있다.
- 협업 과정에서 도출된 아이디어와 수정 사항은 가상 모델에 즉시 반영된다. 팀원들은 변경된 디자인을 MR 환경 내에서 실시간 확인할 수 있다.

기대효과

MR 기반 협업 플랫폼은 가상 모델을 실제 환경에 유기적으로 결합함으로써 협업을 지원한다. 직관적이고 창의적인 협업 환경에서 팀원들은 프로젝트 목표를 정확하고 이를 효율적으로 달성할 수 있다.

주의 사항

- 다수의 사용자가 동시에 상호작용하는 MR 환경에서는 실시간 동기화가 매우 중요하다. 네트워크 지연이나 데이터 처리 속도 저하로 인한 협업 경험의 저하를 방지하기 위해 시스템 성능을 최적화해야 한다.
- MR 환경에 몰입한 사용자들이 실제 물체 혹은 다른 사용자와 충돌하지 않도록 주의한다. 가상 객체와 실제 환경 간의 경계를 명확히 하고, 사용자 움직임을 실시간으로 추적하여 안전한 상호작용을 보장해야 한다.

원격 지원 기반 CS-MR 매칭

Scan(상황 파악) : 현재 어떤 상황과 문제점을 가지고 있는가?

대부분의 원격 지원 고객 서비스는 전화, 채팅, 또는 화상 통화를 통해 제공됩니다. 이러한 방식은 시각적인 도구가 부족하여 고객이 제품 문제를 설명하거나 서비스 담당자가 해결책을 제시할 때 시간이 지연되거나 오해가 발생할 수 있습니다.

Selection(기술 선택): 어떤 기술을 선택할 것인가?

- **선택 기술**: 혼합현실(MR)
- **선택 이유**: 고객의 물리적 환경을 3D로 실시간 제공함으로써 고객과 서비스 담당자 간의 의사소통을 혁신적으로 향상시킬 수 있습니다. 고객의 문제 해결을 효과적으로 돕는 실제적인 가이드를 제공해 고객 만족도와 서비스 효율성이 크게 향상됩니다.

Specify(기능 도출): 어떻게 구현할 것인가?

- MR 기기를 착용한 상태에서 문제를 해결할 수 있는 기능을 구현합니다.
- 서비스 담당자가 고객 환경에 가상의 도구나 안내를 제공하는 기능을 구현합니다.
- 수리부터 복잡한 기술 지원까지 다양한 상황에 적용할 수 있는 시스템을 구축합니다.

XR UX 스케치

프로젝트명: MR 기반 원격 지원 서비스를 통한 시설 유지보수 및 관리

경험 흐름

- 공장 내 중요 기계의 이상 신호를 감지하면 관리자는 MR 헤드셋을 착용한다. MR 헤드셋에 부착된 다수의 카메라와 센서는 서비스의 주변 환경을 3차원으로 인식하고 데이터를 원격 지원 서비스 센터에 전송한다.
- 서비스 센터 담당자는 관리자의 MR 환경에서 전송된 3차원 데이터를 기반으로 사용자의 실제 공간을 정확히 인지하고 문제가 있는 기계 상태를 파악해 최적화된 가상의 객체 가이드를 정확한 위치에 배치한다.
- 공장 관리자는 서비스 담당자가 배치한 가상의 객체 가이드에 따라 문제 부위를 식별하고 필요한 조치를 한다. 이 과정에서 MR 헤드셋은 관리자의 움직임과 환경 변화를 실시간으로 추적하여 가상의 가이드가 항상 최적의 위치와 방향을 유지하도록 한다.

기대효과

이 시나리오는 MR 기술이 원격 지원 서비스의 효율성과 정확성을 어떻게 향상하는지를 보여준다. 실시간 3차원 데이터 처리와 가상 객체의 정밀한 배치를 통해 서비스 담당자는 사용자의 실제 환경에 맞는 지원을 정확하게 할 수 있다.

주의 사항

- MR 환경에서 사용자의 공간과 객체를 정확하게 인식하고 추적하는 것은 매우 중요하다. 부정확한 인식이나 추적은 가상 모델의 부적절한 배치로 이어져 서비스 효과를 감소할 수 있다.
- 고객 C/S를 진행하는 전문가 스스로가 XR 기술에 관해 기본적인 이해를 하고 있어야 고객과 효과적인 커뮤니케이션을 할 수 있다.

커뮤니케이션 분야에서의 XR 기획 틀 잡기

지도/길찾기 서비스-MR 매칭

Scan(상황 파악) : 현재 어떤 상황과 문제점을 가지고 있는가?

대부분의 지도 및 길찾기 서비스는 모바일 기기나 컴퓨터를 통해 2D 지도를 제공합니다. 사용자가 실제 환경과 지도 사이에서 연결고리를 직접 맺어야 하는 상황입니다. 실제 환경을 탐색할 때 2D 지도의 정보는 직관적이지 않을 수 있습니다. 특히 복잡한 도시 환경이나 알려지지 않은 길을 찾을 때는 사용자가 혼란을 겪을 수 있습니다.

Selection(기술 선택): 어떤 기술을 선택할 것인가?

- **선택 기술**: 혼합 현실(MR)
- **선택 이유**: MR 기술은 실시간으로 사용자의 위치와 시야 방향을 인식하고 해당 정보에 맞춰 길찾기 안내를 제공합니다. 이는 사용자가 실제 환경에서 직관적으로 길을 찾을 수 있도록 돕습니다. 또한 복잡한 교차로나 지하철 출구와 같은 특정 지점에 대한 가이드를 3D 화살표나 하이라이트로 제공하여 사용자의 이해도를 높일 수 있습니다.

Specify(기능 도출): 어떻게 구현할 것인가?

- 현실에서 증강된 가상의 정보를 통해 실시간 길찾기 정보를 시각화합니다.
- 3D 화살표, 경로 하이라이트, 목적지 및 중요 지점 표시 기능을 제공합니다.

XR UX 스케치

프로젝트명: 실시간 도시 탐색의 MR 길찾기 시스템

경험 흐름
- MR 스마트글래스를 착용한 사용자는 실시간으로 정확한 위치와 시야 방향을 인식한다.
- 사용자의 시야에 3D 화살표와 경로 하이라이트가 오버레이 되어 목적지까지의 방향과 거리를 직관적으로 알 수 있다.
- 중요 지점 및 목적지는 특별한 아이콘과 하이라이트로 강조되어 사용자가 쉽게 인식할 수 있도록 돕는다.
- 사용자는 필요에 따라 음성 명령으로 목적지 변경이나 추가 정보를 요청할 수 있다.

기대효과
MR 기반 실시간 길찾기 시스템은 사용자가 복잡한 도시에서도 효율적으로 길을 찾을 수 있게 도울 것이다. 목적지까지 실제 환경에 가상 정보를 통합하여 제공함으로써 사용자 경험을 혁신적으로 향상시킨다.

주의 사항
- MR 길찾기 시스템 사용 중에는 사용자의 주의력이 분산될 수 있다. 보행 중 주변 환경에 유의하고 교통안전 규칙을 준수하도록 주기적으로 알림을 제공해야 한다.
- MR 길찾기 시스템은 사용자의 위치 정보를 실시간으로 수집하고 처리하므로 사용자의 프라이버시를 보호하기 위해 데이터 수집 및 활용에 대한 투명한 정책을 마련하고 사용자의 동의를 얻어야 한다.
- MR 콘텐츠가 실제 환경과 자연스럽게 어우러지도록 한다. 가상 객체가 실제 환경을 가리거나 방해하지 않도록 적절한 크기와 배치를 고려한다.

4부

적절한 XR 디바이스 선택하기

XR 기기는 우리에게 새로운 경험을 열어주는 매력적인 매개체입니다. 특히 VR 헤드셋은 많은 사람에게 처음으로 새로운 차원을 체험하게 해주었죠. 하지만 무겁고 답답 착용감으로 불편함을 느낀 분도 있을 겁니다. 누군가는 마치 뚝배기를 쓴 것 같다고 했을 정도니까요.

현재 시장에는 수많은 XR 디바이스가 출시되어 있습니다. 하지만 실제로 사용되는 것들은 소수의 주요 제조사 제품입니다. 물론 프로젝트에 따라 특수한 제품을 사용할 때도 있지만요.

이 책은 실무 프로젝트 위주로 설명하고 있으므로 실무에서 많이 사용되는 몇몇 제품을 집중적으로 다루겠습니다. XR 디바이스를 VR, AR, MR로 구분하여 XR 도입 시 기획자가 고려해야 할 사항과 이 디바이스들의 미래에 대해 알아보겠습니다.

가상현실 디바이스
주요 제품 및 특징

기술 발전에 따라 VR 디바이스 또한 다양한 기능을 갖추었습니다. 이러한 다양성은 선택의 폭을 넓혀주지만 동시에 적합한 디바이스 선택을 어렵게 만들 수 있습니다. 따라서 VR 디바이스를 체계적으로 이해하고 비교할 수 있는 기준이 필요합니다.

그 선택 기준으로 디바이스의 움직임 인식 기능, 사용 편의성, 추적 방식 세 가지를 꼽을 수 있는데요. 간략히 설명한 후 주요 디바이스 제품에 대해 알아보도록 하겠습니다.

디바이스의 움직임 인식 기능 3DOF vs 6DOF

DOF^{Degree of Freedom}는 VR 안에서 우리가 얼마나 자유롭게 움직일 수 있는지를 나타내는 지표입니다. 3DOF와 6DOF의 차이는 사

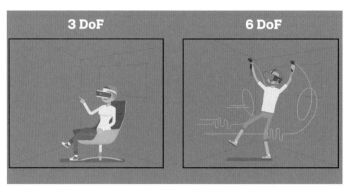

DOF의 차이에 따른 사용자 경험의 모습

용자의 움직임을 얼마나 정확하게 추적하느냐에 있는데요. 3DOF
는 간단한 VR 경험이나 360도 동영상 시청에 적합하고 비용이 저
렴하며 설정이 간단합니다. 반면 회전 움직임에 위치 이동까지 감
지하는 6DOF는 가상 공간 내에서 자유로운 이동이 가능하므로 게
임이나 복잡한 시뮬레이션에 적합합니다.

　3DOF냐 6DOF냐의 선택은 프로젝트의 목적과 예산에 따라 달
라질 수 있습니다. 최근 동향을 보면 3DOF 제품은 시장에서 점차
사라지고 있으며 대부분의 VR 디바이스들이 6DOF를 채택하고 있
습니다.

사용 편의성 PC 연결형 vs 독립형

PC 연결형은 높은 그래픽 성능이 필요한 응용 프로그램이나 고

품질 VR 콘텐츠에 적합하고 독립형은 이동성과 편의성이 중요한 교육, 훈련, 또는 간단한 엔터테인먼트 용도에 적합하므로 프로젝트의 특성과 사용 환경에 따라 디바이스를 선택해야 합니다. 최근에는 칩셋 성능의 발전으로 독립형 VR 헤드셋의 성능이 크게 향상되어 독립형 디바이스로도 높은 수준의 VR 경험을 할 수 있습니다.

추적 방식 외부센서(Outside-in) vs 내부센서(Inside-out)

쉽게 설치할 수 있는 시스템을 원하는지, 정확한 추적 기능을 원하는지에 따라 VR 디바이스의 선택도 달라집니다. 외부센서 방식은 좀 더 정확한 추적이 가능하지만 설치가 복잡하고 사용 공간이 제한적입니다. 내부센서 방식은 설치가 간편하고 이동이 자유로워 다양한 환경에서 사용할 수 있지만 추적 정확도가 떨어질 수 있습니다. (자세한 내용은 209쪽 참조)

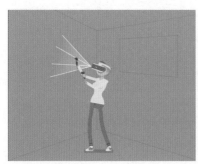
내부 센서(Inside-out Tracking)

외부 센서(Outside-in Tracking)

메타 VS HTC 디바이스

VR 디바이스 시장에서 두드러진 위치를 차지하는 대표적인 제조사는 HTC와 메타(구 페이스북)입니다. HTC의 바이브 프로 시리즈와 메타의 오큘러스 퀘스트 시리즈는 각각 시장에서 중요한 역할을 하며 VR의 발전을 이끌어왔습니다.

메타의 오큘러스 퀘스트 시리즈

메타의 가장 최신 디바이스인 메타 퀘스트3

오큘러스 퀘스트는 전 세계에서 가장 많이 판매된 VR 디바이스 중 하나입니다. 스탠드얼론 방식°으로 독립적으로 사용할 수 있으며 인사이드-아웃 트래킹°°을 사용하여 사용자의 움직임을 정밀하게 추적할 수 있습니다. 메타는 오큘러스 퀘스트를 통해 VR의 대중화를 추진하

○ 스탠드얼론 방식은 외부 기기나 컴퓨터에 연결하지 않고도 독립적으로 작동하는 시스템을 의미합니다. 모든 연산과 처리가 디바이스 자체에서 이루어져 별도의 연결 장치 없이 간편하게 사용할 수 있습니다.

○○ 인사이드 아웃 트래킹(Inside-out Tracking)은 헬멧이나 안경 형태의 HMD 장치에 부착된 카메라나 센서로 사용자의 움직임을 추적하는 방식입니다. 카메라나 센서가 HMD 주변의 물체나 특정 지점을 스캔해 그 공간의 깊이 정보를 인식하고 이를 알고리즘으로 처리하여 사용자의 위치와 방향 정보를 도출합니다.

고 있으며 합리적인 가격 정책으로 사용의 간편함과 접근성을 높였습니다.

오큘러스 퀘스트는 게임, 교육, 엔터테인먼트, 소셜 미디어 등 다양한 애플리케이션에서 사용됩니다. 특히 메타의 지속적인 소프트웨어 업데이트를 통해 새로운 기능이 추가되고 성능이 개선되고 있어 사용자들은 계속해서 향상된 경험을 제공받을 수 있습니다. 특히 오큘러스 링크 기능을 통한 PC VR 게임은 독립형과 PC VR의 장점을 모두 활용하여 사용자들에게 큰 호응을 얻고 있습니다.

HTC의 바이브 시리즈

풀 트래킹을 원하는 헤비 유저들과 전문가들 사이에서 선호되는 바이브 시리즈는 고성능 VR 경험을 제공하는 것으로 알려져 있습니다. HTC의 혁신적인 기술은 세 가지로 집약됩니다.

HTC 바이브의 대표 제품 'VIVE PRO'. 아웃사이드-인 트래킹 방식을 지원하는 베이스 스테이션 장치가 기본으로 제공되는게 특징이다.

베이스 스테이션 정밀한 레이저 추적 기술을 사용하여 넓은 공간에서도 정확한 위치 추적을 가능하게 합니다. 이에 따라 사용자는 더욱 자유롭고 몰입감 있는 VR 경험을 즐길 수 있습니다.

트래커 바이브는 최근 독립형 장비와 연결될 수 있는 전용 트래커를 출시했습니다. 이제 독립형 기기에서도 사용자의 신체나 물체의 움직임을 정확하게 감지하여 VR 공간 내에 실시간으로 반영할 수 있습니다.

디바이스의 기술 혁신과 제품 다각화 사용 편의성을 높이면서도 고품질의 VR 경험을 제공하는 인사이드-아웃 트래킹 기술에도 주력하여 독립형 HMD인 VIVE Elite XR 시리즈를 출시하기도 했습니다.

바이브의 '얼티밋 트래커'는 별도의 PC 연결 없이 몸에 부착하는 것만으로 정확한 동작 추적이 가능하고 자사의 독립형 VR 헤드셋과도 호환된다.

기타 VR 디바이스

다양한 사용자의 요구와 특수한 목적을 충족하기 위해 VR 디바이스는 여러 제품이 개발되고 있습니다. 그중 독특한 기능과 성능으로 주목받는 제품들이 있습니다.

바르요 디바이스

바르요VARJO의 XR 디바이스 제품군은 초고해상도 디스플레이와 광학 기술을 통해 '인간 시각 해상도'를 구현합니다. 또한 넓은 시야각과 정밀한 눈 추적 기술로 몰입감을 높입니다. 사용자의 시선을 실시간 추적하여 시선이 향한 곳은 고해상도로, 주변

Varjo의 'XR-4' (출처: Varjo)

부는 낮은 해상도로 렌더링하는 포비에이티드 렌더링Foveated Rendering 기술을 사용함으로써 연산 효율과 화질을 동시에 높입니다.

바르요 제품의 고해상도와 넓은 시야각은 비행 시뮬레이션이나 전투 훈련에서 실제와 유사한 환경을 제공하므로 군사 및 항공 훈련에 특히 효과적이고 자동차 및 산업 디자인 분야에서도 활용도가 높습니다. 디자이너들은 바르요의 뛰어난 시각적 품질 덕분에 가상

프로토타입을 실제 모델과 거의 동일한 수준으로 검토할 수 있어 디자인 프로세스의 효율성을 크게 높일 수 있습니다. 가격대가 비싼데도 성능과 기술력이 뛰어나 HMD계의 프리미엄 브랜드로 자리매김하고 있습니다.

3DOF형 HMD 제품

전 세계의 다양한 XR 디바이스들을 쉽게 비교할 수 있는 vr-compare 웹페이지
(출처: https://vr-compare.com)

영상 감상 같은 간단한 VR 체험만을 원한다면 굳이 고성능 VR 장비가 필요하지 않을 수 있습니다. 저가형의 3DOF형 HMD를 활용해도 충분하죠. 이런 제품들은 복잡한 설치 과정을 거치지 않아도 VR을 체험할 수 있습니다. 그러나 6DOF 트래킹과 컨트롤러를 제공하는 오큘러스 퀘스트의 등장으로 이제는 3DOF 제품과의 가격 차이가 크진 않습니다. 즉 조금만 더 비용을 투자하면 더 풍부하고 인터랙티브한 VR 경험을 할 수 있게 된 것이죠. 결과적으로 3DOF 제품은 VR 시장에서 입지가 좁아지는 추세입니다.

바이브의 트래커 시스템

HTC의 바이브 시리즈는 독특한 트래커 시스템으로 VR 경험을 한 단계 끌어올려 전문적이고 고급화된 VR 경험을 원하는 사용자들 사이에서 인기를 끌고 있습니다. 사용자들은 실제 공간에서처럼 자유롭게 상호작용할 수 있으며, 이는 VR에서의 경험을 한층 더 실감 나게 만들어 줍니다.

- **전신 추적**: 다수의 트래커를 신체의 여러 부위(허리, 팔꿈치, 무릎 등)에 부착하여 사용자의 전신 움직임을 상세하게 캡처합니다.
- **높은 정밀도**: 트래커는 매우 정확한 위치 추적을 제공하여, 미세한 동작까지 가상 공간에 반영합니다.
- **객체 추적**: 트래커를 실제 물체에 부착하여 해당 물체의 움직임을 가상 공간에 실시간으로 구현합니다.

이러한 바이브의 트래커 시스템은 다양한 VR 콘텐츠에서 큰 장점을 발휘합니다.

- **소셜 VR 플랫폼**: 사용자의 전신 동작을 정확하게 반영하여 아바타가 더 자연스럽게 움직이고 상호작용할 수 있습니다.
- **VR 스포츠 및 피트니스**: 전신 동작 추적을 통해 정확한 동작 분석과 즉각적인 피드백이 가능해집니다.
- **모션 캡처**: 영화, 애니메이션, 게임 제작을 위한 저비용 고효율의 모션 캡처 솔루션으로 활용됩니다.
- **가상 공연**: 댄서나 뮤지션이 가상 공간에서 실제와 유사한 퍼포먼스를 선보일 수 있습니다.
- **교육 및 훈련 시뮬레이션**: 의료, 군사, 산업 분야 등에서 정밀한 동작 추적이 필요한 훈련에 활용될 수 있습니다.

정확한 전신 추적을 통해 유저 간에 다양한 소통과 프로그램 진행이 가능하다.
(좌) 가상공간 내의 댄스 배틀, (우) 가상공간 내의 체력장
(출처: 우왁굳의 게임 방송)

XR 시장에 재진입하는 삼성전자, 귀추가 주목되다

삼성전자가 XR 시장에 다시 뛰어들 준비를 하고 있어 업계의 이목이 쏠리고 있습니다. 2015년 출시된 삼성의 '기어 VR'은 전 세계 소비자들이 VR을 쉽고 편하게 즐길 수 있도록 이끈 혁신적인 제품이었습니다. PC 연결형 HMD

'갤럭시 언팩 2024' 행사에서 삼성전자, 퀄컴, 구글이 XR 분야 협력 계획을 발표하고 있다.
(출처: 삼성전자)

시장에서도 합리적인 가격에 높은 성능을 제공하는 '오디세이 VR'을 선보여 VR의 대중화에 크게 기여했죠. 이번 삼성전자의 XR 시장 재진입은 구글, 퀄컴과의 전략적 협력을 통해 이루어지고 있습니다. 이 협력에서 각 기업의 강점이 시너지를 낼 것으로 기대됩니다.

특히 주목할 만한 점은 삼성전자의 '생태계가 먼저, 제품은 그다음'이라는 전략입니다. 삼성전자는 XR 생태계의 주요 참여자들을 위한 플랫폼을 공개할 계획이라고 밝혔습니다. 이 플랫폼은 게임 개발사, 미디어 기업, 콘텐츠 제작자, 그리고 다양한 XR 서비스 제공업체들이 사용할 수 있는 운영체제와 소프트웨어 개발 도구를 포함할 예정입니다. 이러한 접근 방식은 XR 시장에서 매우 효과적인 전략이라고 생각합니다. 애플의 앱스토어 성공 사례에서도 볼 수 있듯 풍부한 콘텐츠와 서비스 생태계가 하드웨어의 성공을 뒷받침하기 때문입니다.

증강현실 디바이스
주요 제품 및 특징

VR은 전용 장비로 입지를 굳히고 있지만 AR은 아직 전용 장비라고 부르기엔 대중화가 많이 되어 있지 않습니다. 구글 글래스처럼 초기에 시장에 출시된 제품들은 큰 성공을 거두지 못했고 이후에도 시장에서 명확한 지위를 확립한 주요 제품은 많지 않습니다.

그렇지만 AR은 전용 장비 없이도 일상적으로 사용하는 모바일 디바이스에 최적화되어 잘 활용되고 있습니다. 이런 이유로 AR 디바이스의 주요 제품은 크게 모바일 디바이스류와 글래스 디바이스류로 나누어 볼 수 있습니다.

모바일 디바이스류

사용자는 스마트폰이나 태블릿과 같은 기기를 활용하여 현실 세계에서 가상 정보를 증강할 수 있습니다. 애플리케이션 스토어에서 AR 콘텐츠나 서비스를 제공하는 공식 애플리케이션을 다운로드 받아 설치하거나 필요에 따라 별도의 설치 파일로 설치하면 됩니다. 쉬운 접근성 덕분에 모바일 디바이스는 XR 디바이스 중 가장 편리하게 사용할 수 있는 장치로 자리 잡았습니다.

글래스 디바이스류

투과형 렌즈를 통해 사용자의 시야에 가상 정보를 겹쳐 보여주는 방식입니다. 주로 안경 형태의 헤드셋을 착용하여 AR 경험을 즐깁니다. 특히 모바일 기기와 연동하여 사용하는 형태의 AR 글래스는 사용자에게 더 많은 편의를 제공합니다. 그러나 현재 디스플레이 기술은 밝은 곳이나 야외 같은 특정 환경에서는 선명도가 낮아진다는 한계를 극복하지 못했습니다. 이는 사용자 경험에 큰 영향을 미치므로 기술 개발이 시급히 이루어져야 할 것입니다.

MR 기술은 비교적 최근에 주목받기 시작했지만 관련 장비의 역사는 꽤 오래되었습니다. 마이크로소프트의 홀로렌즈와 매직리프 같은 초기 MR 디바이스들이 등장했을 때는 가격도 비싸고 성능에도 한계가 있어 널리 보급되지 못했으나 컴퓨터 비전 기술과 인공지능의 급속한 발전으로 다시금 주목받고 있습니다.

홀로렌즈와 매직리프 시리즈

마이크로소프트의 홀로렌즈와 매직리프는 기업용 MR 시장을 주도하는 대표적인 디바이스입니다. 두 제품 모두 독립형 MR 헤드셋으로 투명한 디스플레이를 통해 현실 세계에 고해상도 홀로그램을 투영합니다. 홀로렌즈는 넓은 시야각과 정밀한 공간 매핑 기능이

마이크로소프트의 홀로렌즈2 (출처 : Microsoft)　　매직리프의 매직리프2 (출처 : Magic Leap)

특징이며 손동작 인식과 음성 명령을 지원합니다. 매직리프는 경량
화된 디자인과 독자적인 광학 기술을 사용하여 현실 세계와 가상
객체를 자연스럽게 통합하는 것이 강점입니다.

　　두 제품 모두 일반 소비자용보다는 B2B 시장에 초점을 맞추어
산업 현장, 의료, 교육 등 전문 분야에서 직원 교육, 원격 협업, 제
품 설계 및 시각화, 유지보수 지원 등의 업무에 활용되고 있습니다.

메타의 퀘스트3

　　메타의 퀘스트3는 앞서 VR 기기로 언급했지만, 풀 컬러 패스스
루 기능을 본격적으로 지원하면서 MR 기기로서의 위치도 확고히
하고 있습니다. VR과 MR의 경계를 허무는 좋은 사례죠. 패스스루
기능은 디지털 개체를 실제 세계 위에 함께 표현하는 증강 현실의
한 형태로 퀘스트3는 헤드셋의 카메라로 사용자 주변을 볼 수 있
으며 퀘스트2의 흑백 버전에서 크게 개선되어 해상도와 화질이 뛰
어납니다. 현재 메타는 MR 기술의 대중화와 마케팅 활동을 활발히

진행하고 있습니다.

애플의 비전 프로

애플의 비전 프로^{Vision Pro}는 공간 컴퓨팅 경험을 제공하는 헤드셋입니다. 애플은 의도적으로 XR, VR, AR, MR 같은 용어 대신 '공간 컴퓨팅'이라는 용어를 사용하는데요. 이는 비전 프로가 VR 기기를 넘어서 실제 공간과 디지털 세계를 자연스럽게 융합하는 새로운 컴퓨팅

애플의 비전 프로 (출처: 애플)

패러다임을 제시한다는 애플의 비전을 반영합니다.

비전 프로는 마이크로 OLED 디스플레이와 특수 렌즈를 통해 선명한 화질과 넓은 시야각을 자랑합니다. 초고해상도 카메라를 활용한 아이사이트^{EyeSight} 기술로 사용자의 눈동자를 실시간 추적하여 주변 사람들과 자연스러운 상호작용을 가능하게 하죠.

시선 추적, 핸드 트래킹, 제스처 인식 등 직관적인 인터페이스를 통해 사용자는 손쉽게 기기를 제어할 수 있습니다. 다양한 애플 기기 및 서비스와의 끊김이 없는 연동도 비전 프로의 강점입니다. 비싸긴 하지만 현존하는 혼합 현실 장비 중 최고의 퍼포먼스를 제공한다는 평가를 받고 있습니다.

XR 디바이스 선택 시
고려 사항

프로젝트 종류 및 대상자 파악하기

프로젝트가 어떤 결과를 기대하는지를 알면 XR 디바이스 선택에 도움이 됩니다. 교육, 훈련, 엔터테인먼트, 시뮬레이션, 마케팅 등 프로젝트에 따라 필요한 기능이 다를 테니까요. 예를 들어 의료 훈련용 프로젝트라면 높은 해상도와 정확한 트래킹이 필요할 것입니다. 대중을 대상으로 한 엔터테인먼트 프로젝트라면 사용 편의성과 이동성이 중요할 수 있습니다.

프로젝트 종류 외에 최종 사용자의 연령, 기술적 숙련도, 편안함에 대한 요구도 디바이스 선택에 영향을 줍니다. 가령 고령자를 대상으로 한 프로젝트라면 가볍고 착용이 간편한 디바이스가 적합합니다.

비용 및 ROI 분석

디바이스의 구매 가격 외에도 유지보수나 업데이트, 부가 장비 구입과 같은 장기적인 비용을 총예산에 포함해 생각해 보세요. 이 밖에도 디바이스 도입으로 인한 예상 효과와 비용을 비교해 투자 대비 가치[ROI]를 평가해 보는 것도 필요합니다. 고가의 디바이스라도 프로젝트의 효율성을 크게 높이고 장기적으로 비용을 절감할 수 있다면 초기 투자 비용이 많이 들더라도 선택할 가치가 있으니까요.

운영 환경의 특성 파악하기

디바이스를 사용할 공간의 크기, 형태, 조명 조건 등을 고려하는 것도 중요합니다. 특히 외부 트래킹이 필요한 디바이스는 사용 공간의 특성을 꼭 파악해야 합니다. 프로젝트가 이동성을 필요로 하는 프로젝트라면 스탠드얼론 디바이스나 무선 옵션을 고려해 볼 수도 있습니다. 넓은 공간에서 사용할 경우 광역 추적이 가능한 디바이스가 필요할 수 있으며, 밝은 실외에서 사용할 경우 선명도가 높은 디스플레이가 중요할 수 있습니다.

사용자 경험(UX) 고려하기

XR 기술의 핵심은 사용자 경험입니다. 디바이스의 착용감, 조작의 직관성, 콘텐츠와의 상호작용 방식 등이 사용자 경험에 큰 영향을 미칩니다. 장시간 사용해야 하는 프로젝트라면 가볍고 편안한 착용감이 중요할 것이고, 복잡한 조작이 필요한 프로젝트라면 정확한 핸드 트래킹이나 직관적인 컨트롤러가 필요할 것입니다. 멀미나 눈의 피로도와 같은 생리적 영향도 고려해야 합니다. 높은 프레임 레이트°와 낮은 지연시간을 제공하는 디바이스가 이러한 문제를 줄일 수 있습니다.

고객지원 정책 확인하기

디바이스의 무상 수리 기간, 수리 시간, 수리 비용 등 A/S 정책을 꼼꼼히 확인해 보는 것도 중요합니다. 특히 프로젝트 기간에 A/S를 받을 수 있는지는 매우 중요합니다. 외국 기업에서 제조한 디바이스라면 국내 총판이 있는지 확인해야 합니다. 총판이 있다면 A/S나 기술지원을 보다 신속하고 원활히 받을 수 있으니까요.

또한 제조사나 총판의 고객지원 체계가 잘 갖춰져 있는지도 살펴보세요. 전담 엔지니어가 있거나 온라인 고객지원 채널이 마련되어 있다면 문제 해결에 도움이 됩니다. 디바이스를 직접 수입하거나 해외 구매대행으로 구입할 경우 정식 고객지원을 받기 어려울 수 있으므로 가능하다면 국내 정식 유통 채널을 통해 구매하는 것이 안전합니다.

○   디스플레이 장치가 하나의 데이터를 표시하는 속도를 말하며 프레임 속도 또는 프레임 률이라고도 합니다.

5부

XR 프로젝트 기술 큐레이션

XR 프로젝트의 퀄리티를 높이려면 프로젝트의 목표와 요구사항을 고려하여 다양한 기술을 적재적소에 활용하는 것이 중요합니다. 이를 위해서는 XR 관련 기술을 잘 이해하고 전략을 세울 줄 알아야 하죠.

XR 기술은 매우 광범위하고 복잡하지만 기획자 관점에서 보면 추적 기술, 매핑 기술, 실감 기술로 분류해 볼 수 있습니다. 이 세 가지 기술은 긴밀히 연결되어 있고 XR 콘텐츠의 몰입감과 사용성을 극대화하는 데 함께 작용하므로 기획자라면 각 기술의 특성과 강점을 파악하고 프로젝트에 적합한 방식으로 조합할 줄 알아야 합니다.

XR 기술 큐레이션은
왜 중요할까?

XR 기획자의 필수 역량, 기술 큐레이션

XR 프로젝트를 진행하는 데 있어 기술 선택은 요리에 필요한 재료를 고르는 것과 같습니다. 소금, 설탕, 후추 등 각각의 조미료는 나름의 특징이 있습니다. 하지만 이것들을 무작정 섞어 넣는다고 해서 맛있는 요리가 되는 것은 아니죠. 요리사는 각 재료의 맛과 조화를 고려하여 적절한 양을 사용해야 합니다. XR 프로젝트도 이와 다르지 않습니다. 다양한 기술이 존재하지만 이를 효과적으로 조합하고 활용하는 것이 중요합니다.

XR 프로젝트가 성공하려면 기획자, 개발자, 디자이너 간의 긴밀한 협업이 필수입니다. 이 과정에서 기획자의 기술 이해도는 매우 중요한 역할을 합니다. 그런데 기술이라고 해서 겁먹을 필요는 없습니다. 깊이 파고들어 모든 걸 알아야 할 필요는 없기 때문입니다. 기술의 실제 적용이나 방법론 관련해서는 전문 개발자의 도움을 받으면 되니까요. 중요한 것은 기획자로서 XR 기술의 특성과 한계를 넓게 이해하는 것입니다.

각 기술은 개발 난이도와 시스템 안정성에 직접적인 영향을 미치므로 기술에 대한 최소한의 이해와 배경지식 없이 무작정 기술을 선택하고 개발자와 소통한다면 프로젝트 진행에 차질이 생길 수 있습니다. 기술의 한계를 고려하지 않은 요구사항은 개발 일정을 지연시키거나 완성도를 떨어뜨릴 수 있으니까요.

또한 XR 기술은 사용자 경험에도 큰 영향을 미칩니다. 사용 편의성, 집중력, 몰입감 등이 선택한 기술에 따라 달라질 수 있으니까요. 디자이너는 XR 기술에 대해 기획자만큼 알기 어려우므로 기획자가 기술의 특징과 한계를 명확하게 설명하여 UX 디자인에 효과적으로 반영될 수 있도록 해야 합니다. 즉 XR 기획자는 '큐레이터'가 되어야 합니다. 단순히 기술을 나열하는 것이 아니라 각 기술의 장단점을 파악하고 프로젝트의 목표에 부합하는 최적의 조합을 찾아내는 것이 중요합니다.

기획자 관점에서 보는 XR 기술의 구분

추적 기술

컴퓨터 시스템이 사용자의 움직임과 행동을 실시간으로 인식하고 분석하는 기술입니다. 주로 VR 프로젝트에 활용되며 사용자를 중심으로 합니다. 이 기술에서 사용자는 추적 대상이 됩니다. 핸드 트래킹, 아이 트래킹, 페이셜 트래킹, 바디 트래킹 등이 대표적이죠. 추적 기술을 통해 사용자는 가상 환경에서 능동적이고 자연스러운 상호작용을 할 수 있습니다.

매핑 기술

사용자의 주변 환경을 인식하고 이를 디지털 공간에 정확히 반영하는 기술입니다. 주로 AR, MR 프로젝트에 사용되며 사용자의 외부 환경에 초점을 맞춥니다. GPS, 비콘, 와이파이와 같은 위치 기반형 매핑 방식, 특정 이미지나 패턴 혹은 공간 환경 매핑과 같은 방식이 있습니다. 매핑 기술에서 사용자는 디지털 과정의 주체가 되어 현실 세계와 가상 객체를 연결하는 능동적인 역할을 수행합니다. 또한 매핑 기술에서 객체, 위치, 공간 등 현실 세계의 요소들은 증강될 객체 정보와 연동됩니다.

실감 기술

실감 기술은 시각, 청각, 촉각 등 감각을 자극하여 가상 경험의 현실감을 높이는 역할을 합니다. 진동, 온도, 바람, 3D 오디오 등을 활용한 촉각 및 청각 강화, 모션 시뮬레이터와 같은 이동감 구현, 그 외에도 생성형 AI, 디지털 휴먼 등을 통해 실제와 같은 체험을 제공합니다.

추적 기술과 매핑 기술의 차이는 사용자의 역할과 경험의 특성을 결정짓는 중요한 요소입니다. VR에서는 사용자가 미리 구축된 가상 환경에 진입하는 반면(수동적), AR이나 MR에서는 사용자가 실시간으로 자신의 환경을 디지털 요소와 융합시키는 과정에 참여(능동적)하기 때문이죠. 하지만 XR 기술은 빠르게 발전하고 있어 이 책에서 다룬 기술들도 언젠가는 시대에 뒤처질 수 있습니다. 그러므로 지속적인 학습으로 기술을 이해하고 적용해 보길 바랍니다.

사용자를 인식하다
- 추적 기술

혹시라도 VR 장비를 쓰고 게임을 해봤다면 이런 생각이 들었을지 모릅니다.

"어랏? 내 움직임을 어떻게 아는 거지?!"

그것은 컴퓨터가 사용자를 실시간 추적^{tracking}(트래킹)해서 그 추적 값을 컴퓨터에 실시간으로 입력했기 때문입니다. 현실을 가상화하는 과정에서 사용자의 움직임과 위치를 실시간으로 파악하고 그 정보를 가상 세계와 연동한 것이죠. 이러한 추적 기술에는 인사이드-아웃 트래킹, 아웃사이드-인 트래킹, 자이로스코프 또는 가속도계 기반 트래킹 등이 있습니다. 저는 XR 기술의 핵심 기술은 추적 기술이라고 생각합니다.

현실의 것을 어떻게 가상공간으로 연결하는가

추적 기술은 현실에 있는 사용자의 신체와 움직임, 주변 물건들을 가상 환경에 반영하여 사용자가 마치 가상 세계에 있는 것처럼 경험하게 해줍니다. 추적 기술은 사용자를 가상 세계에 연결하는 핵심 수단으로 작용하며 다음과 같은 단계로 이루어집니다.

- **캡처와 감지**: 다양한 센서와 카메라를 통해 사용자의 움직임과 상호작용을 감지하고 캡처합니다.
- **가상공간 적용**: 캡처된 움직임을 가상 환경에 반영하여 사용자의 시점과 동작을 정밀하게 제어합니다.
- **사용자 경험** : 현실에서의 움직임이 가상 세계에서 자연스러운 반영되며 이는 사용자가 높은 상호작용을 하도록 도와줍니다.

헤드 트래킹°과 컨트롤러 트래킹°°이 현재 가장 보편적으로 사용되는 추적 기술입니다. 대표적인 방식으로는 인사이드-아웃 트래킹, 아웃사이드-인 트래킹, 비카메라 센서 기반 트래킹이 있습니다.

○   헤드 트래킹은 HMD에 장착된 센서를 통해 사용자의 머리 움직임과 방향을 실시간으로 추적하는 기술입니다.

○○   컨트롤러 트래킹은 사용자가 손에 들고 있는 컨트롤러의 위치와 방향을 추적하여 가상 환경 내에서 상호작용을 가능하게 하는 기술을 말합니다.

아웃사이드-인 트래킹

아웃사이드-인 트래킹Outside-in Tracking은 외부 센서나 카메라가 사용자의 움직임을 추적하는 방식입니다. 외부 센서나 카메라는 고정된 위치에 설치되며 사용자가 착용한 HMD나 컨트롤러에 부착된 특별한 마커, 혹은 LED를 인식하여 움직임을 파악합니다. 센서에 모인 사용자 데이터는 특별한 알고리즘을 통해 처리되는데요. 이 과정에서 사용자의 현재 위치, 움직이는 방향과 속도까지 계산됩니

아웃사이드-인 트래킹 장비의 대표 모델 '바이브 프로' (출처: Baynami Store (ebay.com))

고정된 장소에서 다수의 인원이 아웃사이드-인 트래킹을 통해 VR 콘텐츠를 체험하는 모습
(좌) 가상 래프팅 체험을 하고 있는 이용자들의 모습 (출처: 반다이남코어뮤즈먼트)
(우) 방탈출 게임 이용자들의 모습 (출처: 스코넥엔터테인먼트(VR 방탈출 콘텐츠 개발사))

다. 계산된 정보는 실시간으로 가상 환경에 반영되기 때문에 사용자는 자신의 움직임과 가상 세계의 움직임이 동기화된 것처럼 느끼게 되죠. 이 방식은 센서나 카메라 설치와 미세 조정이 필요하지만 트래킹 정확도가 매우 높습니다.

주요 장점

- **높은 정확도와 안정성**: 외부 센서가 사용자의 움직임을 지속해서 추적하기 때문에 정밀한 움직임까지 감지할 수 있습니다.
- **넓은 추적 범위**: 센서를 여러 대 설치했을 경우 센서의 범위 안에 어떠한 움직임이든 추적할 수 있습니다.

주요 단점

- **설치 및 세팅의 복잡성**: 외부 센서를 설치하고 올바른 위치에 배치해야 하며 캘리브레이션(센서 교정/세팅)도 필요합니다. 이 과정이 초보자에게는 다소 어려울 수 있으며 비용도 올라갈 수 있습니다.
- **사용자의 이동 범위 제한**: 외부 센서가 환경적 영향에 민감하게 반응할 경우 성능에 영향을 줄 수 있습니다.

해당 기술과 어울리는 상황

- **높은 정확도와 신뢰성이 필요할 때**: 아웃사이드-인 트래킹 방식은 센서의 범위 내에서는 매우 정확하게 움직임을 추적할 수 있으므로 전문 영역이나 엔터테인먼트 분야에서 높은 수준의 정확도가 요구될 때 적합합니다.

- **고정된 공간에서 사용할 때**: 센서를 잘 설치하면 그 위치에서는 최고의 성능을 발휘할 수 있습니다. 연구실이나 가상현실 카페, 테마파크와 같은 고정된 공간에서 사용하기 좋습니다.
- **다수의 인원이 체험해야 할 때**: 외부 센서가 여러 사용자의 움직임도 추적할 수 있으므로 다수의 사용자가 동시에 같은 공간에서 체험할 때 사용하기 좋습니다. 대규모 이벤트나 체험 공간에서 유용합니다.

인사이드-아웃 트래킹

인사이드-아웃 트래킹Inside-out Tracking은 HMD 장치에 부착된 카메라나 센서로 사용자의 움직임을 추적하는 방식입니다. 카메라나 센서가 HMD의 주변 환경, 즉 주변의 물체나 특정 지점을 스캔해 그 공간의 깊이depth 정보를 인식하면 알고리즘을 통해 처리하여 사용자의 위치와 방향 정보를 도출합니다. 이렇게 도출된 정보는 가

(좌) 다양한 공간에서 자유롭게 사용할 수 있는 인사이드-아웃 트래킹 기반 HMD의 장점, 사진처럼 헬스장에 들고가서 플레이할 수 있다.(출처: Pexels-Eugene Capon)
(우) 언제 어디서든 편하게 사용할 수 있어 해당 기술이 적용된 디바이스를 활용해 외부 단체 교육에 이용할 수 있다. (출처: 엘라인스튜디오 홈페이지)

상 환경 내에서 사용자의 움직임과 동기화되어 사용자의 머리나 손의 움직임을 정확하게 파악할 수 있습니다.

주요 장점

- **높은 수준의 정확도와 안정성**: AI 기반 SLAM° 알고리즘 등의 발전으로 최근 인사이드-아웃 트래킹 기술은 아웃사이드-인 트래킹과 견줄 만큼 높은 정확도와 안정성을 제공합니다.
- **간편한 설치와 비용 절감**: 별도의 외부 센서나 기기가 필요 없으므로 설치가 간편하고 비용도 절감됩니다.

주요 단점

- **정밀성이 요구되는 분야에서의 한계**: 고도로 정밀한 트래킹이 필요한 분야에서는 아웃사이드-인 트래킹이 여전히 선호됩니다.
- **시야 제한**: 카메라의 시야를 벗어나면 움직임을 정확하게 추적하기 어렵습니다.
- **특정 환경에서의 트래킹 성능 저하 가능성**: 패턴이 반복되는 공간이나 특징이 부족한 환경(예: 아무런 패턴과 무늬 없는 단색으로만 이루어진 방)에서는 트래킹 성능이 다소 저하될 수 있습니다. 다만 이는 지속적인 기술 개선을 통해 극복되고 있습니다.

○　　SLAM(Simultaneous Localization and Mapping)은 카메라 등의 센서를 통해 환경을 인식하고 기기의 위치를 추정하는 기술로 모바일 로봇이나 AR/VR 분야에서 널리 사용됩니다. SLAM 알고리즘은 센서로부터 얻은 데이터를 실시간으로 처리하여 기기의 위치를 추정하고 환경의 3D 지도를 구축합니다.

- **초보자나 일반 사용자를 대상으로 할 때**: 설치 및 설정이 쉬워 기술에 익숙하지 않은 사용자도 쉽게 쓸 수 있습니다.
- **다양한 공간에서 자유롭게 사용하고 싶을 때**: 외부 센서가 필요 없으므로 회의실, 카페, 집 등 어디서든 쉽게 설치하고 사용할 수 있습니다. 특히 이동이 빈번하거나 여러 공간에서 활용해야 하는 상황에서 유용합니다.
- **가변적인 공간에서 유연하게 적용하고 싶을 때**: 외부 센서가 필요 없으므로 공간의 크기와 형태가 달라져도 유연하게 활동할 수 있습니다. 물리적인 공간이 제한되지 않아 더 다양한 영역에서 활동할 수 있습니다.

비카메라 센서 기반 트래킹(3DOF 트래킹)

현대의 HMD는 대부분 인사이드-아웃이나 아웃사이드-인 트래킹 기술과 더불어 자이로스코프와 가속도계 센서를 내장하고 있습니다. 이들 센서는 카메라 기반 트래킹과 함께 사용되어 더욱 정확하고 안정적으로 사용자 움직임을 추적 가능하게 하죠.

이처럼 자이로스코프와 가속도계만으로도 가능한 트래킹 방식을 3DOF 트래킹 또는 비카메라 센서 기반 트래킹이라고 합니다. 앞서 설명했지만 3DOF 트래킹은 사용자의 머리 회전과 기울임은 감지할 수 있지만 위치 이동은 감지하지 못합니다. 가장 큰 장점은 간편성이죠. 스마트폰을 비롯한 대부분의 모바일 기기에 자이로스코프와 가속도계가 내장되어 있어 별도의 장비 없이 VR을 구현할 수 있으니까요. 이런 이유로 3DOF 트래킹은 초기 모바일 VR의 대중화에 크게 기여했습니다.

최근에는 6DOF 트래킹 기술이 주류를 이루면서 3DOF 트래킹의 활용이 다소 줄어든 것이 사실입니다. 하지만 여전히 360도 동영상 등 간단한 VR 콘텐츠를 즐기는 데는 3DOF 트래킹이 활용되고 있습니다.

최대의 적 '멀미'

VR 멀미는 가상 환경에서의 움직임과 실제 물리적 움직임 사이의 불일치로 발생하는 불쾌한 증상입니다. 주로 어지러움, 구역질, 두통, 눈의 피로 등으로 나타나죠. 특히 3DOF 트래킹을 사용하는 VR 콘텐츠에서는 멀미가 더 자주 발생합니다. 사용자의 위치 이동을 반영하지 못하기 때문에 가상 환경에서의 움직임과 실제 움직임 사이의 불일치가 더 크게 느껴지기 때문입니다.

반면 6DOF 트래킹을 사용하는 VR 콘텐츠에서는 사용자의 위치 이동까지 정확하게 반영하므로 멀미가 상대적으로 덜합니다. 하지만 6DOF라도 VR 멀미를 완전히 피할 수는 없습니다. 개인차가 있고 콘텐츠의 특성에 따라 VR 멀미가 발생할 수 있습니다. 콘텐츠의 완성도와 관계없이 이전에 VR 사용 중 심한 멀미를 경험한 사용자는 VR에 대해 부정적으로 인식하기 쉽습니다.

추적 기술의 확장: 인터페이스와 입력

추적 기술은 단순히 사용자의 움직임을 감지하는 것에서 그치지 않고, 그 정보를 XR 시스템에 의미 있는 상호작용 형태로 전달하는 과정을 포함합니다. 이때 활용되는 주요 하위 기술로는 핸드 트래킹, 아이 트래킹, 얼굴 트래킹, 바디 트래킹이 있습니다.

핸드 트래킹

핸드 트래킹 기술의 가장 큰 특징은 높은 자유도와 직관성입니다. 손과 손가락의 움직임을 정밀하게 인식할 수 있어 다양하고 섬세한 상호작용이 가능합니다. 또한 별도의 컨트롤러가 필요 없어 조작이 단순하고 손동작 자체를 인터페이스로 활용할 수도 있습니다. 특정 제스처로 시스템 컨트롤이 가능하므로 게임, 교육, 훈련 분야에서 많이 활용됩니다.

다만 핸드 트래킹 기술은 트래킹의 정밀도와 안정성 면에서 아직 한계가 있습니다. 손은 복잡하고 빠른 움직임을 보이기 때문에 트래킹 오류가 발생하기 쉽고 이는 사용자 경험을 저하할 수 있습니다. 또한 조명 조건이나 손의 겹침 등 환경 요인에 영향을 받을 수 있으며, 사용자 측면에서는 팔과 손을 들어올려야 하므로 장시간 사용 시 피로감이 발생할 수 있습니다.

자신의 손이 인식되는 모습을 확인하는 유저
(출처: nsplash)

핸드 트래킹 기능이 내장된 메타 퀘스트
(출처: meta)

핸드 트래킹 기능을 보유하고 있는 별도의 외부 장치 'Leap Motion'.
핸드 트래킹 기능이 없는 HMD에 부착하여 사용할 수 있다. (출처: Leap Motion, uploadvr)

실무 활용기

제가 핸드 트래킹 기술을 실무에서 활용해 보니 고객들이 이 기술을 찾는
이유가 명확했습니다. 실제 조작감을 가상 환경에서 그대로 구현하고 싶은 것
이죠. 컨트롤러를 사용하면 실재감이 떨어지고 XR 콘텐츠의 효과도 낮아질
수 있으니까요.

또 다른 중요한 점은 사용자 친화성입니다. 컨트롤러는 게임이나 이런 기기
에 익숙한 사람들에겐 문제가 없지만, 그렇지 않은 사용자에겐 진입 장벽이 될

수 있습니다. HMD를 쓰는 것만으로도 부담스러운데 컨트롤러까지 다뤄야 한다고 생각하면 XR 경험 자체를 꺼리게 되죠. 이런 점에서 핸드 트래킹은 입문자들의 부담을 줄여줍니다.

하지만 주의할 점이 있습니다. 핸드 트래킹이 모든 라이트 유저나 입문자에게 친숙한 것은 아닙니다. 오히려 일부 사용자에게는 피로도가 가중되는 등 불편할 수 있습니다. 자기 손을 계속 인식시키는 것은 생각보다 힘든 일이며 복잡하거나 빠른 손동작이 필요한 경우에는 여전히 컨트롤러가 더 나은 선택일 수 있습니다. 따라서 프로젝트를 시작하기 전에 구현하고자 하는 동작의 민감도, 복잡도를 종합적으로 판단하여 핸드 트래킹으로 원하는 기능을 안정적으로 구현할 수 있을지 테스트를 해보고, 비용과 시간이 허락한다면 핸드 트래킹과 컨트롤러 두 가지 모드를 모두 지원하는 것이 다양한 사용자의 요구를 충족시키는 방법이 될 수 있습니다.

그럼에도 핸드 트래킹 기술의 장래는 밝아 보입니다. 많은 VR 기기 제조사가 이 기술을 지속적으로 발전시키고 있으니까요. 어쩌면 미래에는 컨트롤러가 완전히 사라진 VR 장비가 나올지도 모르겠습니다. 실제로 최근 출시된 애플의 비전 프로는 이미 컨트롤러 없이 설계되었죠.

상황 제시

의료 분야에서 전문가를 위한 교육 및 시뮬레이션 플랫폼을 개발 중입니다. 이 플랫폼은 VR 기술을 활용하여 의료 전문가들이 가상 환경에서 수술이나 진료 과정을 실습할 수 있게 하는 것을 목표로 합니다.

추가 필요 사항

의료 시뮬레이션에서는 수술 기구 조작이나 환자 진료 시의 섬세한 손동작을 정밀하게 재현하는 것이 중요합니다. 그러나 일반적인 VR 컨트롤러로는 정교한 작업을 수행하기 어렵고, 실제 의료 행위와 동떨어진 경험을 제공할 수도 있습니다. 의료 전문가들이 실제 자기 손을 사용하여 자연스럽고 정확하게 가상 환경을 조작할 방안이 필요합니다.

해결: 핸드 트래킹 기술 선택

이를 해결하기 위해 '핸드 트래킹 기술'을 도입하기로 했습니다. 핸드 트래킹을 활용하면 의료 전문가들이 컨트롤러 없이도 자기 손을 사용하여 가상 환경에서 정밀한 작업을 수행할 수 있습니다. 실제 손동작과 유사한 방식으로 가상의 수술 도구를 다루어 환자를 진료할 수 있게 되므로 현실감과 교육 효과를 크게 향상할 수 있을 것으로 기대됩니다. 또한 직관적이고 자연스러운 상호작용을 통해 사용자의 학습 곡선을 단축하고, 실습을 통한 기술 습득의 효율성을 높일 수 있습니다.

갤럭시 링, XR의 미래를 위한 삼성의 포석?

최근 출시된 삼성전자의 '갤럭시 링'은 건강 모니터링 기능을 중심으로 한 스마트 웨어러블 기기로 소개되었지만, 이 작은 기기 안에는 XR 기술의 미래를 향한 삼성의 큰 그림이 있는 것 같습니다.

삼성전자가 최근 출원한 XR 관련 특허들을 살펴보면, 갤럭시 링이 단순한 건강 기기를 넘어 XR 환경의 새로운 컨트롤러로 진화할 가능성이 엿보입니다. 특히 손의 움직임을 정밀하게 추적하는 기술은 XR 환경에서 직관적이고 자연스러운 상호작용을 가능하게 하는 핵심 요소죠.

이는 갤럭시 링과 XR 헤드셋이 하나의 생태계를 이루어 작동할 수 있는 가능성을 시사합니다. 예를 들어 갤럭시 링을 착용한 채 XR 헤드셋을 사용하면 손가락의 미세한 움직임까지 인식되어 가상 환경과의 상호작용이 더욱 정교해질 수 있습니다. 이러한 조합은 손에 쥐는 컨트롤러 없이도 정확한 조작이 가능해지고, 사용자의 피로도도 줄일 수 있습니다.

또한 갤럭시 링의 생체 신호 모니터링 기능은 XR 사용 중 사용자의 건강 상태를 실시간으로 체크할 수 있어 더욱 안전하고 개인화된 XR 경험을 제공할 것으로 기대됩니다.

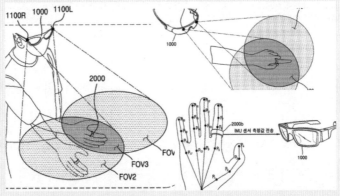

삼성전자 특허(손의 관절에 관한 위치 정보를 획득하는 증강 현실 디바이스 및 그 동작 방법, 10-2021-0190393)의 도면 (자료: 키프리스)

아이 트래킹

HMD의 등장과 함께 아이 트래킹 기술이 주목받기 시작했습니다. 아이 트래킹은 적외선 카메라와 머신러닝 알고리즘을 활용하여 사용자의 눈동자 위치와 움직임을 실시간으로 파악하는 기술로, 사용자가 어디를 보고 있는지 정확히 추적할 수 있습니다. 이 정보를 XR 환경의 인터페이스에 적용하면 사용자의 의도나 반응을 보다 정확히 파악할 수 있으며, 사용자의 시선이 머무는 곳에 따라 인터페이스를 최적화할 수 있습니다.

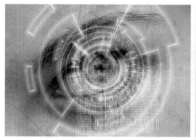

눈동자 위치를 실시간 추적해 사용자의 시선을 파악하는 아이트레킹 기술

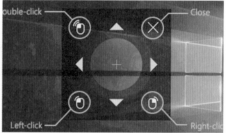

장애가 있는 유저를 위한 윈도우10의 UI. 시선을 응시하며 마우스를 대신할 수 있다. (출처: 마이크로소프트)

아이 트래킹은 원래 마케팅 리서치, 심리학 연구, 의료 진단 등의 분야에서 활용되던 고도화된 기술로 HMD 환경에서의 아이 트래킹은 기술적으로 안정화되어 있어 손을 사용하기 힘든 상황이나 신체적 장애가 있는 사용자에게 효과적인 상호작용 수단이 될 수 있습니다.

아이 트래킹 기술은 사용자의 시선을 계속 추적해야 하므로 사생활 침해에 대한 우려가 있을 수 있습니다. 따라서 사용자가 아이 트래킹 기술의 적용 여부를 선택할 수 있도록 하고, 수집된 데이터의 익명화와 안전한 관리를 위한 조치도 필요합니다.

데이터 수집에 활용하는 아이 트래킹

아이 트래킹 기술은 단순한 입력 수단을 넘어 강력한 데이터 수집 도구로 활용될 수 있습니다.

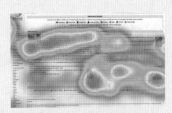

아이 트래킹으로 어디를 많이 봤는지 체크된 모습 (출처: wikimedia)

- **UI/UX 디자인 개선**: 사용자의 시선 패턴을 분석하여 자주 바라보는 영역에 중요 요소를 배치하거나 주목도가 낮은 부분을 개선하는 등 인터페이스를 최적화할 수 있습니다.
- **마케팅 및 광고 전략**: 사용자들이 어떤 제품이나 콘텐츠에 관심을 보이는지 파악하여 광고 배치나 콘텐츠 제작에 활용할 수 있습니다.
- **콘텐츠 개선 및 개인화**: 사용자의 관심사와 선호도를 바탕으로 개인화된 콘텐츠를 제공하거나 기존 콘텐츠의 인기 요소를 강화할 수 있습니다.
- **연구 및 분석**: 사용자의 시선 움직임과 행동 패턴을 분석하여 인지 과정이나 의사결정 과정을 연구하는 데 활용할 수 있습니다.

실무 활용기

시선을 몇 초간 유지하는 것만으로도 선택이 가능한 아이 트래킹 기술을 실무에 적용해 보면 그 편리함에 놀랄지도 모릅니다. 인터페이스에 대한 고정관

념을 완전히 바꾸어 놓기에 충분하죠.

손으로만 입력할 필요는 없다는 것, 눈이나 음성 심지어 표정으로도 입력이 가능하다는 것을 깨닫게 되면 다양한 형태의 인터페이스를 고려하며 기획할 수 있게 됩니다.

아이 트래킹을 실무에 적용해 보면서 깨달은 중요한 사실은 '입력에도 리듬이 있다'는 것입니다. 동적인 콘텐츠에서 다이나믹한 입력을 하다가 정적인 입력에 최적화된 아이 트래킹을 쓰게 되면 입력 리듬이 깨져 몰입감이 방해될 수 있습니다. 아이 트래킹은 '어딘가를 보고 응시하는' 방식으로 조작되니까요.

따라서 아이 트래킹은 가능한 한 정적인 체험에서 사용하는 것이 좋습니다. 특히 감상형 VR 콘텐츠에서 큰 효과를 발휘합니다. 편안한 자세로 콘텐츠를 즐기는 상황에서 컨트롤러와 같은 물리적 입력 장치는 오히려 사용자의 몰입감을 방해할 수 있습니다.

상황 제시

디지털 웰빙 플랫폼 회사에서 VR 기반의 명상 및 힐링 콘텐츠를 개발하는 프로젝트를 진행하고 있습니다. 이 프로젝트의 목표는 사용자가 편안하고 자연스러운 방식으로 명상을 체험할 수 있는 VR 환경을 제공하는 것입니다.

추가 필요 사항

사용자가 VR 환경에 몰입한 상태에서 최소한의 동작으로 콘텐츠를 제어하고 상호작용할 수 있는 방법이 필요합니다. 또한 명상 중 사용자의 집중도를 방해하지 않으면서 필요한 정보나 가이드를 제공할 수 있어야 합니다.

해결: 아이 트래킹 기술 선택

이를 해결하기 위해 '아이 트래킹 기술'을 도입하기로 했습니다. 아이 트래킹을 활용하면 사용자의 시선만으로 VR 환경 내 요소들을 선택하고 제어할 수 있습니다. 이는 명상 중 신체의 움직임을 최소화하면서도 필요한 상호작용을 가능하게 합니다. 또한 아이 트래킹 데이터를 분석하여 개인화된 명상 프로그램을 추천하거나 사용자의 상태에 따라 콘텐츠를 동적으로 조절할 수 있습니다.

페이셜(표정) 트래킹

페이셜 트래킹 기술을 이용한 아바타의 표정 변화
(출처: VIVE 공식 홈페이지)

페이셜 트래킹은 카메라를 활용해 사용자의 얼굴 특징을 실시간으로 추적하는 기술입니다. 원래 애니메이션 제작 및 게임 산업에서 캐릭터의 표정을 실시간 캡처하는 데 사용했지만 최근 XR 분야에서도 주목받고 있습니다. 페이셜 트래킹의 가장 큰 특징은 사용자의 표정을 XR 캐릭터에 실시간으로 반영하여 실감 나고 자연스럽게 상호 작용한다는 것입니다. 하지만 아직은 얼굴 전체를 한꺼번에 추적하는 것이 어려워 눈과 입을 별도의 추적 장치로 인식한 후 이를 통합하는 방식을 사용합니다. 다만 애플의 비전 프로와 같은 최신 기기와 바이브의 풀 페이스 트래커와 같은 새로운 장치들이 얼굴 전체를 동시에 추적할 수 있는 기술을 도입하고 있어 향후 이러한 제약은 점차 해소될 것으로 예상됩니다.

실무 활용기

페이셜 트래킹 기술을 XR 프로젝트에 적용해 보니 사용자 경험을 상당히 향상시킬 수 있었습니다. 특히 아바타를 활용한 VR에서 그 효과가 눈에 띄었는데요. 가상 회의 환경에서 참가자들의 실제 표정이 아바타에 실시간으로 반영되면서 현실감이 크게 높아졌죠. 물론 현재 기술로는 미세한 표정과 뉘앙스

까진 완벽하게 잡아내지 못했습니다. 하지만 거의 변화가 없던 아바타의 표정에 약간의 변화만 주어도 몰입감이 살아나는 것을 느낄 수 있었죠.

처음 이 기술을 적용했을 때는 소름이 돋기도 했는데요. 완벽하게 표정을 반영하는 것이 아니다 보니 오히려 이질감이나 불쾌함을 유발하는 '불쾌한 골짜기 효과^{Uncanny Valley}'가 있었던 것 같습니다. 그러나 이런 느낌은 점차 줄어들었습니다. 실제로 페이셜 트래킹이 유용했던 점은 참가자들의 집중도를 확인할 수 있다는 것이었어요. 가끔 피곤할 때 저도 VR HMD를 쓰고 그냥 눈을 감아버릴 때가 있는데, 그런 상황을 쉽게 파악할 수 있게 되는 거죠.

게임 콘텐츠에서도 페이셜 트래킹의 활용도가 높았습니다. 플레이어의 기본적인 표정 변화(웃음, 찡그림 등)에 따라 게임 내 NPC의 반응이 달라지도록 설계하니 스토리텔링이 풍부해지고 몰입도가 증가하더라고요. 다만 주의해야 할 점도 있었는데요. 일부 사용자들은 표정이 실시간으로 트래킹되는 것에 대해 불편해했습니다. 이를 대비해 페이셜 트래킹 기능 유/무를 선택하게 하는 메뉴를 마련하는 것도 고려해 볼 수 있겠죠.

애플 비전 프로의 '페르소나' 기능, 사용자의 표정을 실시간으로 인식해 활용 가능하다.
(출처: 유튜브 뻘짓연구소)

바이브의 풀 페이스 트래커
(출처: VIVE 홈페이지)

바디 트래킹(모션 캡처)

바디 트래킹은 사용자의 신체 움직임을 실시간으로 추적하여 디지털 환경에 반영하는 기술입니다. 사용자의 동작을 실시간으로 정밀하게 캡처할 수 있어 가상 환경에서의 상호작용이 더 직관적이고 자연스럽습니다. 영화, 애니메이션, 게임 분야에서 활용되어 왔는데, 최근 XR 환경에서도 그 중요성이 커져서 시뮬레이션, 트레이닝 등의 XR 애플리케이션에서 핵심 기술로 활용되고 있습니다.

하지만 바디 트래킹 기술은 방식마다 장단점이 있습니다. 광학식 트래킹 중 마커 기반 방식은 정확도가 높아 전문적인 모션 캡처에 사용되지만, 별도의 장비가 필요하다는 단점이 있습니다. 마커리스 방식은 별도 장비 없이 AI 알고리즘을 활용해 동작을 인식하지만, 마커 기반 방식에 비해 정확도가 떨어지죠. 그러므로 정확도가 필요한 프로젝트라면 마커 기반 광학식 트래킹을, 사용자 편의성이 중요한 프로젝트라면 마커리스 트래킹을 선택하는 것이 좋습니다.

애니메이션, 게임 산업에서 활용되었던 모션 캡처
(출처: wikimedia)

신체 추적 특징을 바탕으로 모션이 큰 대전 액션 게임에서 활용이 가능하다. VR 태권도 대전 게임의 플레이 모습
(출처: 모아지오 공식 유튜브)

버추얼 아바타의 형태로도 쉽게 변환이 가능해 댄스 챌린지, 숏츠 콘텐츠에도 활용되고 있다.(출처: 유튜브 tomato7vr)

프로젝트 활용 예시

상황 제시

태권도 학습자를 위한 동작 측정 및 분석 서비스를 제공하는 가상현실 플랫폼을 개발 중입니다. 이 플랫폼은 사용자가 태권도 품새와 기술을 연습할 수 있게 하고, 실시간으로 분석해 피드백을 줍니다.

추가 필요 사항

태권도 동작을 정확히 수행하려면 신체 여러 부위의 조화로운 움직임이 필수적입니다. 그러나 기존 학습 방법으로는 자세의 미세한 부분까지 파악하기 어려우며, 특히 혼자 학습할 경우 올바른 자세를 유지하고 있는지 스스로 확인하기가 쉽지 않습니다.

해결: 바디트래킹(모션 캡처) 기술 선택

이를 해결하기 위해 사용자의 전신 동작을 정확하게 추적하고 분석할 수 있는 '바디 트래킹(모션 캡처) 기술'을 도입하기로 했습니다. 이 기술은 태권도 학습자가 가상현실 플랫폼에서 품새와 기술을 보다 세밀하게 연습하고 개선할 수 있게 합니다.

실시간으로 제공되는 정확한 자세 분석과 피드백은 학습자가 실수를 즉시 인식하고 수정할 수 있도록 도와주며, 이는 학습 과정의 효율성을 크게 향상할 것입니다. 또한 올바른 자세 유지를 통해 부상 위험을 낮추고 태권도 기술의 정확성과 효과를 극대화할 수 있습니다.

환경을 인식하다
- 매핑 기술

혹시 증강현실 기술이 적용된 애플리케이션을 사용해 본 적 있나요? 가상의 가구를 집안에 배치한다거나 캐릭터를 내 앞으로 가져온다거나 하는 거 말입니다. 어떻게 가상의 것들이 현실 세계와 결합하는 걸까요? 바로 매핑 기술이 있기 때문입니다. 추적 기술이 컴퓨터가 사용자의 위치와 움직임을 실시간으로 파악하는 것에 중점을 둔다면, 매핑기술은 사용자 주변 환경의 공간적 구조와 형상을 인식해 이를 디지털로 재구성하는 데 초점을 맞춥니다.

매핑 기술은 주로 AR, MR 분야에서 실제 환경과 가상 객체의 통합에 사용됩니다. 예를 들어 〈포켓몬GO〉와 같은 게임에서는 스마트폰 카메라가 공간의 형태나 크기 같은 실제 환경을 재구성하여 가상의 캐릭터를 현실 세계에 끼워 넣는 작업을 합니다. 간단히 말해 매핑은 우리가 살고 있는 세상을 컴퓨터가 이해하고 재구성할 수 있게 만드는 열쇠라고 할 수 있습니다.

매핑 기술은 크게 위치 정보 활용 방식과 시각 정보 활용 방식으로 나눌 수 있습니다. 이 방식들은 현실과 가상을 연결해 주는 일종의 '게이트' 역할을 합니다. 가상 세계의 객체나 정보가 현실 세계로 진입할 수 있게 도와주죠. 특정 위치에 도달했을 때(위치 정보 활용), 특정 마커를 인식했을 때(마커 인식), 특정 이미지나 객체를 인식했을 때(이미지 인식), 또는 주변 공간을 인식했을 때(공간 인식) 가상의 2D 혹은 3D 형태의 객체가 현실에 증강되는 식입니다.

- **위치 정보 활용 방식:** GPS 좌표, 비콘 신호, 와이파이 위치 추적
- **시각 정보 활용:** 마커 활용, 이미지 및 객체 인식, 공간 인식

이 중 위치 정보를 활용한 매핑 방식은 실제 공간과 가상 정보를 연결하는 중요한 역할을 합니다. 실외 환경에서는 주로 GPS가 사용되며 대규모 야외 AR 경험에 필수적입니다. 실내 환경에서는 과거 비콘과 와이파이^{Wi-Fi} 기술이 사용되었으나 최근에는 사용이 줄어들고 있습니다. 하지만 이 기술들의 기본적인 원리를 이해하고 배경을 알아보는 것은 여전히 중요합니다.

GPS 매핑

GPS^{Global Positioning System} 기술은 위성을 활용하여 사용자의 물리적인 위치를 실시간으로 파악하는 기술입니다. 이 기술은 본래 군사와 내비게이션 등에 사용되었지만 지금은 AR 분야에서도 널리 활용되고 있습니다. 특히 실외에서 이루어지는 워크스루^{walk-through} 타입의 AR 서비스에서는 GPS가 필수죠. GPS를 통해 사용자의 위치를 정확히 파악함으로써 가상의 객체를 현실 세계의 특정 좌표에 고정할 수 있기 때문입니다. 초기에는 GPS의 위치 오차 범위가 다소 넓었으나 기술의 발전으로 그 범위가 크게 줄어들어 이제는 AR 서비스에 적합한 수준의 정확도를 제공합니다.

전 세계 어디에서든 위성을 통해 위치 정보를 받을 수 있기 때문에 GPS 기술은 넓은 범위에서 활용이 가능합니다. 사용자의 실시간 위치 추적도 가능해 동적인 AR 경험을 제공할 수 있죠.

GPS 기반 AR 서비스를 기획할 때는 몇 가지 주의할 점이 있습니다. 우선 GPS 신호는 실내에서 약해지거나 끊길 수 있으므로 서비스가 제대로 작동하지 않을 수 있습니다. 또한 GPS를 계속 켜두면 배터리 소모가 크게 일어날 수 있으므로 이에 대해 안내하는 것이 필요합니다.

실무 활용기

넓은 공간이 주어졌을 때 그 공간을 최대한 활용하려는 욕심에 공간 전체를 하나의 거대한 AR 세계로 만들어 사용자들이 판타지 세계를 탐험하듯 콘텐츠를 체험하게 하고 싶었습니다. 그래서 장소마다 독특한 AR 요소를 배치하고 사용자가 이동함에 따라 서사가 전개되는 방식으로 기획했습니다. GPS가 사용자의 위치를 정확히 잡아줄 테니까요.

그러나 이 기획에 대해 예상치 못한 피드백을 받게 되었습니다. 바로 '체력' 문제였습니다. 당시 이 서비스는 혈기 왕성한 20대뿐만 아니라 남녀노소 누구나 사용할 수 있어야 했습니다. 그런 관점에서 보니 넓은 공간을 돌아다니며 AR 콘텐츠를 체험하는 것이 모든 사용자에게 적합하진 않더군요. 더욱이 '체력'은 사용자에게만 국한된 것이 아니었습니다. 스마트폰 배터리도 고려해야 했죠. GPS를 사용하면서 AR 콘텐츠를 계속 구동하면 배터리가 빠르게 소모될 테니까요.

결국 저는 계획을 전면 수정해야 했습니다. 그리고 이 경험을 통해 GPS 기반 AR 서비스를 기획할 때는 기술적 가능성뿐만 아니라 사용자의 신체적 조건, 디바이스의 한계 등 여러 요소를 종합적으로 고려해야 한다는 것을 깨달았습니다.

비콘 매핑

비콘은 블루투스 저에너지BLE 기술을 사용하는 작은 무선 장치로 비콘이 전송하는 신호의 세기를 분석하여 디바이스의 실내 위치를 추정하고 이를 바탕으로 위치 기반 서비스를 제공합니다. 주로 실내 공간에서 GPS의 대안으로 사용되며, AR 서비스에서 사용자의 위치를 파악하고 해당 위치에 맞는 가상 정보를 제공하는 데 도움을 줍니다.

비콘은 낮은 전력으로 동작하기 때문에 배터리만으로 장기간 사용할 수 있으며, 크기가 작아 웬만한 장소에는 쉽게 설치할 수 있습니다. 또한 여러 개를 조합하여 정확한 실내 위치를 정하고 각 비콘으로부터 수신되는 신호의 세기^{RSSI, Received Signal Strength Indicator}를 기반으로 디바이스와 비콘 간의 거리를 추정할 수도 있습니다.

비콘을 활용한 AR 서비스 기획 시에는 비콘 장치의 배치와 수량을 최적화하여 사각지대를 최소화해야 합니다. 비콘의 배터리 잔량을 주기적으로 모니터링하고 교체하는 등 유지보수 활동도 필요합니다. 하지만 유지보수의 번거로움뿐만 아니라 다른 실내 측위 대체 기술들이 발전하면서 비콘 기술의 사용이 줄어들고 있습니다.

프로젝트 활용 예시

현재 기획 상황

화재 발생 시 안전한 대피 경로를 제공하는 AR 안내 시스템을 개발 중입니다. 이 시스템은 연기로 인해 가시성이 떨어지는 환경에서도 사용자들이 신속하게 비상구로 안내받을 수 있게 하는 것을 목표로 합니다.

추가 필요 사항

화재와 같은 재난 상황에서 연기가 많이 나면 시야가 심각하게 제한되어 카메라 기반의 AR 기술만으로는 충분히 안내하기 어렵습니다. 이를 극복하고 안전한 대피를 도우려면 추가적인 기술 도입이 필요합니다.

와이파이 매핑

와이파이는 무선 네트워크 기술로 실내에서 연결된 디바이스의 위치를 측정하는 데 활용됩니다. 실내 AR 서비스에서는 와이파이 신호 세기를 기반으로 대략적인 위치 파악이 가능해 사용자의 위치를 추적하는 데 도움이 됩니다. 또한 와이파이는 비콘보다 넓은 범위를 커버할 수 있어 건물 전체적인 위치 파악에 유리합니다. 게다가 이미 많은 건물에 와이파이 인프라가 구축되어 있으므로 별도의 하드웨어 설치 없이 위치 기반 서비스를 제공할 수 있지요. 다만 벽이나 장애물에 의한 신호 감쇄가 발생할 수 있습니다.

와이파이를 활용한 실내 AR 서비스를 기획할 때는 AP^Access Point 의 배치를 최적화하여 실내 공간을 효과적으로 커버해야 합니다. 또한 와이파이 신호 간섭을 최소화하기 위한 채널 설정 등의 조치가 필요할 수 있습니다. 위치 측위의 정확도가 비교적 낮고, 신호 간섭 문제 등으로 최근에는 더 정확하고 안정적인 기술로 대체되는 추세입니다.

GPS, 와이파이, 비콘은 왜 추적 기술이 아니고 매핑 기술이라 하는가

맞습니다. GPS, 와이파이, 비콘은 기본적으로 '추적' 기술입니다. 하지만 XR 환경에서는 이 기술들의 역할이 조금 달라집니다. 이 기술들은 사용자의 위치가 아닌 디바이스의 위치를 추적합니다.

AR, MR에서 중요한 것은 디바이스의 위치가 아니라 그 위치에서 사용자가 무엇을 경험하는가입니다. 사용자는 추적당하는 수동적 대상이 아니라 이 추적 기술이 탑재된 디바이스를 도구로 활용하는 주체입니다. 사용자가 특정 위치로 이동하면 그 위치에 맞는 가상 정보가 나타납니다. 이는 사용자가 현실 공간과 가상 정보를 연결하는 과정입니다.

사용자는 자신의 움직임을 통해 다양한 디지털 경험을 만들어냅니다. 이는 단순한 위치 추적을 넘어 사용자가 주도적으로 현실과 가상을 매핑하는 과정이라고 볼 수 있습니다.

결론적으로 XR 환경에서 이런 기술들은 단순히 위치를 추적하는 도구가 아닙니다. 사용자가 이 기술들을 활용해 현실 공간을 디지털 정보와 연결하고 새로운 경험을 한다는 점에서 '매핑 기술'로 볼 수 있습니다.

시각 정보 활용 방식

XR 기술에서 시각 정보를 활용한 매핑 방식은 현실 세계의 시각적 요소를 인식하고 이를 디지털 정보와 연결합니다. 이 방식은 크게 마커 인식, 이미지 인식, 공간 인식으로 나눌 수 있습니다. 마커 인식은 특정 패턴을 통해 AR 콘텐츠를 표시하며, 이미지 인식은 실제 이미지나 객체를 인식하여 관련 콘텐츠를 제공합니다. 공간 인식은 SLAM 기술을 사용해 3D 환경을 이해하고 기기의 위치를 파악합니다. 각 방식은 고유한 장단점이 있으며 상황에 따라 적절히 선택되거나 조합되어 사용됩니다.

마커 인식 매핑

2D 이미지 마커 방식을 기반으로 하는 AR은 특정한 패턴을 가진 2차원 이미지를 인식하여 해당 위치에 가상의 콘텐츠를 표시합니다. 이 방식에는 QR 코드, ArUco 마커°와 같은 기하학적 패턴을 활용하는 '코드 마커 방식'과 로고나 사진 등 일반적인 이미지를 활용하는 '이미지 마커 방식'이 있습니다.

2D 이미지 마커 방식은 비교적 간단한 이미지 처리 알고리즘으

○   ArUco 마커는 QR 코드와 달리 주로 위치와 자세 추적을 위해 설계되었습니다. QR 코드가 정보를 저장하고 읽는 데 중점을 둔다면, ArUco 마커는 3D 공간에서의 위치와 방향을 정밀하게 인식하는 데 사용됩니다.

QR 코드를 통해 증강 되는 AR 객체

주사위 형태의 마커 인쇄 부착을 통해 교육 현장에서 쉽게 활용 할 수 있다. (출처: CLASSVR)

로 인식이 가능한 비학습 방식의 마커입니다. 사용자가 이 마커를 스캔하면 미리 정의된 AR 콘텐츠가 디바이스 화면에 나타납니다.

코드 마커 방식의 장점은 쉽고 빠른 인식 성능과 웹 기반 AR^WebAR ○과의 호환성이 뛰어나다는 것입니다. 마커의 단순한 기하학적 패턴 덕분에 AR 시스템이 마커를 감지하고 처리하는 속도가 매우 빠르며, 이는 사용자에게 즉각적인 AR 경험을 제공합니다. 특히 QR 코드 마커 방식은 별도의 앱 설치 없이 QR 코드를 스캔하면 웹 브라우저를 통해 즉시 AR 경험을 할 수 있습니다. 대부분의 스마트폰이 QR 코드 스캔과 웹 브라우저를 지원하므로 매우 넓은 사용자층에 접근할 수 있다는 것도 큰 장점입니다. 또한 코드 마커 방식은 제작과 배포가 간편하여 다양한 환경에 AR 콘텐츠를 쉽고

○   웹 브라우저를 통해 구현되는 증강현실 기술입니다. 별도의 앱 설치 없이 웹 브라우저만으로 AR 경험을 제공하여 접근성을 높입니다.

빠르게 적용할 수 있습니다.

마커를 활용할 때는 마커의 크기와 배치에 주의를 기울여야 합니다. 마커가 너무 작거나 잘못 배치되면 카메라가 마커를 인식하기 어려울 수 있습니다. 그런데 이것이 주의 사항인지는 잘 모르겠네요. 그만큼 코드 마커 방식은 직관적이고 사용하기 쉬운 기술입니다.

코드 마커 방식은 앞으로도 다양한 분야에서 활용될 것으로 보입니다. 특히 QR 코드같이 대중에게 익숙한 마커는 AR 서비스의 진입 장벽을 낮추고 사용자 경험을 개선해 줍니다. 최근에는 마커리스 AR 기술이 발전하면서 마커 없이도 고품질의 AR 경험을 제공할 수 있지만 코드 마커의 간편성과 접근성은 여전히 장점으로 작용할 것으로 보입니다.

실무 활용기

AR 기술, 특히 2D 이미지 마커 방식를 활용한 프로젝트를 진행하면서 환경에 따른 차이점을 실감했습니다. 박물관, 미술관 등의 관람·체험 분야, 교육·훈련 분야에서는 AR이 제공하는 추가 정보의 가치가 명확합니다. 필요한 상황과 공간에 마커가 표기되어 있으면 사용자들은 추가 정보를 얻기 위해 디지털[AR] 전환을 진행합니다.

하지만 리테일 환경에서는 상황이 다릅니다. 대부분의 필요한 정보가 이미 현실에서 제공되고 있기 때문입니다. 필요한 정보가 현실에 충분하지 않으면 매출에 직접적인 타격이 있을 테니까요. 이런 상황이다 보니 2D 이미지 마커 방식을 활용한 AR 콘텐츠를 기획할 때 고민이 많았습니다. 사용자 입장에서 마커를 스캔할 만한 차별화된 요소를 찾기가 쉽지 않았거든요. 물론 마커를 통해 제공되는 AR 콘텐츠의 재미를 극대화하는 방법도 있지만, 그것은 배보다 배꼽이 더 커지는 경우죠. 예산과 기간의 제약 때문에 할 수도 없었고요.

그러다 떠오른 것이 마커 스캔과 연계한 '보상' 개념이었습니다. 마커를 통한 AR 경험 자체에 사용자가 얻을 수 있는 실질적인 혜택을 제공하는 것입니다. 이 보상은 할인 쿠폰, 마일리지 적립 등의 형태를 취할 수 있습니다.

소매 분야에서의 2D 이미지 마커 방식 기반 AR

2D 이미지 마커 방식 기반 AR 기술은 소매 분야에 새로운 가능성을 열어주고 있습니다. '구글 소비자 AR 연구(2019)'에 따르면, 66%의 소비자가 쇼핑 시 AR 사용에 관심을 보이고 있으며 〈Accenture Interactive〉 기사 시리즈의 'Immersive Experiences Survey(2020)'에서는 50%의 소비자가 몰입형 기술을 사용하는 브랜드를 더 잘 기억한다고 밝혔습니다.

실무에서 2D 이미지 마커 방식을 활용해 본 결과 이 기술의 가장 큰 장점은 접근성과 직관성이었습니다. 별도의 앱 설치 없이도 쉽게 AR 경험을 시작할 수 있으니까요.

한국에서는 종종 예산과 기간의 제약 때문에 이 기술을 활용한 창의적인 콘텐츠 제작이 어려운 경우가 있습니다. 그러나 해외 사례를 보면 정말 다양하고 혁신적인 활용법들이 있습니다. 특히 나이언틱이 인수한 8th Wall이라는 AR 회사의 사례들은 주목할 만합니다. (https://www.8thwall.com/showcase)

흥미로운 점은 이러한 다양한 사례를 통해 AR과 MR의 경계가 점점 모호해지고 있다는 것입니다. 최근의 AR 경험들은 디지털 레이어를 통해 정보를 제공하는 수준을 넘어 주변 환경을 적극적으로 활용하여 콘텐츠를 증강하고 있습니다. 기술이 고도화됨에 따라 AR과 MR의 구분이 무의미해지는 순간이 다가오고 있는 것입니다.

마커리스: 이미지 및 객체 인식 매핑

이 기술은 컴퓨터 비전 기술 중 이미지 분류와 객체 탐지 알고리즘을 주로 활용합니다. 컴퓨터 비전 기술의 발전으로 이제는 별도의 마커 없이도 실제 세계의 이미지나 객체를 인식하여 AR 콘텐츠를 제공할 수 있습니다. 이 기술은 마커리스 방식으로 작동하는데 그 과정은 이렇습니다.

카메라로 입력된 이미지에서 특징적인 점들(예: 모서리, 질감의 변화 지점 등)을 찾아내고 이 특징점들의 배열 패턴을 분석하여 인식하고자 하는 이미지나 객체와 일치하는지 비교합니다. 일치하는 패턴이 발견되면 해당 AR 콘텐츠를 불러와 적절히 배치합니다. 이러한 과정을 통해 책, 포스터, 제품 패키지부터 컵, 의자 같은 일상적인 물체까지 다양한 대상에 AR 콘텐츠를 연결할 수 있습니다. 실시간으로 작동하여 움직이는 물체도 추적할 수 있습니다.

마커리스: 공간 인식 매핑

주변 환경 전체를 3D로 인식하고 매핑하는 공간 인식 매핑 기술은 컴퓨터 비전 기술 중 SLAM 알고리즘을 주로 활용하는데요. 특정 이미지나 객체에 의존하지 않고 공간 전체를 이해하고 디지털화하여 AR 및 MR 경험을 제공합니다. AR과 MR 구현에 필수적인 이 기술의 특징은 실시간으로 3D 환경을 인식하고 그 안에서 기기(또는 사용자)의 위치를 지속적으로 추적한다는 점입니다. 주변 환경의 특징을 추출하여 3D 맵을 구축하고, 동시에 그 맵 안에서 기기의 정확한 위치와 방향을 계산하는 거죠. 이를 통해 사용자는 넓은 공간을 자유롭게 이동하면서 정확한 AR/MR 콘텐츠를 경험할 수 있습니다. 특히 MR 환경에서 가상 객체들이 실제 환경과 정확히 상호작용하고 사용자의 움직임에 따라 적절히 반응하기 위해서는 이 기술이 필수적입니다.

두 기술 모두 마커리스 AR/MR 경험을 가능하게 하지만 이미지 및 객체 인식 매핑은 특정 대상을 인식하는 데 초점을 맞추는 반면, 공간 인식 매핑은 전체 환경을 이해하고 그 안에서 위치를 파악하는 데 중점을 둡니다.

이미지 및 객체 인식 매핑: 스마트 가구 배치 MR 앱

현재 상황

홈 인테리어 스타트업인 H사는 고객이 가구를 구매하기 전에 실제 공간에 가상으로 배치해볼 수 있는 MR 앱을 개발 중입니다.

추가 필요 사항

핵심은 바닥과 벽면을 정확히 인식하고 가상 가구를 자연스럽게 배치하는 것입니다. 가구가 바닥이나 벽에 정확하게 놓여야 하며 기존 가구들과 조화롭게 어우러져야 합니다. 또한 사용자가 카메라를 움직여도 가구의 위치가 고정되어야 하며, 실제 가구의 크기를 정확하게 표현하여 사용자가 공간 활용을 쉽게 파악할 수 있어야 합니다.

해결: 이미지 및 객체 인식 매핑 선택

이를 해결하기 위해 '컴퓨터 비전 기반 이미지 및 객체 인식 매핑 기술'을 도입하기로 했습니다. 이 기술은 카메라 이미지에서 바닥과 벽면을 감지하고, 그 위에 가상의 가구를 배치하게 해줍니다. 실시간 트래킹 기능을 통해 사용자가 카메라를 움직여도 가구가 원래 위치에 고정돼 보이도록 합니다. 이러한 접근을 통해 H사는 고객에게 직관적이고 유용한 가구 쇼핑 경험을 제공할 수 있습니다. 고객들은 실제 가구를 움직이지 않고도 다양한 배치를 시도해 볼 수 있으며, 이는 구매 결정을 돕고 고객 만족도를 높일 것으로 기대됩니다.

공간 인식 매핑: 대규모 창고 관리 MR 시스템

현재 상황

대형 물류 기업인 L사는 광활한 창고 공간을 효율적으로 관리하기 위한 MR 기반 창고 관리 시스템을 개발 중입니다. 이 시스템은 작업자가 MR 헤드셋을 착용하고 창고 내를 자유롭게 이동하면서 실시간으로 재고 현황을 확인할 수 있게 해줍니다. 또한 최적의 피킹 경로를 안내받으며 물품의 정확한 위치에 AR 마커를 표시할 수 있게 해줍니다.

추가 필요 사항

작업자의 움직임과 위치를 정밀하게 실시간 추적해야 합니다. 그래야 작업자 입장에서 보이는 가상의 객체(재고 정보, 경로 안내 등)들이 정확한 위치에서 자연스럽게 보일 수 있습니다.

해결: 공간 인식 매핑 기술 도입

이를 해결하기 위해 'SLAM 기반 공간 인식 매핑 기술'을 도입하기로 했습니다. 이 기술을 통해 작업자는 창고 내 어느 위치에서든 정확한 재고 정보를 AR로 확인할 수 있으며, 최적의 경로를 따라 효율적으로 물품을 피킹할 수 있습니다. 예를 들어 작업자가 특정 선반 앞에 서면 해당 선반의 재고 현황이 가상으로 표시되고, 피킹해야 할 물품의 정확한 위치가 하이라이트됩니다. 작업자가 이동하는 동안에도 가상의 정보는 정확한 위치에 고정되어 표시됩니다.

이러한 접근을 통해 L사는 창고 운영의 효율성과 정확성을 크게 높일 수 있을 것입니다. 작업자의 오류를 줄이고, 작업 속도를 높이며, 안전성을 개선함으로써 전체적인 물류 프로세스를 최적화할 수 있을 것입니다.

감각을 전달한다
– 실감 기술

예전 스마트폰에는 '홈으로 돌아가기' 버튼이 있었습니다. 우리는 그 버튼을 누를 때마다 느껴지는 촉감에 익숙해져 있었죠. 그러다가 최신 스마트폰에서 이 버튼이 사라지면서 많은 사용자가 불편함을 호소했습니다. 이에 애플은 실제 버튼을 누르는 것과 유사한 느낌을 주기 위해 3D 터치 기술을 도입했고, 일부 제조사는 햅틱 진동을 활용하여 버튼을 누르는 감각을 재현했습니다. 이처럼 사용자의 '느낌'과 '몰입감'을 향상하기 위한 기술을 '실감 기술'이라고 합니다.

VR, AR, MR과 같은 기술들을 통해 우리가 가상의 세계에서 느끼는 감각을 현실처럼 느끼게 해주는 것, 그것이 바로 실감 기술의 목표입니다. 스마트폰의 물리 버튼이나 3D 터치 기술처럼 XR에서도 실감 기술은 사용자 경험을 한 차원 높이는 데 중요한 역할을 합니다.

　XR 콘텐츠에서 실감 기술이 꼭 필요한 것은 아닙니다. 실감 기술 없이도 기본적인 경험은 가능하니까요. 하지만 XR 기술이 발전하고 사용자의 기대치가 높아질수록 실감 기술의 중요성 역시 점점 커질 것입니다. 진동, 온도 변화, 전기 자극 등 다양한 방식으로 가상 경험의 현실감을 높일 수 있는 실감 기술. XR의 미래에서 이 기술은 선택이 아닌 필수가 될 것입니다.

촉각 강화 응용 기술

스티븐 스필버그 감독의 가상현실 소재 영화 〈레디 플레이어 원〉에서 주인공이 착용하는 촉각 수트의 모습

촉각은 물리적 환경과 상호작용할 때 기본적으로 활용되는 감각 중 하나입니다. XR 환경에서도 촉각은 현실감 넘치는 몰입 경험을 제공하기 위한 중요한 역할을 합니다.

　콘텐츠의 몰입감을 강화하기 위한 촉각 강화 기술에는 여러 가지가 있습니다. 기획지리면 이러한 기술들의 속성을 파악해 적절하게 활용할 수 있어야겠죠?

진동(햅틱)을 통한 강화

진동 기술은 사용자에게 감각적인 피드백을 주는 방법 중 가장 전통적이고 간단한 방법입니다. 이 기술은 오래전부터 다양한 산업 분야에서 활용되어 왔습니다. 음향 산업에서는 우퍼 스피커로 저음의 진동을

다양한 부위에 착용할 수 있는 햅틱(진동) 웨어러블 장비 (출처: 비햅틱스)

전달해 실감 나는 사운드 경험을 제공했고, 자동차 산업에서는 자동차 시트의 진동을 통해 운전자에게 위험 상황을 알렸습니다. 이 밖에 스마트폰의 진동 알림 기능 등 일상생활 속 다양한 전자기기에서도 널리 사용되고 있습니다.

진동 기술은 사용자의 행동에 즉각적인 반응을 줄 수 있어 능동적인 참여를 유도합니다. 버튼을 누르거나 물체를 잡을 때 진동 피드백을 주면 사용자는 자신의 행동이 잘 인식되었다는 것을 즉시 알 수 있어 상호작용이 강화되죠.

더불어 기존 정보(시각, 청각)에 촉각 정보를 더함으로써 사용자의 몰입감을 크게 높일 수 있습니다. 예를 들어 가상 환경에서 가상의 비가 내릴 때 진동으로 빗방울이 떨어지는 느낌을 준다면 어떤 느낌일까요? XR 환경에서 진동 기술의 이러한 특징은 사용자 경험을 풍부하게 하는 중요한 요소가 되고 있습니다.

진동 기술은 복잡한 느낌이나 섬세한 반응을 전달하는 데 한계

가 있습니다. 이를 보완하려면 다른 감각적 요소와의 조합이 필요할 수 있습니다. 또한 개인의 민감도나 취향에 따라 진동을 다르게 느낄 수 있으므로 사용자 맞춤 설정이 중요합니다.

전기 자극을 통한 강화

전기 자극 기술은 의료와 교육 분야에서 오랫동안 활용됐습니다. 최근에는 XR 환경에서도 사용자에게 특수한 감각적 경험을 제공하기 위해 사용되고 있습니다. 이 기술은 사용자가 자극을 명확하게 인지할 수 있게 하여 확실한 반응을 유도합니다. 설치가 간편하고 상대적으로 비용도 저렴하여 다양한 환경에서 효과적으로 사용됩니다.

전기 자극은 개인에 따라 느끼는 정도가 크게 차이가 납니다. 어떤 사람에게는 약한 자극도 강하게 느껴지고 불쾌하게 느껴질 수 있습니다. 이런 불쾌감을 의도적으로 주는 것도 기획이 될 수 있죠. 특히 경각심을 유발하기 위한 안전 체험 콘텐츠 같은 경우에는 매우 효과적입니다.

바람을 통한 강화

XR 환경에서 바람은 사용자가 자연의 느낌이나 고속 이동 시의 바람, 폭풍이나 폭발과 같은 특별한 상황을 체감하게 해주는 중요

강풍기를 설치를 통해 생생한 감각을 제공하는 VR 봅슬레이 어트렉션의 모습 (출처: 대한민국 정책브리핑)

한 실감 요소입니다.

바람을 통한 경험은 사용자에게 현실감을 높여 몰입감을 증가시킵니다. 특히 고속 이동이나 특정 장면에서의 바람 효과가 그러하죠. 바람을 제공하는 장치는 대체로 크기가 작고 설치가 간편하여 다양한 XR 환경에서 활용하기에 좋습니다. 비행 시뮬레이션에서는 사용자가 조종석에 앉아 있을 때 고도와 속도에 따라 변화하는 바람을 느낄 수 있고, 스키나 서핑과 같은 스포츠 체험에서는 속도감과 함께 실제 바람을 느낄 수 있어 더욱 실감 나는 경험을 제공합니다.

또한 바람 기술은 다른 실감 기술과 결합했을 때 시너지 효과를 낼 수 있습니다. 진동 기술과 함께 사용하면 폭발이나 충돌 같은 강렬한 장면에서 효과를 줄 수 있고, 온도 조절 기술과 결합하면 계절의 변화나 환경의 변화를 더욱 생생하게 표현할 수 있습니다. 하지만 실제 자연환경과 완벽하게 재현하긴 어려우며 사용자가 느끼는 경험이 실제와는 약간의 차이가 있을 수 있습니다.

바람이 멀미를 저감한다

과거에 VR 테마파크에서 VR 어트랙션을 운영하면서 경험한 바에 따르면, 바람 기계가 고장 났을 때와 정상 작동했을 때 탑승객의 반응에 유의미한 차이가 있었습니다. 바람이 없을 때보다 바람이 작동할 때 탑승객들은 더 높은 몰입감을 경험했으며 이는 사용자의 인지 부조화에 따른 멀미 효과를 줄이는 데도 도움이 되었습니다. 바람 장치가 VR 어트랙션에서 속도감을 제공하는 것을 넘어 사용자의 편안함을 증진시키는 중요한 요소였지요.

온도를 통한 강화

XR 환경에서 따뜻하거나 차가운 온도를 실제로 느낄 수 있다면 강력한 현실감을 줄 수 있습니다. 이 기술은 자연환경의 재현에서부터 위험 상황까지 다양한 콘텐츠에 활용될 수 있는데요. 열전소자나 특수 섬유를 사용하는 첨단 기술부터 아날로그적인 방식까지 구현 방법은 다양합니다. 열전구(할로겐 램프 등)를 사용하는 방법은 가장 안전하지만 감각이 제대로 전달되지 않을 수 있습니다. 열풍기나 히팅건과 같은 기구는 강력한 온도 감각을 제공할 수 있지만 소음과 예열 시간 때문에 대형 테마파크의 무대 장치 등 특수한 환경이 아니면 사용하기 어려울 수 있습니다. 또 특정 온도는 일부 사용자에게 부상의 위험이나 정서적 불쾌감을 초래할 수 있으므로 연출할 때 신중해야 합니다. 가령 화재 상황을 시뮬레이션하는 경우 사용자에게 뜨거운 온도를 경험하게 하는 것은 화재의 위험성을 쉽게 강조할 수 있지만 부상 위험이나 정서적 공포를 유발할 수 있습니다.

물 환경을 활용한 재미난 시도

해외의 한 XR 콘텐츠 개발사가 물과 XR을 결합하여 독특하면서도 신선한 사용자 경험을 제공하고 있습니다. 이 회사는 특별히 제작된 방수 하우징을 사용하는 HMD를 개발하여 사용자가 물 위에서 VR 체험을 할 수 있게 했는데요. 물 위에 떠있는 동안 사용자는 스

ballastvr의 수중 환경 내에서의 VR 체험 솔루션

노클링하듯 다양한 콘텐츠를 즐길 수 있습니다. 이때 허리에 연결된 무게 추가 사용자를 물 위에 안정적으로 떠 있도록 도와줍니다.

물에서의 XR 체험은 아직 초기 단계에 있어 많은 도전과 실험이 필요합니다. 하지만 기존의 XR 콘텐츠와는 완전히 다른 환경에서 몰입감을 주기 때문에 흥미로운 시도가 될 수 있습니다.

기존의 기술만이 XR 환경에서 몰입감을 높이는 유일한 방법이 아닐 수 있습니다. 기획자로서 주변 환경과 기술을 잘 살펴보고 예상치 못한 방식으로 사용자에게 새로운 감각을 제공할 방법을 찾아보세요. 흔하지 않은 방식이라도 적절한 연출과 기술의 조합으로 충분한 몰입감을 줄 수 있습니다.

청각 강화 응용 기술

공간 음향 기술을 통한 강화

공간 음향Spatial Audio은 3차원 공간에서 소리의 위치, 방향, 거리를 재현하는 기술입니다. 이 기술은 인간의 청각 시스템을 모방하여 소리의 방향성과 깊이감을 구현합니다. 공간 음향의 한 형태인 바이노럴 사운드Binaural Sound는 양쪽 귀에 도달하는 소리의 시간 차이와 음압 차이를 이용하여 입체적인 음향을 만들어내는데요. 헤드폰이나 이어폰을 통해 재생될 때 가장 효과적으로 작동합니다.

XR 환경에서 공간 음향 기술은 사용자가 가상 환경 내에 실제로 존재하는 듯한 청각적 경험을 제공하여 XR 콘텐츠의 몰입도를 크게 높입니다. 소리의 방향성과 거리감을 통해 사용자에게 가상 객체의 위치에 대한 정보를 제공하고 실제 환경의 음향 특성(반사, 흡수, 회절 등)을 가상 공간에 적용함으로써 더욱 풍부하고 입체적인 경험을 제공합니다. 이는 사용자가 눈을 감고 가만히 듣고만 있어도 공간감을 느낄 수 있게 합니다.

하지만 이 기술을 완벽히 경험하려면 고품질의 헤드폰이 필요합니다. 저품질의 헤드폰으로는 바이노럴 사운드의 장점을 충분히 누리지 못하고 일반 스피커로는 바이노럴 사운드를 전혀 느끼지 못할 수 있습니다. 그러므로 사전에 명확한 체험 가이드를 제공하는 것이 좋습니다.

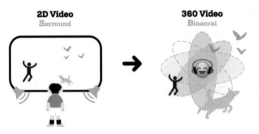

일반 서라운드 사운드는 평면적으로 들리는 반면, 바이노럴 사운드는 다양한 방향에서 들리는 특성을 통해 공간감을 느낄 수 있다.

상상력을 극대화시키는 듣는 VR

바이노럴 사운드 기술이 청각 중심의 콘텐츠나 서비스에 적용될 때 사용자는 기존의 일반 채널 사운드와는 비교할 수 없을 만큼 깊은 몰입감과 장르적 쾌감을 느낄 수 있습니다. 현재 오디오 콘텐츠 플랫폼에서는 바이노럴 사운드를 활용한 콘텐츠들이 '3D 입체 사운드 콘텐츠', '실감형 오디오 드라마', '입체 음향 영화' 등의 장르로 구분되어 제공되고 있습니다.

바이노럴 사운드는 특히 일인칭 시점의 이야기를 전달하는 데 효과적인데요. 청취자는 자신이 이야기 속 주인공이 되어 주변에서 벌어지는 사건들을 생생하게 경험하는 듯한 느낌을 받게 됩니다. 등장인물들의 대화, 주변 환경음, 효과음 등이 입체적인 사운드로 전달되기 때문에 몰입할 수 있는 거죠.

이러한 '듣는 VR'의 경험은 영상 중심 VR과는 차별화된 감상 방식을 제시합니다. 순수하게 청각에만 의존하여 공간과 사건을 인지하게 되므로 청취자의 상상력을 극대화하는 효과가 있습니다.

에어팟에 카메라가? 듣는 MR의 새 지평

'듣는 VR'에 이어 '듣는 MR'도 나올 수 있을 것 같다는 생각이 듭니다. 이유는 애플이 2026년까지 적외선[IR] 카메라 모듈을 탑재한 새로운 에어팟을 출시할 계획이라는 소식을 전했기 때문인데요. 이 신형 에어팟은 사용자의 머리 움직임과 주변 환경을 실시간으로 감지할 수 있게 되어 바이노럴 사운드 기술을 한 단계 더 발전시킬 것으로 예상됩니다.

이 기술이 실현되면 현실 세계와 가상 세계의 소리가 자연스럽게 융합되는 새로운 차원의 청각 경험이 가능해집니다. 주변 환경과 상호작용하는 동적인 오디오 경험을 즐길 수 있게 되니까요. 예를 들어 고개를 돌리면 그 방향에서 들려오는 가상의 소리가 더 선명해지고 가상의 소리 근원지에 접근하면 해당 소리가 점점 커지는 등 현실감이 배가 됩니다.

'듣는 MR' 기술은 게임, 영화, 교육 등 다양한 분야에서 응용할 수 있을 것으로 보이는데요. 게임에서는 플레이어의 움직임에 따라 실시간으로 변화하는 3D 사운드를 통해 몰입감을 줄 수 있고 영화나 드라마에서는 관객이 마치 현장에 있는 것처럼 느끼게 해줄 수 있습니다. 교육 분야에서는 복잡한 3D 개념을 청각적으로 이해하는 데 도움을 줄 수 있어 과학, 공학, 의학 등의 학습에 활용될 수 있

실감형 오디오 드라마 전문 제작사인 '브레스웍스'
의 〈해방전선〉. 바이노럴 사운드를 적용한 SF 오디
오 드라마이다. 사용자가 극 중의 주인공이 된 듯한
느낌을 받을 수 있다.(출처: 플로)

일본 도쿄 오다이바의 조이 폴리스에서 3차원 공
간 음향을 활용한 호러 체험을 즐길 수 있다. 실제
체험 때는 시각을 차단한 암전 상태에서 소리만을
이용해 체험 진행한다.

습니다. 더불어 이 기술은 시각 장애인들에게도 큰 혜택을 줄 수 있
습니다. 주변 환경을 더욱 정확하게 인식하고 이해할 수 있게 해주
어 일상생활과 학습에 큰 도움이 될 것입니다.

애플의 이러한 혁신적 도전은 공간 음향 기술의 새로운 장을 열
어 XR 경험의 질적 향상을 끌어낼 것이며 이는 단순한 청각 기술의
진보를 넘어 우리가 디지털 세계와 상호작용하는 방식 자체를 변화
시킬 수 있습니다. 앞으로 다른 기업들도 이와 유사한 기술 개발에
박차를 가할 것으로 보이는데요. XR 기기와 콘텐츠의 발전이 우리
일상에 어떤 변화를 불러올지 사뭇 기대됩니다.

이동감 강화 응용 기술

이동감 강화란 VR 환경에서 사용자가 실제로 움직이는 것처럼 느끼게 하는 기술을 말합니다. 가상 세계에서의 움직임이 실제와 같다면 정말 현실처럼 느껴지겠죠? 하지만 여기에는 주의할 점이 있습니다. 사용자의 물리적 움직임과 가상 환경의 움직임이 일치하지 않으면 인지부조화가 발생해 멀미 같은 증상을 유발할 수 있다는 것입니다. 그래서 이동감 강화 기술은 사용자 경험의 질을 높여주는 동시에 멀미나 인지부조화를 최소화하는 방향으로 발전하고 있습니다.

모션 시뮬레이터를 통한 강화

VR 모션 시뮬레이터의 모습 (출처: 대한민국 정책 브리핑)

모션 시뮬레이터는 XR 환경에서 사용자에게 물리적인 움직임과 가상의 움직임을 동기화시켜 실제 움직임을 체감하게 해주는 장치입니다. 차량, 비행기, 비행 등 다양한 상황에서 움직임을 재현할 수 있어 사용자의 몰입감을 극대화하죠. 또한 가상공간에서의 움직임과 실제 움직임을 일치시켜 인지부조화를 방지하고 멀미 현상을 줄여줄 수 있습니다.

모션 시뮬레이터는 1DOF부터 6DOF까지 다양한 자유도를 지원하며 콘텐츠의 특성, 운영 환경, 예산에 따라 적합한 시뮬레이터를 선택할 수 있습니다. DOF는 객체가 움직일 수 있는 자유도로 각 DOF는 특정 상황과 요구사항에 맞게 설계되어 제작될 수 있습니다. 즉 입문자용에는 2DOF나 3DOF를, 전문 훈련 시뮬레이터에는 6DOF를 적용하는 식이죠.

모션 시뮬레이터는 6DOF로 갈수록 정밀한 움직임 연출이 가능해져 현실감 넘치는 경험을 제공하지만 기능에 따라 비용이 달라지므로 프로젝트 예산과 요구사항에 맞게 선택해야 합니다.

모션 시뮬레이터의 구축과 운영에는 상당한 비용이 들고 크기와 설치 방식에 따라 충분한 공간 확보가 필요할 수 있습니다. 전문 지식과 경험을 갖춘 운영 인력이 필요하며 기계나 소프트웨어 문제에 즉각 대응할 수 있는 인력 확보도 중요합니다.

Degree of Freedom(자유도)의 이해

모션 시뮬레이터의 자유도DOF는 기기가 움직일 수 있는 독립적인 방향의 수를 나타냅니다. 각 DOF는 특정 축을 중심으로 한 회전 운동 또는 축을 따라 이루어지는 직선 운동을 의미합니다. 주로 요Yaw, 피치Pitch, 롤Roll이라는 용어로 표현되는 회전 운동과 서지Surge, 스웨이Sway, 히브Heave라고 하는 직선 운동으로 구분합니다.

- **요(Yaw):** Y축을 중심으로 한 회전 운동입니다. 고개를 좌우로 흔드는 듯한 움직임으로 사용자에게는 좌우로 턴하는 느낌을 줍니다. 자동차 시뮬레이터에서 커브를 돌 때의 느낌을 표현할 수 있습니다.
- **피치(Pitch):** X축을 중심으로 한 회전 운동입니다. 고개를 위아래로 끄덕이는 듯한 움직임으로 사용자에게는 전후로 기울어지는 느낌을 줍니다. 비행기 시뮬레이터에서 상승하거나 하강할 때의 느낌을 표현할 수 있습니다.
- **롤(Roll):** Z축을 중심으로 한 회전 운동입니다. 좌우로 눕게 되는 듯한 움직임으로 배나 비행기가 좌우로 기울 때의 느낌을 표현할 수 있습니다.

직선 운동

- **서지(Surge):** X축을 따라 앞뒤로 직선 운동하는 것을 말합니다. 사용자에게는 전진 또는 후진하는 느낌을 줍니다. 자동차나 비행기 시뮬레이터에서 가속 또는 감속할 때의 느낌을 표현할 수 있습니다.
- **스웨이(Sway):** Y축을 따라 좌우로 직선 운동하는 것을 말합니다. 배가 파도에 의해 좌우로 흔들릴 때의 느낌을 표현할 수 있습니다.
- **히브(Heave):** Z축을 따라 위아래로 직선 운동하는 것을 말합니다. 사용자에게는 상승하거나 하강하는 느낌을 줍니다. 예를 들어 엘리베이터가 오르내리거나 비행기가 난기류를 만나 상하로 흔들릴 때의 느낌을 표현할 수 있습니다.

이러한 자유도를 조합하면 다양한 움직임을 만들어 낼 수 있는데요. 예를 들어 요와 피치를 동시에 사용하면 사용자에게 커브를 도는 자동차의 느낌을, 서지와 히브를 함께 사용하면 롤러코스터를 탄 듯한 느낌을 줄 수 있습니다.

DOF 종류

- **1DOF(Heave)**: 스카이다이빙 체험 시뮬레이터에서는 히브(상하 움직임)만을 활용하여 스카이다이빙의 자유낙하 감각을 모사합니다.
- **2DOF(Yaw+Pitch)**: 승마 체험 시뮬레이터에서는 요(좌우 회전)와 피치(앞뒤 회전)를 조합해 말의 걸음걸이와 방향 전환을 실제처럼 구현합니다.

항공스포츠 VR을 통해 스카이다이빙을 체험 중인 관람객 (출처: 대한민국 정책브리핑)

승마 VR을 통해 승마를 체험 중인 관람객 (출처: 대한민국 정책브리핑)

4DX 시뮬레이터에 탑승하여 VR을 체험 중인 관람객 (출처: 대한민국 정책 브리핑)

미래 비행체를 모사한 시뮬레이터를 탑승하고 VR 체험 중인 관람객 (출처: 비브스튜디오스, GPM)

- **5DOF(Yaw+Roll+Pitch+Heave+Sway)**: CGV의 4DX 좌석에서는 요(좌우 회전), 롤(좌우 회전), 피치(앞뒤 회전), 히브(상하 움직임), 스웨이(좌우 움직임)를 활용하여 영화 속 장면을 실감 나게 체험할 수 있습니다. 영화 속 자동차 추격신, 비행기 난기류 등 다양한 상황을 4DX 좌석의 움직임으로 표현할 수 있습니다.

- **6DOF(모든 축 사용)**: 6DOF 시뮬레이터는 가장 복잡하고 정교한 움직임을 구현할 수 있습니다. 예를 들면 미래형 비행체나 SF 영화에 나오는 우주선 같은 가상의 탑승체 체험을 구현할 때 6DOF 시뮬레이터가 사용되는데요. 중력의 영향을 받지 않는 우주 공간에서의 자유로운 움직임이나 현재 기술로는 불가능한 급격한 방향 전환 등을 체험자가 실감 나게 느낄 수 있도록 합니다.

트레드밀 장치를 통한 강화

트레드밀 장치의 기본적 형태 (출처: wikimedia)

XR 트레드밀 장치는 사용자의 걷기나 달리기 같은 움직임을 가상 환경 내의 이동으로 전환해주는 장치입니다. 제자리에서의 움직임을 부상 위험 없이 안전하게 가상 세계에서 체감할 수 있도록 설계되었습니다. 온몸을 감싸는 슈트 형태부터 바닥의 발판만을 이용하는 간단한 형태까지 종류도 다양합니다.

XR 트레드밀 장치의 핵심은 실제 이동 움직임과 가상 세계의 이동을 일치시키는 기술입니다. 그래야 멀미 현상을 줄이고 부상 위험을 최소화할 수 있으니까요.

XR 트레드밀은 사용자의 안전이 중요하거나 공간이 협소한 상황에서 의미 있게 활용될 수 있습니다. 그렇지만 고급 모델의 경우 비용이 상당할 수 있어 예산 편성 시 유의해야 합니다. 또한 사용자가 트레드밀에 적응하는 데 어느 정도 시간이 필요할 수 있다는 점도 감안해야 합니다.

트레드밀 장치 기술은 꾸준히 발전했습니다. 최근 주목할 만한 연구 사례로 디즈니의 '홀로타일Holotile'이 있는데, 다수의 원형 타일로 이루어진 모듈식 구조로 사용자의 이동 방향에 따라 각 타일이 개별적으로 회

디즈니의 '홀로타일' (출처: Disney Parks, you tube)

전하며 움직입니다. 여러 사용자가 동시에 사용 가능하며 사용자의 걸음에 맞춰 타일이 회전하므로 제자리걸음만으로도 가상공간 내에서 자연스러운 이동이 가능합니다.

워크쓰루 시나리오를 통한 강화

워크쓰루 시나리오는 모션 시뮬레이터나 트레드밀과는 달리 사용자가 넓은 공간을 직접 이동하면서 가상 세계를 체험하는 방식으로 주목받고 있습니다. 주로 대규모 공간이 확보된 오프라인 기반 사업장에서 활용됩니다.

워크쓰루 시나리오는 넓은 공간에서의 움직임을 통해 사용자에게 거리감과 공간감을 더욱 현실적으로 전달할 수 있습니다. 사용자의 실제 걷기와 달리기가 주요 입력 방식이므로 특별한 기술 장비에 대한 의존성이 낮은 편입니다. 또한 대공간에서의 움직임은 실제와 가상 사이의 경계를 모호하게 만들어 높은 몰입감을 제공합니다. 이러한 특성으로 워크쓰루 시나리오는 물리적 움직임이 중요한 훈련이나 교육, 그리고 관광지나 문화유산 체험 등에 활용될 수 있죠. 소방관이나 군인을 위한 훈련, 스포츠 선수들의 전술 연습, 박물관이나 유적지 탐방 등을 예로 들 수 있습니다.

워크쓰루 시나리오를 구현하려면 일정 크기 이상의 플레이 공간

룸스케일 VR

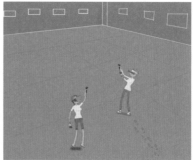

대공간 VR

확보가 필수입니다. 또한 사용자가 직접 움직이며 콘텐츠를 체험하는 만큼 장애물이나 다른 사용자와의 충돌 등 안전 문제가 발생할 수 있으므로 체험 공간의 안전한 설계와 관리에 유의해야 합니다. 다음은 워크쓰루 시나리오를 설계할 때 실제 공간의 제약을 고려하여 가상공간 내에서 사용자의 이동 동선을 전략적으로 배치하는 주요 기법들입니다.

점진적 방향 전환

실제 공간에서 사용자가 걸어가는 경로를 매우 완만한 곡선으로 설계하고 가상 공간에서는 이를 긴 직선 경로로 표현합니다. 이때 가상 환경의 요소들(예: 건물, 나무, 길)을 조금씩 회전시켜 사용자가 방향 전환을 인지하지 못하게 합니다. 예를 들어 10x10m 공간에서 사용자가 천천히 회전하며 40m를 걸었다면 가상 공간에서는 이를 100m의 직선거리로 표현할 수 있습니다. 이 방법은 매우 점진적으로 이루어져야 합니다. 급격한 변화는 피해야 인지부조화와 어지러움을 방지할 수 있습니다.

공간 전환 장치

가상의 문, 엘리베이터, 텔레포트 장치 등을 사용하여 사용자를 다른 '구역'으로 이동시킵니다. 실제로는 같은 공간 내에서 움직이지만, 가상에서는 전혀 다른 장소로 이동한 것처럼 느끼게 됩니다. 가령 가상의 엘리베이터에 탑승하는 동안 사용자의 위치를 180도 회전시켜 지금까지 온 길을 되돌아가게 할 수 있습니다.

흥미로운 요소를 전략적으로 배치하여 사용자의 시선을 특정 방향으로 유도합니다. 사용자가 실제 공간의 한계를 눈치채지 못하게 하는 거죠. 예를 들어 실제 공간의 모서리에 다가갈 때 흥미로운 이벤트가 발생하도록 하여 자연스럽게 방향을 전환하도록 유도할 수 있습니다.

소설가 '구보'가 되어 당시 경성 거리를 걸어보며 사유해보는 VR 체험 〈구보, 경성 방랑〉(권하윤, 2020) (출처: 일민미술관, 유튜브)

가상의 화학 공장을 이동하면서 협력 진행하는 안전교육 콘텐츠 (출처: 화학물질안전원, 유튜브)

이러한 기법들을 조합하면 사용자는 실제로는 작은 공간을 걷고 있지만 가상에서는 광활한 세계를 탐험하고 있다고 느낄 수 있습니다. 실제로는 100제곱미터의 공간을 걷고 있지만 가상공간 내에서는 1,000제곱미터 이상의 광활한 영역을 탐험하는 것처럼 말이죠.

실제 형태의 기구 및 도구 활용한 체험 강화 전략

기구 및 도구를 활용하여 XR 콘텐츠와 연동하는 방식도 이동감을 강화하는 기술 중 하나입니다. 이는 가상 환경에서의 체험을 실

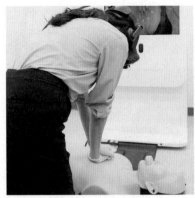

마네킹을 활용한 심폐소생술 VR 체험 진행
(출처: 서울아산병원 홈페이지)

실제 패들, 라켓과 유사한 형태의 기구에 추적 장치를 달아 게임 진행
(출처: HTC VIVE)

제 환경과 유사하게 만들어줌으로써 사용자의 학습 효과와 만족도를 높일 수 있는데요. 도구나 장비를 다루는 가상 속 체험이 몸에 익숙해지면 현실 세계에서의 수행 능력이 향상될 수 있기 때문입니다. 이러한 접근 방식은 실제 상황에 대한 높은 수준의 준비가 필요한 산업 현장, 의료, 자동차 및 항공기 교육 등의 분야에서 특히 효과적입니다.

기구 및 도구를 활용한 체험 강화 기술은 XR 콘텐츠와의 연동이 자연스럽고 정확해야 합니다. 가상 환경과 실제 기구 및 용품 간의 불일치나 지연은 사용자의 몰입감을 해치고 부정적인 경험을 초래할 수 있으니까요. 또한 실제 기구 및 용품 사용에 따른 안전 문제도 고려해야 합니다. 사용자의 동작 범위와 강도를 적절히 제한하고 필요시 안전장치를 마련하는 등의 조치가 요구됩니다.

실제 전투기 조종석 내부와 동일하게 만들어진 시뮬레이터를 활용해 게임 진행
(출처: Cockpit -VR 공식 유튜브 채널 캡처)

산업 현장의 비계(가시설) 구조물을 모사하여 체험 진행 (출처: POSCO 포항제철소의 VR안전교육시설)

(좌) '관'의 형태를 모사, 관 안에 들어가 체험, (우) '휠체어' 형태를 모사, 휠체어에 탑승한 상태로 체험
(출처: 심포디)

현재 상황

G사는 학교 과학 교육의 안전성과 효율성을 높이기 위해 MR 기술을 이용한 과학실 집기 활용 서비스를 개발하고 있습니다. 이 서비스는 학생들이 비커, 시험관과 같은 과학실의 집기를 사용하여 가상의 화학 반응을 경험할 수 있도록 설계되었습니다.

추가 필요 사항

과학 실험 수업에서는 학생들의 안전이 최우선으로 고려되어야 합니다. 실제 화학 약품을 사용하는 것은 위험할 수 있지만 모든 학교에서 다양한 화학 반응을 안전하게 시연하고 학습할 수 있는 환경을 제공하는 데는 현실적인 제약이 따릅니다. 따라서 MR 기술을 활용하여 안전하고 효율적으로 화학 실험이 진행될 수 있어야 합니다. 또한 실험 준비와 정리에 드는 시간과 자원을 절감할 수 있어야 합니다.

해결: 실제 집기와 가상 약품의 결합

이를 해결하기 위해 '실제 과학실 집기와 가상 약품의 결합'이라는 방법을 선택했습니다. 학생들은 실제 비커, 시험관 등의 집기를 사용하지만, 약품은 MR 기술로 구현된 가상의 객체를 사용합니다. 실제 집기의 움직임과 가상 약품의 반응을 실시간으로 동기화함으로써 마치 실제 실험을 하는 것과 같은 경험을 제공합니다.

가상 약품은 화학 반응식에 기반하여 사실적으로 시뮬레이션 되며, 학생들은 이를 관찰하고 상호작용할 수 있습니다. 다양한 화학 반응을 안전하게 탐구할 수 있게 되므로 학습의 폭이 크게 확장될 것으로 기대되며 가상 약품을 사용하므로 실제 약품 준비와 정리에 드는 시간과 비용이 절감되는 효과도 기대할 수 있습니다.

디지털 휴먼 활용

디지털 휴먼은 컴퓨터 그래픽 기술을 활용하여 실제 인간과 유사하게 제작된 가상의 인간 캐릭터를 말합니다. 단순한 실사 수준의 인물 그래픽을 넘어 인간의 행동, 움직임, 언어 활동 등을 정밀하게 수행할 수 있는 수준으로 구현하는 것이 목표입니다.

디지털 휴먼을 제작할 때는 실제 인간과의 유사성을 높이는 것도 중요하지만 동시에 자연스러움과 매력도를 고려해야 합니다. 지나치게 사실적으로 표현하다 보면 사용자에게 이질감이나 불쾌감을 유발할 수 있기 때문입니다. 이는 '불쾌한 골짜기' 효과로 알려져 있는데, 로봇이나 디지털 휴먼이 인간과 닮은 정도에 따라 호감도가 달라지는 현상을 말합니다. 따라서 디지털 휴먼의 모습, 움직임, 표정 등을 디자인할 때는 사실성과 함께 자연스러움, 매력도, 콘텐츠 특성 등을 종합적으로 고려하여 최적의 밸런스를 찾아내야 합니다. 성공적인 디지털 휴먼 캐릭터 사례들을 참고하여 제작 의도에 맞는 캐릭터를 설계하는 것이 도움이 될 거예요.

디지털 휴먼 기술은 AI와의 결합을 통해 더욱 발전할 것으로 보이는데요. 디지털 휴먼과 사용자와의 소통이 자연스러워지면 엔터테인먼트, 교육, 의료, 고객 서비스 등 활용 분야가 넓어질 것이 자

○   불쾌한 골짜기(Uncanny Valley) 이론은 로봇공학자 모리 마사히로(Mori Masahiro)가 1970년에 제안한 개념으로 사람과 닮은 정도에 따른 호감도 변화를 설명한 것입니다. 다만 이 이론의 과학적 근거에 대해서는 학계에서 다양한 의견이 존재하며, 연구 결과 간에 일관성이 부족한 상황입니다. 따라서 불쾌한 골짜기 효과의 보편성에 대해서는 아직 논쟁의 여지가 있다고 볼 수 있습니다.

MMA2022 오프닝 무대를 장식한 버추얼 휴먼 '질주' (출처: 비브스튜디오스)

광고 모델로 활약 중인 디지털 휴먼 '수아' (출처: 온마인드 홈페이지)

명하기 때문입니다. 머지않아 개인 교사, 고객 서비스 담당자, 의료 상담사 등이 디지털 휴먼으로 바뀌지 않을까요?

생성형 AI 활용

생성형 AI는 방대한 양의 데이터를 학습하여 자연스러운 언어를 생성하고 복잡한 패턴을 이해할 수 있는 AI 기술입니다. 이를 XR 환경에 적용하면 NPC와의 상호작용을 보다 사실적이고 몰입감 있게 만들 수 있습니다. 이러한 융합 기술은 가상 세계 내 NPC들이 마치 실제 인간처럼 자연스러운 대화를 나누고 사용자와 상호작용할 수 있게 합니다. 또한 사용자의 행동과 선택에 따라 가상 환경 내의 상황과 분위기를 동적으로 변화시킬 수 있어 더욱 개인화되고 역동적인 경험을 제공할 수 있습니다.

메타버스의 핵심 동력, 생성형 AI와 XR

메타버스는 가상과 현실이 융합된 3차원의 인터넷 세계를 의미하며 XR 기술은 이를 구현하기 위한 핵심 요소입니다. 그러나 지금까지의 메타버스는 대부분 사전에 정의된 규칙과 시나리오에 의해 작동하는 제한적인 공간에 그쳤습니다.

생성형 AI와 XR 기술의 융합은 이러한 한계를 극복하고 메타버스를 진정한 의미의 살아있는 세계로 진화시킬 수 있습니다. 이는 게임, 교육, 훈련, 소셜 네트워킹, 비즈니스 등 다양한 분야에서 메타버스의 활용 가치를 극대화할 것입니다.

교육 분야에서는 생성형 AI를 활용한 지능형 튜터가 각 학습자의 이해도와 학습 스타일에 맞춘 개인화된 커리큘럼을 제공할 텐데요. 이 튜터는 학생의 질문에 실시간으로 대응하고, 복잡한 개념을 다양한 방식으로 설명하며, 학생의 진도에 따라 적절한 난이도의 과제를 제시할 수 있습니다.

기업 교육 및 훈련 분야에서는 실제 상황을 정교하게 시뮬레이션한 가상 환경에서 직원들이 안전하게 경험을 쌓을 수 있습니다. 위험한 작업 환경이나 고객 응대 상황을 재현하여 다각도로 대처 능력을 키울 수 있죠. 생성형 AI는 이러한 상황을 실시간으로 조정하여 각 훈련생의 결정에 따라 상황을 변화시킬 수 있습니다.

소셜 네트워킹 측면에서 메타버스는 전 세계 사람들을 연결하는 새로운 플랫폼이 될 수 있습니다. 생성형 AI는 언어 장벽을 극복하는 실시간 번역을 제공하고 사용자의 관심사와 성향을 분석하여 의미 있는 연결을 제안할 테고, AI 기반 아바타들이 실제 사용자들과 자연스럽게 교류하며 커뮤니티를 활성화할 수 있겠지요.

비즈니스 영역에서는 가상 회의실이나 전시장을 통해 전 세계 고객 및 파트너들과 실제로 비즈니스를 수행할 수 있게

생성형 AI 적용한 신작 게임 '카이로스(Kairos)'의 데모 영상. 영상에는 플레이어의 행동에 따라 NPC의 반응이 자연스럽게 바뀌는 모습이 담겨 있다. (출처: 엔비디아)

됩니다. 생성형 AI가 실시간 데이터 분석, 맞춤형 프레젠테이션 생성, 자동 회의록 작성 등의 기능을 제공할 테니까요.

생성형 AI와 XR의 기술 융합은 메타버스를 진정으로 상호작용적이고 역동적인 세계로 만들어 우리의 디지털 경험을 근본적으로 변화시킬 것입니다. 앞으로 메타버스는 현실 세계와 더욱 밀접하게 연결되어 우리의 일상생활, 학습, 업무, 엔터테인먼트 등 다양한 영역에서 혁신적인 변화를 끌어낼 것입니다.

텍스트 투 스페셜의 등장

최근 생성형 AI 기술의 발전으로 텍스트를 이미지나 비디오로 변환하는 '텍스트 투 이미지Text to Image', '텍스트 투 비디오Text to Video' 기술이 주목받고 있습니다. 사용자가 원하는 장면이나 객체를 텍스트로 입력하면 AI가 이를 바탕으로 관련된 이미지나 영상을 자동

으로 생성해 내는 방식이죠. 이러한 흐름은 머지않아 XR 업계에도 영향을 미칠 텐데요. '텍스트 투 스페셜Text to Spatial'이라 불리는 새로운 기술에 대한 기대가 커지는 이유입니다. 텍스트 투 스페셜은 텍스트 명령어만으로 3차원의 가상공간을 생성하는 기술로 사용자가 원하는 공간의 특징과 분위기를 짧은 텍스트로 입력하면 AI가 이를 바탕으로 다양한 가상공간을 자동으로 생성해 줍니다.

기존의 3D 모델링 작업에 드는 시간과 비용을 대폭 절감할 수 있다는 점에서 텍스트 투 스페셜 기술은 큰 가능성을 보여주고 있습니다. 또한 생성된 공간을 기존의 XR 플랫폼에 손쉽게 업로드하고 편집할 수 있어 사용자가 자신만의 맞춤형 가상공간을 빠르게 제작하고 공유할 수 있게 됩니다.

텍스트 투 스페셜 기술이 상용화된다면 부동산, 리테일, 자동차, 전시 등 다양한 산업 분야에서 활용할 수 있겠죠. 특히 기존의 메타버스 시장이 높은 제작 비용으로 인해 확산에 어려움을 겪었던 만큼 생성형 AI를 통한 고품질의 가상공간 제작은 메타버스 시장에 새로운 성장 동력을 제공할 것으로 기대됩니다.

물론 아직은 초기 단계이며, 생성된 공간의 퀄리티나 인터랙션 측면에서 한계가 있을 수 있습니다. 그러나 빠른 속도로 발전하는 AI 기술을 고려했을 때, 텍스트 투 스페이셜은 가까운 미래에 XR 콘텐츠 제작 방식에 혁신을 가져올 잠재력을 가진 기술이라 할 수 있겠습니다.

6부

협력사 발굴과 RFP 작성,
그리고 커뮤니케이션

XR 프로젝트는 다양한 분야의 전문 기술이 복합적으로 적용되는 만큼 개발 역량과 경험을 갖춘 파트너사와의 협업이 무엇보다 중요합니다. 단순히 외주 용역을 맡기는 것이 아니라 프로젝트의 비전과 목표를 함께 공유하고 긴밀하게 소통하며 진행해야 하죠. 그러려면 XR 프로젝트에 최적화된 협력사를 발굴하고 선정할 줄 알아야 합니다. 그래서 이 장에서는 자사의 파트너 풀을 활용하는 방안부터 새로운 협력사를 물색하는 노하우까지 실전에서 바로 활용할 수 있는 팁들을 제공합니다. 아울러 제가 실무에서 겪은 다양한 경험을 통해 기획자가 XR 프로젝트 진행 시 챙겨야 할 전반적인 내용을 살펴보겠습니다.

프로젝트에 잘 맞는 협력사 선정하기

협력사는 XR 프로젝트에 필요한 특정 기술이나 서비스를 제공하는 외부의 기업이나 조직으로 '외주사'로도 불리며 프로젝트의 특정 부분 또는 전체를 함께 수행하는 중요한 파트너입니다.

협력사가 필요한 이유는 무엇일까요? 여러 프로젝트를 동시에 관리해야 할 경우 모든 프로젝트를 개발 단계까지 직접 관리하기는 어려울 수 있습니다. 이때 각 프로젝트를 전문적으로 실행할 수 있는 협력사의 지원이 필요하죠.

소규모 기업에서는 기획자가 프로젝트 매니저 역할을 겸하기도 하지만 조직이 커질수록 이들의 역할은 분업되는 경우가 많습니다. 이런 상황에서 기획자는 프로젝트 매니저가 기획 의도를 잘 이해하고 프로젝트를 원활하게 수행할 수 있도록 적절한 협력사를 찾고 초기 세팅을 도와주어야 합니다.

협력사는 프로젝트에 기술적 전문성을 제공하고 필요한 자원 및 인프라를 지원하며 프로젝트의 성공적인 실행과 관리를 위해 중요한 역할을 합니다. 따라서 협력사를 선택하는 것은 XR 프로젝트의 성공에 중대한 영향을 미치며 이들과의 효과적인 협력은 프로젝트의 결과에 직접적으로 기여합니다.

XR 프로젝트에서 협력사의 중요성과 다양성

XR 프로젝트에는 3D 모델링, 애니메이션, 인터랙션 디자인, 소프트웨어 개발 등 광범위한 기술과 역량이 요구되므로 다양한 분야의 전문성을 갖춘 협력사와의 긴밀한 협업이 필수적입니다.

협력사는 단순한 외주 업체가 아닌 XR 프로젝트의 성공을 좌우하는 중요한 파트너입니다. 그러므로 수준 높은 디자인과 개발 역량, 그리고 이를 이끌어갈 수 있는 경험 많은 PM을 보유한 협력사를 선택하는 것이 무엇보다 중요합니다. 특히 사용자 경험 측면에서 협력사의 디자인 역량은 대단히 중요합니다. 편리성, 몰입감, 직관성 등을 고려한 UX/UI 디자인은 사용자가 XR 환경에서 목표에 맞는 상호작용을 하고 경험할 수 있게 하기 때문입니다.

협력사의 개발팀 역시 XR 프로젝트를 기술적으로 구현하는 책임을 져야 하므로 안정성, 성능, 확장성 등을 보장할 수 있는 개발 역량이 뒷받침되어야 할 것입니다.

여기에 더해 협력사의 PM은 프로젝트의 모든 구성 요소를 아우르며 성공적인 진행을 이끄는 중요한 역할을 수행하므로 프로젝트의 목표와 방향성을 명확히 설정하고, 일정과 예산을 효과적으로 관리하며, 발생 가능한 위험 요인에 선제적으로 대응할 수 있는 협력사를 선택해야 할 것입니다.

하지만 모든 협력사가 이 모든 역량을 고루 갖추고 있는 것은 아닙니다. XR 프로젝트가 추구하는 산업 분야와 목적, 규모 등에 따라 협력사의 역할과 범위는 달라질 수 있습니다. 게임, 엔터테인먼트 분야의 XR 프로젝트라면 창의적인 콘텐츠 제작 역량이 강점인 협력사가 적합할 수 있고, 제조·의료 분야라면 전문 솔루션 개발 경험이 풍부한 협력사가 좋은 선택이 될 수 있습니다.

따라서 XR 프로젝트의 성격과 목표에 부합하는 협력사를 선정하고, 이들과 효율적으로 협업하는 것이 무엇보다 중요합니다. 이를 위해서는 다양한 유형의 협력사들이 각자 어떤 강점과 특징을 지니고 있는지 이해할 필요가 있습니다.

협력사의 유형

XR 산업의 빠른 발전과 융합적 특성으로 인해 협력사는 여러 가지 방식으로 구분될 수 있습니다. 이러한 구분에는 절대적인 정답이 없으며 프로젝트의 성격과 목표에 따라 유동적으로 적용될 수 있습니다. 최근 많은 기업이 단일 분야에 국한되지 않고 다양한 사업 영역을 넘나들고 있어 구분 자체가 다소 모호할 수 있기 때문입니다. 유형별로 어떤 전문성을 가진 협력사가 필요한지 참고할 수 있도록 대략적인 구분을 시도해 보았으나 가장 중요한 것은 기획자가 원하는 적합한 협력사를 찾는 것입니다. 이는 단순히 기술적 역량뿐만 아니라 해당 산업에 대한 이해와 프로젝트의 비전과 목표에 대한 공감대 형성 능력 등을 종합적으로 고려해야 합니다.

콘텐츠 유형의 프로젝트 관련 협력사

- 3D 모델링, 애니메이션, 모션 캡처 등 콘텐츠 제작에 특화된 전문 스튜디오
- VFX, 특수효과 등 영상 기술에 강점을 가진 업체
- 360도 영상 및 입체 음향 제작 전문 업체
- 게임 엔진 기반 인터랙티브 콘텐츠 개발사
- XR 아티스트 그룹 및 창의적 디자인 스튜디오
- 홀로그램 콘텐츠 제작 전문 업체
- 실감형 교육 콘텐츠 개발사

서비스 유형의 프로젝트 관련 협력사

- UX/UI 디자인, 인터랙션 디자인 등 사용자 경험 설계를 담당하는 디자인 스튜디오
- 웹, 앱, 클라우드 기반의 솔루션 개발이 가능한 IT 업체
- XR 플랫폼 제공 업체

- 가상 이벤트 및 컨퍼런스 서비스 제공 업체

- XR 기반 협업 툴 개발사

- 실감형 광고 및 마케팅 서비스 제공 업체

솔루션 유형의 프로젝트 관련 협력사

- 대규모 시스템 통합^{SI} 프로젝트 수행 경험이 있는 종합 IT 서비스 기업

- XR 기기 및 장비를 제조하는 하드웨어 업체

- 산업 특화 XR 솔루션 제공 업체

- AI 및 자연어 처리 기술을 XR에 접목시키는 전문 기업

- 햅틱 기술 및 기타 실감형 인터페이스 솔루션 제공 업체

통합 에이전시

통합 에이전시는 여러 유형의 XR 프로젝트를 수행한 경험을 바탕으로 효율적인 프로세스와 노하우를 갖추고 XR 프로젝트의 전체적인 과정을 조율하고 관리하는 역할을 수행합니다. 이들은 주로 기획과 프로젝트 관리에 특화된 인력들로 구성되어 있으며 다양한 분야의 외주 업체 및 전문가들과의 네트워크를 보유하고 있어 프로젝트에 필요한 인력과 기술을 효과적으로 연결할 수 있습니다. 또한 프로젝트의 전체적인 흐름을 이해하고 각 단계 간의 유기적인 연결을 보장할 수 있습니다.

통합 에이전시에 프로젝트를 의뢰하면 여러 가지 좋은 점이 있습니다. 먼저 인하우스 기획자(자사의 비즈니스 목표와 요구사항을 잘 이해하고 있는 내부 기획자)가 통합 에이전시와 협업할 경우 하나의 창구를 통해 모든 커뮤니케이션이 이루어져 혼선을 줄일 수 있습니다. 또한 여러 외주 업체를 개별적으로 관리하는 것보다 한 곳에서 일괄적으로 관리할 수 있어 프로젝트 관리가 훨씬 편해집니다.

둘째, 여러 협력사를 개별적으로 찾고 관리하는 것보다 효율적일 수 있으며 다양한 프로젝트 경험을 바탕으로 잠재적 문제를 예측하고 대비할 수 있습니다. 더불어 프로젝트 진행 중에 발생할 수 있는 위험 요소들에 대해 에이전시와 함께 해결책을 모색할 수 있어 인하우스 기획자 혼자 고민하는 것보다 폭넓은 시각과 경험을 바탕으로 한 위험 관리가 가능합니다.

그러나 통합 에이전시에 의뢰 시 에이전시 수수료가 추가되어 전체적인 프로젝트 비용이 증가할 수 있습니다. 이는 에이전시의 관리 및 조율 서비스에 대한 대가입니다. 또한 개별 협력사들과 직접 소통하는 것보다 프로젝트에 대한 직접적인 통제력이 줄어들 수 있으므로 프로젝트의 규모, 복잡성, 예산, 기획자의 XR 프로젝트 경험 정도를 고려하여 통합 에이전시 활용 여부를 결정하는 것이 좋습니다. 특히 XR 분야에 처음 진입하는 기업이나 복잡하고 대규모의 프로젝트를 계획하고 있다면 통합 에이전시의 도움을 받는 것이 안전하고 효과적인 선택이 될 수 있습니다.

협력사를 발굴하는 방법

협력사를 찾는 과정은 프로젝트와 가장 잘 어울리는 파트너를 찾는 여정입니다. 그러면 적합한 협력사는 어떻게 찾아낼 수 있을까요?

회사의 기존 파트너 풀과 과거 경험 활용하기

여러분이 속한 회사에 이미 관련 협력사 풀이 있을 수 있습니다. 검증된 풀은 믿을 수 있는 협력사를 찾는 데 도움이 됩니다. 과거에 회사와 관련 프로젝트를 진행했던 협력사를 확인하는 것도 좋은 방법입니다. 이미 호흡을 맞춘 경험이 있는 협력사라면 프로젝트 진행이 더 수월할 수 있습니다.

박람회나 콘퍼런스에서 신규 협력사 탐색하기

XR 기술은 게임, 교육, 의료, 제조 등 다양한 산업 분야에 적용되고 있습니다. 따라서 산업별 주요 박람회에서 해당 분야에 특화된 XR 기술과 솔루션을 선보이는 협력사들을 만나보는 것도 방법입니다. 특히 'XR' 또는 '메타버스'가 명시된 박람회나 콘퍼런스는 XR과 메타버스 분야에 특화되어 있어 관련 전문 기업들이 집결하는 경우가 많습니다.

XR은 이종 기술들이 융합될 수 있는 플랫폼인 만큼 박람회에 참가할 때는 산업 간 경계에 얽매이지 않는 개방적 자세로 임하는 것이 좋습니다. IT, 콘텐츠, 제조, 의료 등 여러 분야의 협력사들과 교류하다 보면 상상 이상의 영감과 기회를 얻을 수 있을 겁니다.

해외 행사도 눈여겨볼 수 있지만, 특별한 기술이나 장치가 필요한 경우가 아니라면 국내 업체와 협업하는 것이 실무적으로 더 효율적입니다. 언어 장벽이 없고, 시차 문제가 없으며, 필요시 대면 미팅이 용이하니까요. 또한 국내 시장과 문화에 대한 이해도가 높아 프로젝트 맥락을 더 잘 파악할 수 있습니다. 따라서 특별한 이유가 없다면 국내 협력사들을 중심으로 탐색해 보는 것이 좋습니다.

XR 전문 영화 행사가 있다는 사실, 아시나요?

XR 콘텐츠와 관련하여 부천국제판타스틱영화제의 'Beyond Reality' 섹션을 주목해 볼만한데요. 아시아 대표 XR 이머시브 전시로 매년 국내외에서 주목할 만한 XR 영화와 콘텐츠를 선보이고 있어 XR 기술을 활용한 몰입형 공연, 인터랙티브 스토리텔링, 가상현실 영화 등 다양한 장르의 작품을 만나볼 수 있기 때문입니다.

영화제 기간 XR 관련 토크 이벤트와 특별 상영 프로그램을 통해 XR 스토리텔링의 현주소를 살펴볼 수 있고, 무엇보다 XR 콘텐츠를 직접 체험해 볼 수 있는 기회를 제공한다는 점에서 의미가 있습니다. 최신 XR 기기를 활용한 다채로운 전시 공간이 마련되어 있기도 하고요. 스토리텔링 기반의 XR 프로젝트를 기획 중이라면 국내외 XR 콘텐츠 제작자들과 교류하고 최신 기술 동향을 파악할 수 있을 거예요.

협회 및 기관, 단체의 네트워크 활용

국내에는 XR, 메타버스 관련하여 다수의 협회나 단체들이 활발히 활동하고 있습니다. 이들은 해당 분야에서 전문성을 인정받은 기업들로 구성된 회원사 풀을 보유하고 있는데요. 각 회원사의 강점과 특징을 잘 파악하고 있으므로 여러분의 프로젝트에 적합한 협력사를 추천받을 수 있습니다. 한국실감메타버스콘텐츠협회KOCACA, 한국메타버스산업협회K-META 등이 국내의 대표적인 단체이며 이들이 주관하는 행사나 교육 프로그램에 참여하는 것도 잠재적 협력사를 만나는 좋은 기회가 될 수 있습니다.

더불어 한국콘텐츠진흥원을 비롯한 각 지역 콘텐츠진흥원, 각 지역의 산업진흥원에서도 메타버스 관련 행사와 세미나를 개최하고 있으니 주목할 필요가 있습니다. 정보통신산업진흥원NIPA, 정보통신기획평가원IITP, 한국방송통신전파진흥원RAPA, 한국인터넷진흥원KISA, 한국전자산업진흥회KEA, 한국방송통신전파진흥원KCA, 한국정보통신기술협회TTA 등의 기관에서도 비정기적으로 관련 세미나와 행사를 많이 개최하고 있어요.

이러한 다양한 채널을 통해 XR 및 메타버스 분야의 전문가들과 교류하고 여러분의 프로젝트에 적합한 협력사를 발굴하는 데 도움을 받을 수 있기를 바랍니다.

나의 프로젝트와 잘 맞는 협력사 선정하기

협력사 선정은 프로젝트의 성패를 좌우할 만큼 중요합니다. 보통의 기획이라도 훌륭한 협력사를 만나면 그 부족함을 보완하여 프로젝트를 성공으로 이끌 수 있는 반면, 아무리 좋은 기획이라도 부적합한 협력사와 일하면 프로젝트가 실패할 수 있습니다. 다음은 좋은 협력사를 찾는 데 도움이 될 몇 가지 핵심입니다.

산업에 대한 이해도

XR 프로젝트를 수행하는 협력사들은 각자 특정 분야에 전문성을 가지고 있습니다. 의료, 건설, 국방 등 특정 산업에 집중된 프로젝트 경험이 많은 협력사는 해당 분야에서 인정받았다는 의미이고, 지속적으로 프로젝트를 수주받았다는 것은 그만큼 신뢰를 얻었다는 증거입니다.

원천기술 보유 여부

특정 원천기술이나 특허를 보유한 회사는 해당 분야에서 높은 전문성이 있을 가능성이 큽니다. 이러한 회사와 협력하면 문제가 발생했을 때 즉각적인 대응이 가능하고, 프로젝트 진행 중 요구사항 변경이나 기능 추가 등이 필요할 때 유연하게 대응할 수 있습니다.

포트폴리오 검증의 중요성

많은 협력사가 웹사이트에 수많은 프로젝트 실적과 대기업 로고들을 나열하는 등 자사의 포트폴리오를 자랑합니다. 하지만 이를 액면 그대로 받아들이면 안 됩니다. 모든 기업이 그렇지는 않지만 일부 기업들은 프로젝트의 아주 작은 부분만 담당했음에도 프로젝트 전체를 자신들이 수행한 것처럼 포장하는 경우가 있습니다. 따라서 협력사와 미팅을 할 때는 각 프로젝트에서 구체적으로 어떤 역할을 수행했는지, 전체 프로젝트에서 차지하는 비중은 어느 정도였는지 꼼꼼히 확인해야 합니다.

성장 가능성 있는 신생 기업의 가치

앞서 언급한 조건들을 모두 충족하지 못하는 초기 스타트업이나 성장 단계에 있는 기업들도 있습니다. 이런 기업 중에서도 훌륭한 잠재력을 가진 '원석'이 있을 수 있습니다.

정량적인 지표는 부족할 수 있지만 정성적인 부분에서 강점을 가질 수 있습니다. 예를 들어 창업자의 비전과 열정, 혁신적인 아이디어, 열정 넘치는 실무진으로 구성된 회사라면 충분히 고려해 볼만합니다. 이러한 기업들은 때로 더 유연하고 혁신적인 접근 방식을 제공할 수 있으며, 프로젝트에 더 열정을 쏟을 가능성이 높습니다.

제안요청서(RFP)란?

RFP Request for Proposal(제안요청서)는 XR 프로젝트를 시작하고 진행하는 과정에서 협력사나 벤더에게 프로젝트에 대한 제안을 요청하는 문서입니다. RFP에는 프로젝트의 세부 요구사항, 목적, 기대 결과물이 명확히 기재되어 있어야 합니다.

RFP의 기본 개요

RFP는 프로젝트의 성공을 위한 첫걸음으로 프로젝트의 기획 및 실행 단계에서 중요한 역할을 합니다. 명확하고 구체적인 RFP를 통해 프로젝트는 보다 효율적으로 진행될 수 있습니다. RFP을 작성하는 목적은 다음과 같습니다.

- **프로젝트 요구사항 정의**: RFP는 프로젝트의 구체적인 요구사항을 정의하는 중요한 도구입니다. 여기에는 프로젝트의 목적 범위, 기술적 요구사항, 예산 및 일정 등이 포함됩니다.

- **협력사와의 커뮤니케이션 채널**: RFP는 프로젝트의 세부 사항을 협력사에 명확하게 전달하고 그들의 제안을 받아내는 주요 수단입니다.

- **평가 및 선택 기준 제시**: RFP에는 협력사 제안을 평가하고 선택하는 데 사용될 기준들이 명시되어 있습니다. 이는 프로젝트에 가장 적합한 협력사를 선정하는 데 도움을 줍니다.

XR 프로젝트 RFP 작성 시 체크포인트

XR 분야는 여전히 많은 이에게 생소한 영역이라서 전통적인 콘텐츠 제작 방식과는 다른 새로운 접근 방식이 필요합니다. 특히 XR 프로젝트를 진행할 때는 발주사와 협력사 간에 명확한 기준을 정하고 합의해야 하므로 RFP를 통해 프로젝트의 방향성과 세부 요구사항을 꼼꼼히 정의하고 소통하는 것이 무엇보다 중요합니다. XR 프로젝트의 RFP 작성 시 특히 유의해야 할 포인트를 정리해 보았습니다. 이를 유념하여 이어서 제시하는 REF 작성 예제를 살펴보기 바랍니다.

Point1 사용자 경험 중심의 요구사항 정의

XR은 사용자가 1인칭 시점에서 콘텐츠를 경험하는 것이 핵심입니다. 따라서 RFP에는 사용자 경험^{UX}을 중심으로 한 구체적인 요구사항이 명시되어야 합니다. 이때 '페르소나'를 활용하면 효과적입니다. 페르소나란 타겟 사용자군을 대표하는 가상의 인물을 의미합니다. 가상의 인물이 기대하는 가치, 니즈, 페인 포인트 등을 상세히 정의하면 좋습니다. 이를 바탕으로 페르소나별 사용자 경험 요구사항을 도출하고 RFP에 반영하면 더욱 사용자 중심적인 XR 콘텐츠 설계가 가능합니다.

Point2 XR 기술 요소 간 통합 및 호환성 고려

XR 프로젝트는 다양한 요소 기술들이 결합하는 경우가 많습니다. 단순히 개별 기술을 나열하는 것이 아니라 이들이 유기적으로 어우러져 사용자에게 일관된 경험을 제공할 수 있도록 통합 방안이 제시되어야 합니다. 여기에는 각 기술 요소 간 '궁합' 확인, 인터랙션 정의, 성능 최적화 등이 포함됩니다. 나아가 기존 시스템 및 서드파티 솔루션과의 호환성 확보 방안도 명시해야 원활한 개발과 운영이 가능합니다.

Point3 정량적 성과 지표와 평가 기준 제시

기술 중심의 개발에 치중하다 보면 정작 XR 프로젝트의 핵심 목표를 놓치기 쉽습니다. 따라서 RFP에는 프로젝트의 성공 여부를 판단할 수 있는 명확한 성과 지표^{KPI}가 제시되어야 합니다. 사용자 경험 만족도, 콘텐츠 체류 시간, 에러 발생률 등 측정 가능한 지표를 설정하고 이에 따른 평가 기준을 수립하면 프로젝트의 진척 상황을 객관적으로 모니터링하고 성과를 극대화하는 데 도움이 됩니다. 무엇보다 협력사 선정 시 제안서를 평가하는 공정하고 투명한 잣대로 활용될 수 있습니다.

Point4 현실적인 예산과 일정에 대한 구체적인 기준 제시

XR 프로젝트는 최신 기술을 활용하는 만큼 예산과 일정 수립에 유의해야 합니다. 막연히 '충분한 예산'과 '여유 있는 일정'을 요구하기보다는 비용 항목별 책정 기준, 개발 단계별 마일스톤과 산출물 등을 구체적으로 정의하는 것이 좋습니다. 여기에는 콘텐츠 기획, 디자인, 개발, 테스트, 안정화에 이르는 전체 프로세스가 포함되어야 합니다. 현실적인 예산과 일정 하에 최선의 성과를 낼 수 있는 협력사를 선별하기 위한 기준을 RFP에 담습니다.

Point5 유연하고 확장 가능하며 현실적인 개발 방향성 제시

XR 기술과 시장은 빠르게 변화하므로 RFP에는 현재의 요구사항을 충족하면서도 향후 변화에 유연하게 대응할 수 있는 개발 방향이 제시되어야 합니다. 가령 콘텐츠와 플랫폼을 향후에 확장과 업데이트가 용이하게 설계하는 것이 좋습니다. 그리고 지금 채택된 장비보다 더 좋은 장비가 출시했을 경우 최신 장비로의 전환을 고려하는 등의 내용도 포함될 수 있습니다. 다만 지나치게 이상적이거나 장기적인 비전보다는 현실적으로 달성할 수 있는 개발 목표와 방향을 제시하는 것이 협력사와의 효과적인 협업을 위해 중요합니다.

건설산업 고위험 장비 XR 교육 콘텐츠 개발을 위한 제안 요청서(RFP)

차 례

1. 개요

- 프로젝트명: ABC 건설, 건설산업 고위험 장비 XR 교육 콘텐츠 개발
- 프로젝트 목적: ABC 건설사의 임직원들이 건설산업 현장에서 다양한 고위험 장비를 안전하게 사용할 수 있도록 사전 교육하는 XR 콘텐츠 개발
- 프로젝트 기간: 20○○년 ○월 ○일 ~ 20○○년 ○월 ○일

2. 입찰대상 사업 및 일정

- 입찰명: XR 교육 콘텐츠 개발 및 구현
- 입찰 방법: 경쟁입찰
- 수행 기간: 20○○년 ○월 ○일 ~ 20○○년 ○월 ○일
- 입찰 일정:
- 제안요청서 발송: 20○○년 ○월 ○일
- 제안마감: 2024년 ○월 ○일 / ○○마감

3. 평가 기준

- 기술 평가와 가격 평가를 통해 최종 선정 (기술 ○○%, 가격 ○○%)
- 기술평가 항목: 제안서, 인력 구성, 인터뷰 (필요 시 리더급 기술 인터뷰 진행)
- 동점 처리 기준
  - 기술평가 점수가 높은 업체 우선 선정
  - 고배점 항목 상위 득점업체 선정
  - 추가 인터뷰에서 높은 점수를 받은 업체 선정

4. 수행업무 업무 및 범위

4-1. VR 기반 시뮬레이션 교육 콘텐츠: 총 2편의 훈련 콘텐츠 개발(각 10~15분, 5개 주요 상호작용)
- 포크레인 사용 안전 교육: 포크레인 조작 시의 안전성 평가 및 위험 요소 회피 방법을 시뮬레이션(가상 상황)으로 학습합니다.
- 타워크레인 사용 안전 교육: 타워크레인 조작 시의 안전성 평가 및 위험 요소 회피 방법을 시뮬레이션(가상 상황)으로 학습합니다.

4-2. AR 기반 유지보수 교육 콘텐츠: 총 2편의 유지 보수 콘텐츠 개발(각 10~15분, 4개 주요 상호작용)
- 콘크리트 믹서 트럭 유지 보수 절차: 콘크리트 믹서 트럭의 정비 및 유지 보수 과정을 AR 기술로 학습할 수 있도록 개발합니다.
- 고소작업대 유지 보수 절차: 고소작업대의 주요 부품 유지 보수 절차를 AR 기술을 통해 시각적으로 제공하여 사용자가 실시간 가이드를 받으며 정비 작업을 수행할 수 있습니다.

4-3. MR 기반 협업 훈련 콘텐츠: 총 1편의 훈련 콘텐츠 개발 (약 15분, 3개의 주요 상호작용)
- 비계(가시설) 조립 협업 교육: MR을 이용해 동료와 함께 안전하게 비계를 조립하는 과정을 교육합니다. 조립이 시작되면 실제 조립되고 있는 형태를 실시간으로 분석하여 다음 조립 단계를 홀로그램처럼 MR 가이드로 제공하여 안전하고 효율적인 조립이 가능하도록 합니다.

※ 발주사는 해당 교육 콘텐츠 개발을 위해 기존에 보유한 교육 교범, SOP 등을 협력사에게 전달할 예정입니다. 이를 통해 협력사는 발주사의 요구사항과 품질 기준에 맞춘 콘텐츠를 개발할 수 있습니다.

□ **개발 완료일**

- VR 교육 콘텐츠: 20○○년 ○월 ○일
- AR 교육 콘텐츠: 20○○년 ○월 ○일
- MR 교육 콘텐츠: 20○○년 ○월 ○일

□ **최종 산출물**

- VR 교육 콘텐츠(VR 장비 대응) 실행 파일: VR HMD ○대 포함
- AR 교육 콘텐츠(태블릿 PC 대응) 실행 파일: AR 태블릿 ○대 포함
- MR 교육 콘텐츠(글래스 타입 HMD 대응) 실행 파일: MR HMD ○대 포함

5. 사용자 체험 형태(안)

5-1. VR 기반 시뮬레이션 교육 콘텐츠 사용자 체험

• 체험 개요: 사용자는 VR 환경에서 포크레인과 타워크레인을 조작하며 안전성 평가 및 위험 요소 회피 방법을 가상 시나리오(시뮬레이션)로 체험합니다. 사용자는 다양한 환경에서 발생할 수 있는 위험 요소를 탐색하고 대응 방안을 학습하며, 별도의 운영자가 있는 적당한 크기의 전용 체험 공간에서 자유롭게 움직이며 체험이 진행됩니다.

• 체험 방식: 사용자는 VR 기기를 착용하고 가상 건설 현장에 배치됩니다. 포크레인 조작을 시작하며 화면에 나타나는 가상 컨트롤러를 사용하여 기계를 조작합니다. 실시간으로 발생하는 경고음이나 시각적 신호를 통해 위험 요소가 발생했음을 알 수 있으며 이에 따라 사용자는 즉각적인 대응을 학습하게 됩니다. 다양한 가상 환경에서 발생할 수 있는 위험 요소에 대한 실시간 반응을 학습하는 것이 핵심입니다.

• 체험 목적: 사용자는 실제 현장에 투입되기 전에 가상 시나리오를 통해 실습함으로써 위험 요소에 대한 민감성을 높이고 안전한 작업 방식에 대한 이해도를 향상시킬 수 있습니다. 이는 실무에 적용할 수 있는 경험 기반 학습으로 안전한 작업 수행과 위험 관리 능력을 극대화할 수 있는 중요한 기회를 제공합니다.

• 사용 장비 및 시스템
  - VR HMD를 사용하여 몰입감 있는 학습을 진행
  - 핸드 트래킹을 이용해 컨트롤러 없이 손동작을 인식하여 사실적인 인터랙션을 구현

- 아웃사이드 인 트래킹 방식을 활용하여 사용자의 전신 동작을 정확하게 추적하고 가상현실에 반영
- 바람과 진동 효과를 통해 위험 상황 발생 시 경각심을 부여, 현실감과 몰입도를 극대화

5.2 AR 기반 유지보수 교육 콘텐츠 사용자 체험

• 체험 개요: 사용자는 산업 현장에서 AR 태블릿을 사용하여 목표 장비를 스캔하고, 장비의 주요 부품을 확인하며 유지 보수 절차를 학습합니다. 세부 정보는 손가락 터치를 통해 탐색할 수 있으며, 실시간 시각적 가이드와 음성 안내가 유지보수 과정을 지원합니다. 작업 현장에서의 실시간 학습을 통해 사용자는 즉각적인 대응 능력을 강화할 수 있습니다.

• 체험 방식: 사용자는 태블릿으로 실제 기계를 스캔하여 화면에 나타나는 3D 모델을 확인합니다. 화면에서 주요 부품을 클릭하면 세부 유지보수 정보가 나타나며, 음성 가이드가 실시간으로 작업 절차를 안내합니다. 사용자는 화면의 지시에 따라 실제 장비의 부품을 교체하거나 수리하는 방법을 배우며, 이를 통해 실시간 현장 학습을 경험하게 됩니다.

• 체험 목적: 실시간 시각 가이드를 통해 사용자는 복잡한 유지보수 작업도 차근차근 따라할 수 있게 되며, 이를 통해 현장 학습 효과가 극대화됩니다. 사용자는 직접 장비를 다루면서 작업 절차를 몸에 익히고, 이는 실무에서의 오류를 최소화하는 데 도움이 될 것입니다.

• 사용 장비 및 시스템
- AR 태블릿을 활용하여 직관적이고 실시간으로 유지보수 절차를 학습.
- QR 코드 매핑 방식을 사용해 교육 대상 장비에 QR 코드를 부착, 사용자가 쉽게 기계를 스캔하고 즉각적으로 교육 받을 수 있도록 지원.

5.3 MR 기반 협업 훈련 콘텐츠 사용자 체험

• 체험 개요: 사용자는 MR 글래스를 착용하고 동료와 함께 실제 비계 구성품을 사용하여 비계 조립을 협업합니다. MR 기술을 통해 조립 중인 비계의 실제 상태를 실시간으로 분석하고, 다음 조립 단계를 홀로그램 형태로 시각화하여 가이드를 제공합니다. 이를 통해 사용자는 안전하고 효율적인 조립을 경험하며 협업의 중요성을 체감하게 됩니다.

• 체험 방식: 사용자는 MR 글래스를 착용하고 동료와 함께 실외 작업장에서 비계를 조립합니다. 글래스를 통해 현재 조립 중인 비계의 가상 모델을 볼 수 있으며, 조립 단계가 화면에 홀로

그램으로 시각화됩니다. 동료와 협업하여 각자의 역할에 맞게 비계를 안전하게 조립하는 과정을 학습하며, 실시간으로 작업 상황을 분석하고 조립 과정을 조정할 수 있습니다.

- 체험 목적: 실제 작업 환경에서 발생할 수 있는 협업 이슈를 가상으로 경험함으로써 팀워크를 강화하고 안전하고 효율적인 조립 방식을 학습할 수 있습니다. 사용자는 협업 능력을 키우며, 실제 현장에서 발생할 수 있는 위험 요소를 미리 파악하고 대처하는 방법을 배우게 됩니다.

- 사용 장비 및 시스템
  - MR 글래스를 사용하여 협업 상황에서의 안전한 조립 절차를 학습.
  - 아이트래킹을 통해 사용자의 시점을 정확하게 인식하고, 작업 가이드를 향상시켜 보다 직관적인 조립 절차를 지원.

6. 기타 개발 내용 (개발 내용과는 관계 없지만 별도 추가 언급해줘야 하는 내용)

6-1. Main Menu 개발(일반모드/시험모드/실습 선택)
- 시험모드는 VR 콘텐츠에만 적용되며, 일반모드 및 실습 선택은 모든 개발 항목에 공통 적용됩니다.
- 시험모드는 시간 제한이 있으며, 가이드가 제공되지 않는 상태에서 진행됩니다.

6-2. 미러링 기능
- 모든 콘텐츠에서 실습 시 별도의 외부 디스플레이와 상시 미러링이 가능해야 합니다.

6-3. 산업 현장 시뮬레이션 구현
- VR 콘텐츠는 특정 산업 현장의 실제 환경을 유사하게 구현하여 사용자가 현실과 비슷한 조건에서 학습할 수 있도록 해야 합니다.

6-4. 교육 결과값 전송 및 저장 기능
- 모든 콘텐츠에서 교육 후 생성된 결과값이나 로그 데이터를 별도로 전송하거나 저장할 수 있는 기능이 필요합니다. 예를 들어 CSV 파일 형태로 데이터를 다운로드할 수 있는 방식을 고려해야 합니다.

7. 목표 요구사항 및 지표

7-1. 정량적 성과 지표

- 사용자 경험 만족도
  목표: 교육을 수료한 사용자가 평가한 콘텐츠의 만족도
  측정 방법: 교육 완료 후 설문조사를 통해 만족도를 1~5점 척도로 평가
  목표 수치: 4.5 이상

- 콘텐츠 체류 시간
  목표: 각 콘텐츠에서 사용자가 자발적으로 체류하는 평균 학습 시간
  측정 방법: 시스템 로그 데이터를 분석하여 사용자별 콘텐츠 사용 시간을 계산
  목표 수치: 평균 10분 이상

- 학습 목표 달성률
  목표: 교육 후 훈련한 내용을 실제 현장에서 적용할 수 있는 능력
  측정 방법: 후속 테스트 및 현장 적용 결과를 통해 평가
  목표 수치: 85% 이상

- 시스템 안정성
  목표: 콘텐츠 운영 중 발생하는 시스템 오류 및 중단 빈도
  측정 방법: 시스템 로그 데이터를 분석하여 장애 발생률과 가동 시간을 측정
  목표 수치: 시스템 가동률 99% 이상, 오류 발생률 1% 미만

7-2. 목표 미달성 시 대처 방안

- 성과 목표 미달성 시 조치: 제시된 성과 지표(예: 사용자 만족도, 학습 목표 달성률, 시스템 안정성 등)
  가 목표 수치에 미달할 경우 협력사는 성과 개선을 위한 계획을 수립하고 발주사와 협의하여
  추가 작업을 진행해야 합니다.

- 재평가 및 수정 일정: 성과 미달성의 원인을 분석한 후 협력사는 콘텐츠를 개선하고 재평가를
  위한 일정을 수립합니다. 재평가는 목표 달성 후 1개월 이내에 실시됩니다.

- 추가 지원 및 예산 조정: 성과 목표 미달성으로 인해 추가 작업이 발생할 경우 발주사와 협력

사는 이에 따른 예산 조정 및 추가 지원 사항을 협의하여 해결 방안을 도출합니다.

8. 제안 일반사항

제안서 구성
협력사는 아래 항목을 포함한 제안서를 제출해야 합니다.

- 인력 투입 계획: 참여 인원의 이름, 경력, 담당 업무 등 상세 정보 포함
- 개발 계획: 개발 단계별 상세 계획, 사용 기술, 도구, 품질 보증 및 테스트 계획 포함
- 샘플 콘텐츠: 유사 프로젝트에서 제작된 샘플 콘텐츠 제공
- 차별화 포인트: 본 프로젝트에 적합한 기술적, 디자인적 차별화 요소 제시
- 품질 보증(QA) 방안: 안정적인 결과물 납품을 위한 QA 전략 제시
- 유지 보수 전략: 콘텐츠 유지 보수 및 버그 대응 방안 제시
- 일정 계획표: 개발 단계별 마일스톤과 산출물을 포함한 구체적인 일정 계획 제출
- 리스크 관리 방안: 프로젝트 진행 중 발생할 수 있는 잠재적 리스크 예방 및 대응 방안 제시
- 커뮤니케이션 및 보고 체계: 프로젝트 진행 중 발주사와의 원활한 협업을 위한 정기 보고서 제출 일정 및 커뮤니케이션 방법 제시
- 기술 지원 및 교육 계획: 프로젝트 완료 후 발주사 또는 사용자를 위한 기술 지원 및 교육 프로그램 제시

9. 문의처

입찰 관련 문의: ○ ○ ○ (전화: 02-1234-5678)

내용 및 기술 관련 문의: ○ ○ ○ (전화: 02-8765-4321)

XR 기획자가 이해관계자들과 커뮤니케이션할 때

XR 프로젝트를 진행하다 보면 아무리 철저히 준비해도 예상치 못한 문제들이 발생하기 마련입니다. 여기서 소개하는 제가 지난 10여 년간 실무에서 경험한 다양한 에피소드들은 '해결책'을 제시하기 위한 것이 아닙니다. 오히려 XR 프로젝트를 진행하면서 발생할 수 있는 다양한 상황과 도전과제들을 보여주는 것이 목적입니다. 제가 겪은 시행착오와 경험을 통해 여러분이 비슷한 상황에 처했을 때 참고할 수 있는 하나의 관점이 될 수 있을 것입니다.

가르치지 말고 공유하라

XR 프로젝트를 진행하며 다양한 이해관계자와 만날 때 보통은 서로의 생각을 나누며 생산적인 대화를 이어가지만 가끔은 소통하기 어려운 사람들도 만납니다. 이런 분들은 고압적인 태도를 취하거나 '내가 더 잘 안다'는 식의 마인드를 가지고 있죠. XR 기획자로서 이러한 도전적인 상황을 넘어서는 것은 쉽지 않습니다.

한번은 이런 유형의 클라이언트와 작업할 기회가 있었습니다. 그분은 자신의 분야에서는 능숙하지만 XR 기술에 대해서는 불신과 회의감을 갖고 계셨어요. 그래서 우리는 경험과 인사이트를 강요하기보다는 객관적인 사례와 데이터, 성공과 실패의 사례들을 '공유'한다는 마음으로 접근했죠. 이런 방식으로 우리는 그의 의구심을 어느 정도 해소할 수 있었고 프로젝트에 대한 신뢰를 구축할 수 있었습니다. 즉 이런 사람들과의 소통할 때는 지식을 전달하기보다 그들의 의견과 세계관을 존중하며 대화를 나누는 것이 중요합니다.

이해관계자들이 '흑화'된 이유는 다양합니다. 일부 이해관계자들은 자신의 의지와는 상관없이 조직의 압력에 의해 XR 프로젝트를 수행하게 됩니다. 이런 상황이라면 프로젝트에 대해 부정적인 태도를 보이기 쉽죠. XR 기술 자체에 불신하는 경우도 종종 있습니다. 새로운 기술이 그들의 업무 영역에 도입되는 것에 대한 의구심이 있는 거죠. 새로운 기술에 대한 저항은 자연스러운 현상입니다. 우리의 역할은 이러한 저항을 이해하고 극복하는 데 도움을 주는 것입니다.

레퍼런스와 데이터로 이야기하라

XR은 아직 사람들에게 생소하고 미지의 영역이며 때로 그 효과에 대한 의문이 제기될 수 있습니다. 이럴 때 신뢰할 수 있는 데이터와 사례를 제시하는 것이 설득력을 크게 높여줍니다.

한번은 제가 고객사에 XR 기술을 활용한 마케팅 서비스를 제안했는데요. 상대는 전통적인 방식에 익숙해서 새로운 접근에 대해 다소 회의적이었어요. 그래서 저는 먼저 국내외 학술 데이터베이스와 시장조사 기관 리포트에서 XR 마케팅의 효과성을 입증한 연구 결과들을 수집해 XR 매체가 소비자의 참여도와 기억력, 브랜드 인지도 등을 향상하는 데 기여한다는 점을 확인시켜 주었습니다. 그리고 이는 고객사의 신뢰도를 향상시키고 XR이라는 기술을 선택하는 데 있어 도움을 주었죠.

이론적 근거와 함께 대기업들의 성공 사례도 제시했습니다. 코카콜라, 이케아, 나이키 같은 글로벌 브랜드들이 XR을 활용해 마케팅 성과를 올린 사례들을 구체적으로 설명했죠. 유명 기업들의 사례는 담당자뿐 아니라 의사결정권자를 설득하는 데도 도움이 됩니다. '이 정도 기업에서도 도입했으니 우리도 충분히 해볼 만하다'라는 인식을 심어줄 수 있거든요. 물론 XR 프로젝트가 항상 성공하는 건 아닙니다. 기술적 한계, 사용자 경험 설계의 미흡함, 높은 초기 비용 등으로 어려움을 겪는 경우도 있죠. 그래서 이런 위험 요인들을 클라이언트에게 투명하게 알리고, 이를 극복한 사례와 방안도 함께 제시했습니다. 균형 잡힌 정보 제공은 신뢰 형성에 중요하니까요. 다양한 출처에서 양질의 데이터와 사례를 수집하고, 이를 효과적으로 가공하여 전달하는 것이 XR 기획자의 중요한 능력이라고 할 수 있겠습니다.

'XR이 필요 없다'고도 말할 수 있어야 한다

모든 상황에 XR이 필요한 것은 아닙니다. 때로는 클라이언트의 요구나 프로젝트의 목적, 내/외부적 상황을 고려했을 때 XR 기술 도입이 적합하지 않거나 효과성이 미미할 수 있습니다. 이런 경우 XR을 무리하게 적용하기보다는 'XR이 필요 없다' 혹은 '도입 비용 대비 효과성이 미미할 수 있다'고 용기 있게 이야기할 수 있어야 합니다. (이를 '용기'라고 표현한 이유는 이런 이야기가 회사의 매출과 직결될 수 있기 때문이에요.)

이와 관련한 제 경험을 공유해 볼게요. 예전에 철도 관련 회사에서 우리 회사에 방문한 적이 있습니다. 그들은 VR 기기로 열차 내부를 보여주고 싶어 했어요. 열차 내부를 가상으로 체험해 보는 것 자체는 흥미로운 아이디어였죠. 하지만 VR 기기 내에 제공할 콘텐츠에 관해 물어 보니 별다른 게 없었어요. 단순히 객실 내부를 보여주고, 객실 유형(유아동반, 장거리 등)과 화장실, 모유수유실 위치 같은 기본적인 정보만 제공하겠다는 거였죠. 게다가 가상의 안내원도

두고 싶다고 하더군요.

이에 저는 VR을 써야 하는 특별한 이유가 있는지 물었습니다. 담당자는 별다른 대답을 하지 못했어요. VR이 몰입감을 줄 순 있겠지만 소비자 입장에서 굳이 VR 기기를 착용하고 객실을 둘러볼 필요가 있을지 의문이었죠. 게다가 VR 기기를 보유한 일반 소비자도 많지 않은 상황이었고요.

저는 솔직하게 의견을 전달했습니다. "일반적인 안내 기능만을 VR로 구현하는 건 '있어 보일' 순 있지만 비용만 많이 들고 효과는 크지 않을 것 같습니다. 만약 VR로 꼭 하고 싶다면 VR만의 특별한 기능이 있어야 할 거예요. 그래야 저희도 그렇고 담당자님도 후회가 없을 테니까요. 가상 안내원도 VR보다는 모바일 기반으로 하는 게 나을 것 같네요. 굳이 VR로 구현할 필요는 없어 보입니다."

솔직한 접근은 클라이언트로부터 신뢰를 얻는 데 중요합니다. 우리의 목표는 클라이언트의 실제 필요와 목적을 이해하고 최적의 해결책을 제공하는 것입니다. XR이 적합하지 않다고 판단될 때 이를 분명히 말할 수 있다면 장기적인 관점에서 더 나은 관계와 결과를 가져올 수 있습니다.

임원과 실무자의 서로 다른 목표 이해하기

XR 프로젝트에서 임원과 실무자 간의 다른 목적과 관점은 프로젝트의 방향에 큰 영향을 미칩니다. 실무자는 프로젝트의 현재 상황과 문제 해결에 집중하는 반면, 임원들은 종종 XR 기술을 자신들의 업적이나 성과의 수단으로 사용하려는 경향이 있죠. 이러한 차이는 갈등의 원인이 되기도 합니다.

제 경험 중 하나를 소개해 볼게요. A사 설비 장비 VR 교육 콘텐츠 프로젝트를 진행할 때였습니다. VR 기기를 착용하고 반도체 장비 유지보수 훈련 콘텐츠를 만드는 과정이었죠. 이 프로젝트는 한 타임에 다수의 교육생이 동시에 VR 장비를 사용하면서 교육을 받는 것이었고 교육을 진행하는 선생님은 한 분이었습니다. 별도의 운영자는 없었고요.

이런 조건에서는 무선 기반 HMD보다는 유선 기반 HMD가 훨씬 적합합니다. 무선 공유기를 통해 와이파이로 연결하는 방식은 언제 끊길지 모르는 불안정성이 있고, 한정된 공간에서 다수의 교육생이 VR 스트리밍을 한다는 것은 네트워크 측면에서 여러 문제가 발생할 수 있거든요. 이는 다수의 공유기를 사용한다 해도 마찬가지입니다. 그런데 임원은 끝까지 무선 방식을 고집했습니다. 이유는 유선 방식은 과거의 기술이고 '무선 스트리밍 방식의 XR 교육'이 최첨단 기술로 보인다는 거였습니다.

결국 무선 방식으로 진행했고 그러다 보니 교육 운영의 안정성이 크게 떨어졌습니다. 담당 임원은 업적은 달성했을지 모르지만, 교육생들은 불안정한 환경 속에서 교육의 질 저하를 경험해야 했죠.

이 사례처럼 임원의 관점과 실무자의 관점이 달라 프로젝트 방향이 엇나가는 경우가 많습니다. 임원은 고객의 고객이며 그들의 의견을 완전히 무시할 수는 없지만, 때로는 그들의 요구가 현실과 동떨어져 있을 수 있습니다. 반면 실무자는 안정성과 효율성 같은 현실적인 문제에 더 초점을 맞추게 되죠.

이런 상황에서 우리는 임원의 의도와 실무자의 현실적인 요구 사이에서 균형을 찾으려 노력해야 합니다. 한쪽으로 치우치게 되면 프로젝트는 절반의 성공에 그칠 수 있어요. 실무자 관점만 반영하면 결과물이 밋밋해질 수 있고, 임원 관점만 반영하면 안정성과 활용도가 떨어질 수 있습니다.

XR 기획자로서 우리는 이 차이를 잘 이해하고 조율하면서 데이터와 레퍼런스를 바탕으로 객관적인 판단을 내려야 합니다. 임원의 요구가 비현실적이라면 잠재적 리스크를 강조하고 설득을 위해 노력해야 해요. 그래도 강행하게 된다면 리스크를 명확히 문서화하고 대안을 준비하는 것이 기획자의 책임 있는 자세입니다.

현장의 목소리에 귀 기울이기

XR 프로젝트 기획 과정에서 가장 중요한 것은 고객의 관점을 이해하고 현장의 목소리에 귀를 기울이는 것입니다. 제가 경험한 한 사례를 소개하겠습니다.

산업 현장에 투입되기 전 노동 인력을 대상으로 한 'XR을 활용한 안전 교육 프로젝트'였습니다. 이 교육은 현장에 투입되기 전에 반드시 이수해야 하는 중요한 과정이었고 교육 내용은 산업 현장에서 피해야 할 위험한 행동에 대한 것이었습니다. 우리 팀은 이들이 빠르게 체험하고 학습할 수 있도록 직관적인 컨트롤러 기반 인터랙션에 많은 신경을 썼습니다. 기존의 지루한 시청각 자료 대신 미션 수행 형태의 재미 요소도 추가했고요.

하지만 현장의 목소리는 우리의 기대와는 달랐습니다. 노인을 포함한 다양한 연령대의 사람들이 참여했는데 컨트롤러 자체가 낯설고 어려운 도구였습니다. 그래서 우리는 아이 트래킹과 같은 장치를 도입하여 간단한 인터랙션만 가능하게 했습니다. 더 많은 사람이 XR 교육을 쉽게 접할 수 있도록 말이죠.

게임 형식의 미션 수행도 문제였습니다. 교육을 신속하게 진행해야 하는 상황에서 사용자마다 미션 완수 속도가 천차만별이었거든요. 그래서 우리는 게임 형식보다는 시청각 형태로 전환했고 가상 환경에서 상황에 몰입하며 학습할 수 있는 구조로 변경했습니다. 이는 복잡한 조작 없이 자연스럽게 학습 과정이 진행되는 방식이었죠. 이 경험은 기획자의 관점에서만 프로젝트를 바라보지 말아야 한다는 것을 보여줍니다. 프로젝트 담당자와의 커뮤니케이션이 중요하지만 최종 사용자나 그 결과물의 별도 운영자와도 소통할 필요하다는 것을 알려줍니다.

파워포인트는 한계가 있다

많은 프로젝트에서 이해관계자와의 커뮤니케이션에 파워포인트로 만든 PPT를 주로 사용합니다. PPT는 피드백을 직관적으로 받기에 매우 효과적이고 다방면으로 쉽고 빠르게 사용하기 좋습니다. 다만 프로젝트가 XR로 넘어가게 되면 파워포인트만으로는 한계에 부딪히게 됩니다. XR 프로젝트에서는 이러한 한계를 극복하기 위한 창의적 접근이 필요합니다. 제가 경험했던 상황을 예로 들자면 한 프로젝트에서 클라이언트에게 가상의 공장 내부에 이루어지는 기계 배치와 작업자의 동선, 시선, 행위 등을 설명해야 했어요. 이는 본질적으로 3차원 공간에 관한 내용이었기 때문에 파워포인트만으로는 한계가 있었죠.

이 문제를 해결하기 위해 저는 VR 페인팅 툴인 '틸트 브러쉬'를 활용했습니다. 틸트 브러쉬를 사용하면 3D 공간에 직접 그림을 그리듯이 배치도를 작성할 수 있습니다. 공장 내부의 레이아웃과 기계의 위치, 작업자의 동선 등을 입체적으로 표현하니 클라이언트의 이해도가 훨씬 높아졌죠. 또 다른 방법으로는 제가 직접 연극배우처럼 판토마임을 하며 작업자의 행동을 묘사하는 것이었어요. 공장에서 작업자가 어떤 순서로 움직이는지, 기계를 어떻게 조작하는지를 몸으로 표현하며 설명했죠. 이 과정을 동영상으로 촬영하여 클라이언트에게 보여주니 훨씬 더 생생하게 전달될 수 있었습니다.

XR 기획자라면 누구나 정보 전달 관련 표현의 한계에 부딪히는 순간이 올 겁니다. 그 순간 우리에게 필요한 건 창의력과 적극성입니다. 기존의 툴에 안주하지 않고 새로운 방법을 찾아내려는 노력, 내가 전달하고자 하는 바를 가장 잘 표현할 수 있는 방식을 고민하는 자세가 중요합니다.

틸트 브러쉬를 통해 VR 환경에서 자유롭게 디자인하는 모습 (출처: CNN방송화면 캡처)

홀로렌즈(MR장비)를 착용한 상태에서 체험자의 행동을 묘사해 동영상 촬영

퀘스트(VR장비)를 착용한 상태에서 체험자의 행동을 묘사해 동영상 촬영

메일과 전화의 한계를 넘어 직접 만나 소통하라

XR 프로젝트를 진행할 때 가장 효과적인 커뮤니케이션 방법은 직접 만나는 것입니다. 메일이나 전화도 중요한 소통 수단이지만 XR처럼 시각적 요소와 체험적 요소가 중요한 경우에는 직접 만나 논의하는 것이 필요합니다.

직접 만나 소통할 때는 서로의 의도를 더 명확하게 이해할 수 있습니다. 특히 체험 중심의 기술에서는 바디랭귀지나 행동을 통해 설명하는 것이 훨씬 더 효과적이죠. 대면 소통은 서로의 비언어적 신호를 포착할 수 있고 풍부한 정보 교환을 통해 오해를 최소화하고 프로젝트의 방향을 더욱 명확하게 설정할 수 있습니다.

XR 프로젝트에서 시연의 중요성

"고기도 씹어야 맛을 안다"라는 말처럼 XR 프로젝트에서 시연의 중요성은 이루 말할 수 없습니다. XR을 경험한 사람과 전혀 경험해 보지 못한 사람 사이의 차이는 정말 큽니다. 경험이 있는 사람들은 XR의 효과와 강렬함을 알고 있어서 소통이 원활하지만 경험이 없는 사람들은 상상에만 의존하게 되죠. 그래서 XR 프로젝트와 관련한 초기 미팅에서 시연은 정말 중요합니다.

저는 언제든지 XR 콘텐츠나 서비스를 시연할 준비가 되어 있습니다. 미팅 중에 시연이 필요하다고 느껴질 때 바로 보여줄 수 있도록 준비하는 거죠. 시연할 수 있는 것의 종류는 다양할수록 좋습니다. HMD 형태로 체험할 수 있는 것, 모바일이나 스마트글래스 형태로 체험할 수 있는 것, AR·VR·MR 등 다양한 형태의 시연물이 있다면 각각의 특징을 말로 길게 설명하지 않아도 효과적으로 전달할 수 있습니다.

어떤 것을 시연해야 할지 고민된다면 자기 팀이나 회사가 이전에 제작한 성공적인 결과물을 보여주는 것이 가장 좋습니다. 이런 방식은 XR의 세계를 효과적으로 보여주면서 동시에 역량도 함께 보여줄 수 있죠. 이전에 제작한 결과물이 없다면 상용 서비스를 활용하는 것도 좋습니다. XR 게임이나 앱스토어에서 다양한 XR 서비스를 찾을 수 있으니까요. 초보자나 입문자가 경험하기 쉬운 것들을 미리 찾아서 준비하는 것이 중요합니다.

XR 프로젝트의 실감 나는 경험을 제공하라

XR 프로젝트를 이해시키기 위해 이해관계자들을 XR 콘텐츠가 적용된 현장으로 초대하는 것은 매우 효과적입니다. 테마파크뿐만 아니라 각종 박물관이나 체험관 등의 현장에서 XR 기술의 적용 사례를 직접 경험하게 하는 것은 강력한 인상을 남깁니다.

제 경험 중 하나를 공유해 볼게요. 한 건설사의 담당자가 우리 회사에 새로운 유형의 VR 교육 훈련 콘텐츠 제작을 의뢰했습니다. 기존에는 1인 싱글 플레이 기반의 VR이 주를 이뤘다면, 이번에는 멀티플레이, 협력 플레이 기반의 VR 교육 훈련 콘텐츠를 만들고 싶다는 거였죠. 건설 현장에서는 서로 협력하며 작업하는 경우가 많기 때문이었어요. 그런데 당시에는 다인 플레이 기반의 교육 훈련 콘텐츠에 대한 포트폴리오가 거의 없는 상황이었습니다.

고민 끝에 저는 그들을 VR 테마파크로 초대했어요. 협력 플레이에 가장 특화된 콘텐츠들이 그곳에 있었거든요. 우리는 FPS 장르의 게임을 팀플레이로 즐기며 가상공간에서의 협업이 주는 재미와 몰입감을 경험했습니다. 고객들도 VR에서 함께 무언가를 한다는 것에 대해 감을 잡을 수 있었고 매우 만족해했죠.

이처럼 현장 체험은 이해관계자들에게 XR 기술의 실제적인 적용 가능성과 그 가치를 생생하게 보여줍니다. 그뿐만 아니라 해당 콘텐츠를 경험하는 일반 관객들의 반응과 실시간 피드백을 직접 볼 수 있다는 점도 큰 장점입니다.

예산과 품질을 현실적으로 접근하라

고객과 예산에 대해 논의할 때 우리는 고객의 예산과 그들이 기대하는 프로젝트 결과물을 적절히 조율해야 합니다. "싼 게 비지떡이다."라는 속담은 여기서도 맞는 말입니다.

고객은 필시 예산이 부족하다고 얘기할 겁니다. 제 경험상 예산 생각하지 말고 최고로 만들어 달라는 고객은 단연코 없었어요. 대부분은 아반떼 비용을 제시하며 제네시스를 달라고 합니다. 이해는 합니다. 고객은 보유한 예산으로 최대의 퍼포먼스를 하고 싶겠죠. 아마 제가 고객 입장이어도 그렇게 요청할 것 같아요. 그런데 이런 상황이 도래했을 때 우리는 어떻게 대응해야 할까요?

현실적으로 투명하게 대응해야 합니다. 포르쉐 그 이상을 만들 수 있지만 비용적인 한계로 쉽지 않다는 것을 확실하게 인지시켜 주어야 해요. 그래야 XR 프로젝트가 진행될 때 아쉬운 소리로 점철되는 상황을 방지할 수 있습니다. '최대한 해보겠다', '노력해 보겠다'라는 말은 접어 주세요. 우리는 이 말을 '100% 할 수 있다'는 뜻으로 말하지 않았지만 듣는 사람은 할 수 있다는 말로 들을 수 있습니다. 이런 화법으로 비용에 관한 이야기를 진행한다면 골치 아픈 상황에 처할 수 있습니다. 특히 XR 프로젝트는 똑같은 것을 이야기하고 있어도 상상하는 기능이나 콘셉트가 천차만별 다를 수 있습니다. 그러므로 예산 부분에서만큼은 약간은 냉소적인 스탠스를 취해도 나쁘지 않다고 봅니다.

기획자가 조직과
협업해야 할 때

XR 프로젝트 의사결정 장벽, 부서장 설득하기

XR 프로젝트를 에이전트사에 맡기지 않고 회사에서 직접 투자하고 추진하는 경우 이를 담당하는 기획자는 부서장의 승인과 지지를 얻는 것이 매우 중요합니다. XR은 복잡하고 새로운 기술이라서 부서장을 설득하는 것은 쉽지 않은 도전일 수 있습니다. 부서장을 설득하려면 그들의 관점과 우려 사항을 이해하는 것이 중요합니다. 예산, 리스크 관리, 투자 대비 수익 등의 재무적 측면을 고려하고 조직의 전략적 방향과 회사 이미지에 미치는 영향도 함께 살펴야 하죠. 또한 부서장에게 XR 기술의 잠재적 이점과 성공 사례를 명확하게 제시하고 그들의 우려와 질문에 명확하게 답변할 수 있어야 합니다.

부서장의 결정이 늦거나 보수적으로 느껴질 수도 있지만 그들은 회사의 자원을 효율적으로 사용하고 리스크를 최소화하는 것에 초점을 맞추고 있음을 이해해야 합니다.

보안 조직과의 협력하기

XR 프로젝트를 진행할 때 보안 문제는 매우 중요한 요소입니다. 특히 XR 장비와 시스템은 독립적인 저장 장치를 가질 수 있고 컴퓨터와 네트워크 연결이 필요한 경우가 많아서 보안 취약점이 발생할 수 있습니다.

예전에 한 제조사에서 VR을 이용한 트레이닝 프로그램을 개발하고 있었는데 프로젝트가 상당히 진행된 후에야 회사의 데이터 보안 정책이 외부 네트워크 연결이 필요한 모든 장비의 사용을 금지하고 있다는 사실을 알게 되었습니다. 이로 인해 클라우드 기반의 VR 플랫폼을 사용한다는 계획을 전면 수정할 뻔했죠. 이렇듯 보안이 중요한 사업장에서 XR 콘텐츠나 서비스를 활용할 때는 회사의 보안 정책과 가이드를 먼저 알아보는 것이 중요합니다. 회사마다 보안 정책이 있기 때문에 사전에 이를 숙지하고 그에 맞춰 프로젝트 결과물을 기획해야 하는 것이죠. 보안 규정은 우리기 변경할 수 없는 부분이니 명확하게 파악하고 넘어가야 합니다. 만약 보안 정책 내에서 예외적으로 허용되는 부분이나 변경 가능성이 있다면 그

부분을 명확히 파악하는 것도 중요합니다.

보안 부서의 핵심 성과 지표^{KPI}는 강력한 보안 유지와 리스크 헤지^{Hedge}에 있습니다. 따라서 보안 부서와의 협의는 생각보다 쉽지 않을 수 있습니다. 그들의 입장에서는 새로운 기술의 도입이 보안 위험을 높일 수 있다고 판단할 수 있거든요. 때로는 기획의 일부를 수정하거나 추가적인 보안 조치를 해야 할 수도 있습니다.

XR 프로젝트 의사결정 촉진을 위한 기술교류회

XR 프로젝트에 관한 의사결정 프로세스가 내부적인 요인으로 종종 지연되는 경우가 있습니다. 특히 의사결정권자나 부서장들이 프로젝트에 대해 확신을 갖지 못하거나 내부적으로 의견이 분분할 때 이런 상황이 발생하죠. 이럴 때 '기술교류회'와 같은 내부 행사를 개최하는 것은 매우 효과적인 해결책이 될 수 있습니다.

여기서 말하는 기술교류회는 대외적인 대규모 행사가 아닌, 회사 내부의 이해관계자들을 대상으로 하는 작은 규모의 행사를 의미합니다. 이런 내부 행사는 관련 부서의 의사결정권자와 실무자를 한자리에 모아 XR 프로젝트에 대한 이해를 높이고 의견을 교환하는 기회를 제공합니다.

저도 프로젝트 진행에 어려움을 겪었을 때 내부 기술교류회를 통해 돌파한 경험이 있습니다. 당시 고객사는 조선업계였는데, 대부분의 연구소가 바닷가에 있어서 의사소통이 쉽지 않았어요. 이메일이나 전화로 의견을 주고받는 데는 한계가 있었고 고객사에서도 프로젝트에 대한 확신을 갖지 못하고 있었죠. 그래서 저는 근무하던 회사의 XR 포트폴리오 결과물과 PC 장비들을 싸 들고 직접 고객사의 R&D센터로 찾아갔습니다. 그곳에서 시연회 겸 작은 세미나와 토론회를 진행했어요.

결과적으로 저는 이 행사를 통해 고객사의 의사결정권자들과 연구원들의 XR 기술에 대한 이해도를 높일 수 있었고, 프로젝트의 가치와 필요성에 대한 공감대를 형성할 수 있었습니다. 그리고 저도 고객의 산업 분야에 대한 특수적 상황과 니즈를 알게 되고 서로 간의 니즈를 맞춰나가는 시간을 가질 수 있었습니다. 그 이후로는 프로젝트가 순조롭게 진행되었어요. 의사결정 과정도 훨씬 수월해졌습니다. 이처럼 내부 기술교류회는 XR 프로젝트에 대한 실질적인 이해를 높이고, 관련 부서와 의사결정권자들의 지지를 얻는 데 도움이 됩니다. 특히 이메일이나 문서로는 전달하기 어려운 XR 경험을 직접 시연하고 체험하게 함으로써 프로젝트의 잠재력과 가치를 효과적으로 전달할 수 있습니다.

기술 선택의 조건, 실수 최소화

'최초'라는 단어의 유혹: 혁신과 리스크 사이에서

한때 저도 '세계 최초', '국내 최초', '유일의', '혁신' 같은 단어들에 매료되어 도전을 즐기던 시기가 있었습니다. 그런 도전은 분명 새로운 아이디어를 내게 하는 동기부여가 됩니다. 때로는 그런 순간들이 멋진 성과로 이어지기도 하고요.

하지만 고객과 사용자 관점에서의 문제 해결, 상황 극복, 사용성 등 기본적인 본질을 놓치고 도전만 추구한다면 파국을 초래할 수 있습니다. '세계 최초'라는 말에 혹해 도전하는 것은 매력적이지만 이면에는 '아무도 해보지 않았다'는 불확실한 결과가 도사리고 있으니까요. 이런 이면적인 성질을 잘 인지하고 고객에게 명확하게 제시하는 것이 중요합니다.

검증되지 않은 기술은 안정성 확보가 우선

검증되지 않은 기술을 무리하게 적용하는 것은 많은 위험을 내포하고 있습니다. 안정성이 확보되지 않은 기술을 사용할 경우 프로젝트의 지연, 예산 낭비, 신뢰도 하락 등의 문제가 발생할 수 있습니다. 특히 분야에서는 다양한 기술을 혼합하여 사용하기 때문에 각 기술의 성숙도와 안정성을 철저히 고려해야 합니다. 상용화 레벨이 낮은 시제품 수준의 기술을 섣불리 프로젝트에 적용한다면 예상치 못한 버그나 호환성 문제로 인해 프로젝트 전체가 난항을 겪을 수 있습니다. 이는 일정 지연과 추가 비용 발생으로 이어지고, 클라이언트의 신뢰를 잃는 결과를 초래할 수 있죠.

물론 새로운 기술을 도입하여 혁신적인 결과를 만들어 내는 것은 중요합니다. 하지만 그에 앞서 해당 기술이 실제 프로젝트에 적용할 수 있는 수준인지, 안정성과 신뢰성이 검증되었는지를 자세히 평가해야 합니다. 필요하다면 파일럿 프로젝트나 소규모 테스트를 통해 기술의 실효성을 확인하는 것도 좋습니다.

XR 홍보영상보다 실제 체험하고 평가하기

XR 장비의 홍보영상들은 종종 아주 멋지고 유려하게 보입니다. 특히 AR 스마트글래스와 같은 제품들은 고화질의 증강현실을 현실과 구분이 안 될 정도로 보여주죠. 하지만 홍보영상은 홍보 목적으로 제작된 것이므로 실제 제품의 성능과 사용 경험을 평가하기 위해서는 비판적인 시각을 가져야 합니다. 그러려면 실제로 제품을 사용해 보고 그 성능과 편리성을 직접 확인하는 것이 가장 좋습니다.

이해관계자 중에는 홍보영상을 보고 기대를 하는 사람이 많습니다. 그들에게 홍보영상과 실제 제품의 차이를 설명하고 현실적인 기대치를 갖도록 하는 것도 기획자의 중요한 역할입니다. 저는 홍보영상을 너무 많이 봐서 직접 확인하기 전까지는 거의 믿지 않는 습관이 생겼습니다. 이런 태도는 때로는 신중함을 의미하지만 너무 비판적인 건 아닌지 주의하는 것도 필요합니다.

업데이트보다 기존 방식이 나을 수도 있다

XR 장비와 기술이 끊임없이 발전하고 있다고 해서 모든 업데이트가 필요한 것은 아닙니다. 신규 기술이 나오면 꼭 도입해야 할 것만 같은 생각이 들 수도 있지만 때로는 기존 방식이 더 나은 선택일 수 있어요.

제 경험을 예로 들어볼게요. 우리 팀은 기존 프로젝트에서 A사의 VR HMD를 사용하고 있었습니다. 그리고 차후년도에 진행할 후속 프로젝트를 기획하고 있었죠. 그런데 당시 B사에서 신규 HMD

가 곧 출시될 예정이었고 여러모로 살펴보니 기능뿐만 아니라 가격 등 여러 요인에서 A사의 HMD를 압도했습니다. 우리는 B사의 신규 HMD로 변경하는 것이 더 나은 선택이라고 확신했어요. 하지만 프로젝트 기획을 진행하면서 여러 시행착오를 거쳐 결국 기존 방식을 유지하는 것이 더 효과적이라는 것을 깨달았습니다. 변경에 따른 시스템 재설계, 추가 비용, 시간적 소모를 고려할 때 드라마틱한 변화가 없다면 장비 및 기술 변경은 신중히 고려해야 합니다. 기존 장비와 기술에 이미 적응한 사용자들에게 변경은 오히려 불편함을 가져올 수도 있고요.

기술의 최신 트렌드를 따르는 것도 좋지만 프로젝트의 목표와 현실적인 제약을 고려하여 가장 적합한 방식을 선택하는 것이 중요합니다.

지원과 편의를 위한 국내 우선주의 전략

XR 장비와 기술 선택 시 자국 제품이나 서비스를 우선하는 전략은 매우 중요합니다. 실제로 국내 기술과 장비를 사용하면 기술적 문제나 지원이 필요한 상황에서 훨씬 더 빠르고 효과적인 해결책을 찾을 수 있으니까요. 우리나라는 XR 분야에서 세계적으로 선두에 있으며 국내 기술과 서비스는 충분히 경쟁력을 갖추고 있습니다. 국내 기업에서 개발한 XR 솔루션을 사용하면 개발사와 직접 소통하며 프로젝트에 필요한 커스터마이징이나 기술 지원을 받기가 수월하죠. 또한 해외 솔루션을 사용할 때 겪을 수 있는 언어 장벽이나 시차, 문화적 차이로 인한 어려움을 최소화할 수도 있고 다양한 파트너사나 협력사를 발굴하고 협업할 기회도 넓어집니다. XR 프로젝트는 다양한 분야의 전문성이 필요한 만큼 국내 생태계 내에서 신뢰할 수 있는 파트너를 찾는 것이 효율적인 프로젝트 진행에 도움이 됩니다.

하지만 모든 경우에 국산 제품만이 정답은 아닙니다. 특히 XR 장비는 대부분 해외 기술에 의존하고 있기 때문에 국내 총판이나 대리점이 있는 해외 제품을 선택하는 것이 현명합니다. 국내 총판이나 대리점이 없는 해외 기술을 선택하게 되면 모든 리스크를 그 기술을 선택한 기획자가 짊어지게 될 수도 있으니 지원과 편의를 고려하여 신중하게 선택하도록 합니다.

XR 사용자의 안전 고려하기

XR 기술은 뛰어난 몰입감과 현실감을 제공하는 것이 장점이지만 이로 인해 사용자가 현실 세계의 위험 요소를 잊어버릴 수 있습니다. 제가 VR 테마파크를 운영할 때도 가상 세계에 너무 집중하다가 실제로 다친 경우가 많았습니다. 사용자가 가상 세계에 몰입하면서 실제 환경에 대한 인식이 줄어 부상이나 사고의 위험이 증가한 거죠.

따라서 XR 콘텐츠와 서비스를 기획하고 개발할 때는 사용자가 안전하게 콘텐츠를 경험할 수 있도록 충분한 이동 공간 확보, 물리적인 장애물로부터의 안전거리 유지, 사용자가 현실과 가상을 구분할 수 있도록 도와주는 시스템 등을 고려해야 합니다. 사용자의 안전을 보장하는 것은 XR 콘텐츠의 질을 높이는 데도 필수적이지만 사용자들이 더 안심하고 콘텐츠를 즐길 수 있게 해줍니다.

사용자의 체력과 육체적 상태를 고려한 기술 선택

HMD를 활용한 XR은 사용자의 체력과 육체적 상태에 크게 좌우됩니다. 만약 HMD가 무겁게 느껴진다면 아무리 콘텐츠나 서비스의 품질이 뛰어나도 사용자는 HMD의 무게에만 신경이 쓰여 부정적인 반응을 보일 수 있죠.

하지만 불특정 다수를 대상으로 하는 서비스에서 모든 사용자 유형을 만족시키는 것은 사실상 불가능합니다. XR 기기가 모든 사용자에게 보급되어 마치 안경점처럼 각자의 도수와 얼굴 형태에 맞춰 피팅되는 수준까지 대중화되지 않는 한, 현실적으로는 평균적인 사용자들을 기준으로 생각하는 것이 현명해요. 멀미도 마찬가지입니다.

하지만 평균적인 사용자들도 시간이 지나면 HMD의 무게를 부담스럽게 느낄 수 있습니다. 짧게는 10~15분이 지나면 무겁게 느껴지고 저와 같은 헤비유저라도 30분이 넘어가면 목이 뻣뻣해지죠 (정말 끝내주게 재미있는 VR 게임 같은 경우 1~2시간을 넘기기도 합니다).

이런 이유로 XR 콘텐츠나 서비스를 기획할 때는 사용자의 체력과 육체적 상태를 고려하여 전체 경험이 15~20분을 넘어가지 않도록 설계합니다. 만약 전체 경험이 길다면 사용자가 HMD를 잠시 벗고 휴식할 수 있도록 중간에 분기점을 두는 것이 좋습니다. 아무리 훌륭한 콘텐츠라도 사용자의 육체적 편안함을 고려하지 않는다면 그 가치는 크게 떨어질 수 있습니다. 사용자가 편안함을 느끼며 즐길 수 있는 경험을 제공하는 것이 XR 프로젝트의 성공으로 이어지는 길입니다.

XR 기술 및 제품 평가의 보물창고, 인터넷 커뮤니티

기획자로서 XR 장비나 기술의 성능과 사용자 편의성을 평가하는 일은 매우 중요합니다. 하지만 실무적으로 바쁜 일정 속에서 모든 걸 직접 체험하고 판단하기란 쉽지 않죠. 이럴 때 인터넷 커뮤니티를 활용하는 것이 큰 도움이 됩니다.

저 같은 경우는 국내에서는 디시인사이드, VR 매니악, 해외에서는 레딧과 같은 커뮤니티를 자주 이용합니다. XR 사용자들의 생생한 후기와 경험담을 많이 볼 수 있거든요. 물론 일부 사람들은 전문적인 기획자가 왜 그런 사이트를 찾아보냐고 할 수도 있지만 솔직히 말해서 사용자 경험에 대한 실질적인 정보를 얻기에 이보다 좋은 곳은 없습니다.

물론 커뮤니티에 글을 올리는 사람들은 대체로 헤비 유저들이라서 이 점을 잘 고려하여 정보를 수집해야 합니다. 헤비 유저들의 의견은 때때로 일반 사용자들의 경험과 다르고 그들의 피드백은 기술적 측면이나 고급 기능에 초점을 맞춰져 있어 XR 기술의 미묘한 차이점과 세부적인 성능을 이해하는 데는 도움이 되지만 일반 사용자에게 필요한 기본 기능과 편의성에 대한 정보는 상대적으로 부족할 수 있습니다.

XR 기획자의
기획 공력 올리기

기본적인 XR 물품 준비하기

XR 프로젝트를 진행하려면 기본적인 XR 관련 물품이 있어야 합니다. 시연 준비는 물론 기획자 스스로 기술을 체험하고 분석하는 데도 필요하니까요. 회사에서 구매해 주면 좋겠시만 그렇지 않은 회사도 있습니다. 그럴 경우 개인적으로 VR HMD를 구매하는 것도 나쁘지는 않습니다. 보급형 제품들은 합리적인 가격에 구입해 개인적으로도 활용할 수 있으니까요.

애플리케이션은 스마트폰에서 충분히 경험할 수 있고 구글 플레이 스토어나 앱스토어에 'AR'만 검색해 봐도 별도의 구매 비용 없이도 충분히 체험할 수 있는 서비스를 많이 볼 있습니다.

다양한 콘텐츠 체험과 게임해 보기

콘텐츠와 게임을 많이 경험할수록 좋은 점과 나쁜 점, 한계점을 파악할 수 있습니다. 특히 게임은 XR 장르에서 가장 빛을 발하는 분야입니다. 많은 기반 기술이 게임 분야에 먼저 적용되고 게임 산업에서 나온 아이디어가 다른 산업 분야에도 차용되니까요.

게임 플레이 자체가 연구가 될 수 있다는 것, 얼마나 매력적인가요? 게임을 통해 XR의 가능성을 탐색하고 그 경험을 바탕으로 창의적인 아이디어를 개발하는 것은 XR 기획자로서의 능력을 키우는 데 중요한 역할을 합니다.

지금은 다양한 플랫폼을 통해 XR 게임 콘텐츠를 접할 수 있는 시대입니다. VR 게임의 경우 메타 스토어나 스팀 플랫폼에서 다운로드받을 수 있습니다. 메타 스토어는 메타(구 페이스북)에서 운영하는 VR 전용 플랫폼으로 메타 헤드셋에 최적화된 게임과 앱을 제공하고, 스팀은 밸브 코퍼레이션이 운영하는 게임 플랫폼으로 PC 환경 기반에 최적화된 고사양 VR 게임을 구매하고 즐길 수 있습니다.

AR 게임도 모바일 앱 마켓을 통해 접할 수 있습니다. 안드로이드 기기에서는 구글 플레이 스토어, iOS 기기에서는 앱 스토어에서 AR 게임을 다운로드할 수 있습니다. 〈포켓몬GO〉 같은 인기 AR 게임뿐만 아니라 〈스냅챗〉이나 〈AR 필터〉 같은 AR 및 MR 기술을 활용한 SNS 기반의 촬영 애플리케이션도 많습니다. 이런 앱들을 사용하다 보면 업무에 지친 머리를 식히는 것은 물론 XR 기술의 활용 가능성에 대한 영감도 얻을 수 있습니다.

스스로 업무의 영역에 대해 제한 두지 않기

2D 프로젝트와는 달리 XR은 부가 장비가 많이 필요합니다. HMD 본체는 물론 컨트롤러, 외부 센서, PC 연결형 HMD의 경우에는 별도의 PC까지. 여기에 XR을 테스트할 수 있는 공간도 필요합니다. 이 모든 것 때문에 XR 기획자의 일상은 일반 사무직과는 확연히 다른 모습인데요. 저는 XR 프로젝트를 진행하면서 제가 수리 엔지니어나 설치 기사처럼 느껴질 때가 많았어요. 항상 무언가를 분해하고 조립하고 테스트해 보고 맞춰보곤 했으니까요. 하지만 저는 책상 앞에 앉아 일하는 것보다 이렇게 활동적이며 창의적인 업무를 하는 편을 더 좋아합니다. 그래서 XR 기획자가 잘 맞았던 것 같습니다.

하지만 이런 업무 스타일을 좋아하지 않는 사람도 분명히 있을 겁니다. 중요한 것은 XR 기획자를 지향한다면 업무 형태에 대해 열린 마음과 개방성을 가지고 있어야 한다는 거예요. 예상치 못한 시행착오와 알 수 없는 오류가 정말 자주 생기거든요. 이런 것에 익숙해지지 않는다면 '나 혼자 뭐 하고 있는 거지?'라는 생각에 현타가 올 가능성이 큽니다. 업무의 다양성을 받아들이고 어떤 상황에서도 유연하게 대처하기. 이런 자세가 XR 프로젝트를 성공으로 이끄는 핵심이라고 할 수 있습니다.

융복합적 접근을 위해 다양한 산업에서 영감을 얻기

XR은 단순히 테크놀로지적인 요소만을 다루는 것이 아니라서 사용자의 몰입감과 사용성을 높이려면 이종 산업에서 아이디어와 영감을 얻는 것이 필요합니다. 그래서 저는 평소 매우 다양한 박람회에 참석합니다. XR 기획자로서 마인드를 확장하고 아이디어를 구하려면 다양한 산업 분야에 대한 관심과 이해가 중요하다고 생각하기 때문입니다. 결혼과는 거리가 먼 삶을 살고 있었을 때 결혼 박람회에 참석해 VR을 활용한 신혼여행 사전 답사 서비스 아이디어를 떠올려 보기도 하고, 베이비 페어 박람회에 참석해 뱃속 태아와 가상현실 공간에서 소통하는 콘셉트를 접하기도 했습니다. 심리치료 분야 세미나에 방문해 XR 기술이 심리치료에 어떻게 쓰일 수 있을지를 우연히 듣게 되어 좋은 인사이트를 얻을 수 있었죠.

이처럼 다양한 분야의 박람회나 행사에 참여하면 직접적으로 관련이 없어 보이는 분야에서도 XR 기획에 적용할 수 있는 독특하고 혁신적인 아이디어를 얻을 수 있습니다.

피드백과 데이터로 사용자 경험에서 배우기

　XR 프로젝트를 통해 만들어진 결과물이 실제로 사용되는 모습을 보는 것은 매우 뿌듯한 일입니다. 사용자로부터의 직접적인 피드백은 프로젝트의 성공을 판단하는 중요한 척도가 되죠. 때로는 긍정적인 평가를 받을 때도 있고 때로는 비판적인 의견을 들을 때도 있어요. 프로젝트가 완료된 후에도 사용자 경험에서 얻은 피드백은 XR 기획자에게 귀중한 데이터가 됩니다.

　피드백을 수집하는 방법은 다양합니다. 가장 대표적인 것은 설문조사예요. 사용자에게 직접 의견을 물어보고 그 결과를 분석하는 것이죠. 이를 통해 사용자 경험에 대한 구체적이고 실질적인 데이터를 얻을 수 있습니다. 그 외에도 후기 작성이나 사용자와의 인터뷰를 통해 심층적인 의견을 수집할 수 있고, 포커스 그룹 인터뷰, A/B 테스트 등 다양한 방식을 통해 피드백을 얻을 수 있습니다.

　물론 개별 피드백 하나하나는 주관적인 의견일 수 있습니다. 하지만 이런 의견들이 모이고 축적되면 객관적인 데이터로 거듭나게 됩니다. 다양한 사용자들의 경험과 평가가 종합되어 의미 있는 패턴과 인사이트를 도출할 수 있게 되는 거죠.

　다양한 프로젝트에서 얻은 사용자 피드백과 경험을 체계적으로 정리하고 분석하는 과정은 전문성을 기르는 데 있어 매우 중요한 과정이에요. 축적된 데이터는 기획자의 노하우가 되고 이는 추후 다양한 산업 분야에서 활약할 수 있는 발판이 됩니다.

비경험자와의 지속적인 소통으로 객관성 유지하기

10년 가까이 XR 업무를 하다 보니 어느새 저도 헤비유저가 되었습니다. VR 멀미도 나지 않고 목 근육이 강화(?)되어 HMD를 1시간 이상 착용해도 불편하지 않을 정도가 되었죠. 3차원 공간에 대한 적응력이 높아져 어떤 가상공간에서도 금방 적응하고요. 하지만 이런 강화된 능력이 때로는 기획자라는 포지션에 치명적인 단점이 될 수 있습니다. 제가 쉽다고 생각한 것이 다른 사람에게는 힘들 수 있으니까요. HMD를 5분도 채 착용하지 않고 힘들어하는 사용자를 볼 때 저는 '아차!' 하고 경각심을 갖기도 합니다.

XR 기획자로서의 역량이 강해지고, 헤비유저로서의 경험이 풍부해질수록 우리는 비경험자나 비전문가와의 격차를 잊지 말아야 합니다. 이를 위해서는 비경험자, 비전문가와의 지속적인 소통 및 의견 청취가 필수입니다. 그들의 의견과 피드백을 존중하는 자세는 XR 프로젝트를 성공으로 이끄는 데 있어 결정적인 요소가 될 것입니다.

XR 전용 기획 업무 공간 마련하기, 없다면 요청해 보기

VR 헤드셋을 착용하고 컨트롤러를 움직이며 가상공간을 탐험하는 모습이 XR 기획자에게는 일상적인 업무 풍경입니다. 문제는 이러한 업무 수행 방식이 일반적인 사무실에서는 힘들 수 있다는 겁니다. 책상에 앉아 조용히 일하는 동료들 사이에서 일인칭 슈팅 게임을 하듯 몸을 움직이며 기획하기란 쉽지 않으니까요. 게다가 XR 기기들은 대개 넓은 공간이 필요합니다. 룸스케일 VR을 위해서는 일정 크기 이상의 개방된 공간이 필수적이고, AR이나 MR을 테스트하려면 주변 환경을 자유롭게 활용할 수 있어야 하죠. 책상 하나로는 역부족인 것이 사실입니다.

이런 이유로 XR 기획자가 아이디어를 자유롭게 테스트해 볼 수 있는 XR 전용 기획 업무 공간의 필요성이 대두되고 있는데요. 다양한 기기와 소프트웨어를 갖추고 아이디어를 실험해 볼 수 있는 공간이 마련된다면 기획의 질은 한 단계 더 향상될 수 있을 겁니다. 물론 추가 공간 마련에 대한 비용 문제나 업무 공간 배치의 어려움이 있겠죠. 하지만 XR 기획의 중요성을 고려했을 때 전용 공간은 선택이 아닌 필수가 아닐까요? 회사 내에 XR 기획 업무에 대한 이해와 공감대를 형성하고 전용 공간의 필요성을 설득해 나가는 것이 중요합니다.

만약 당장 전용 공간 마련이 어렵다면 기획자 스스로 업무 환경을 개선하기 위해 노력해야 합니다. 회의실이나 휴게 공간 등을 활용하거나 집에 작은 XR 공간을 마련하여 재택근무를 신청하는 것도 해볼 만하죠. 이 과정에서 동료들의 이해와 협조를 구하는 것, 꼭 잊지 마세요!

프로젝트 성공의 마지막 퍼즐 조각인 운영 설계

XR 프로젝트에서 '운영' 계획은 종종 과소평가 되곤 하지만 프로젝트 성공에 있어 매우 중요한 부분입니다. 아무리 뛰어난 XR 솔루션이라도 실제 운영 단계에서 관리가 소홀하다면 그 가치를 제대로 발휘하기 어려우니까요. 특히 XR 프로젝트는 기술적 복잡성과 사용자 경험의 중요성 때문에 운영 단계에서의 세심한 기획이 꼭 필요합니다. 장비가 많고 운영 방식이 바쁘게 돌아가는 경우라면 상시 운영자를 배치할 것을 강력히 강조하는 것이 좋습니다.

한 고객사 담당자가 XR 기기 관리와 운영을 직접 배워서 하겠다고 자신만만하게 얘기한 적이 있었습니다. 하지만 실제로 운영을 해보니 XR 기기 관리와 트러블슈팅이 만만찮았고, 담당자 본연의 업무와 병행하기 어려워했죠. 결과적으로 기획자인 제가 많은 부분을 커버해야 했습니다. 이는 상당한 피로로 다가왔어요.

이처럼 운영 계획을 간과하거나 뒷순위로 미룬다면 XR 프로젝트의 성공을 장담하기 어렵습니다. 기획 단계에서부터 운영 시나리오를 꼼꼼히 설계하고, 개발 과정에서도 지속적으로 운영 관점에서의 테스트와 보완이 이뤄져야 합니다.

이 멋지고 재미있는 우주, 같이 만들어 볼까요?

중2병처럼 들릴 수 있겠지만 XR 기획자라는 직업을 저는 매력적인 세계관을 만드는 '창조주'와 같다고 생각합니다. '작가'라는 직업과도 비교할 수 있겠죠. 우리가 만들고자 하는 콘텐츠나 서비스는 그 자체로 하나의 독특한 세계관을 형성합니다. 현실의 물리적인 한계나 정치적 이해관계를 초월하는 하나의 멋진 우주라고 할 수 있죠. 우리가 만약 신이라면 우리가 창조한 우주를 이용하는 이들에게 좋은 경험을 제공하는 것이 우리의 임무겠죠.

우리는 다양한 분야의 지식과 기술을 융합하여 사람들이 전에 하지 못했던 경험을 할 수 있는 멋진 우주를 창조해야 합니다. 기술과 예술, 과학과 인문학 등 서로 다른 영역 사이의 경계를 넘어서며, 그 사이에서 새로운 연결고리를 찾아내는 것이 바로 우리의 임무입니다.

제가 이 이야기를 하는 이유는 여러분이 참여하는, 참여하고자

하는, 또는 참여할 예정인 XR 프로젝트가 정말 멋진 일임을 강조하고 싶기 때문입니다. 다른 어떤 업무에서도 얻을 수 없는 독특한 경험을 여러분이 꼭 얻었으면 합니다. 그리고 여러분이 만들어 낸 결과물의 매력을 제대로 이해하고 그 가치를 알아차렸으면 합니다.

　마지막으로, 이 책을 쓰는 동안 적극적으로 지원해 주고 기다려 준 아내에게 가장 깊은 감사를 전하고 싶습니다. 또한 XR 분야에서 함께 동고동락한 전 동료들의 지원에도 진심으로 감사드립니다. XR에는 다룰 만한 흥미로운 주제들이 아직 많이 남아 있습니다. 분량의 제한으로 모두 다루지 못했지만 기회가 된다면 XR 기술을 활용한 다양한 비즈니스 모델 기획, 후속 운영 및 유지보수의 중요성, 아동이나 시니어를 위한 XR 사용법 등의 주제로 글을 써보고 싶습니다. 또한 앞으로도 XR 분야에 관심이 있는 사람들과 함께 더욱 풍부한 지식을 공유하며 이 멋진 우주를 함께 만들어 나갈 것입니다.